Edition Rosenberger

Die „Edition Rosenberger" versammelt praxisnahe Werke kompetenter Autoren rund um die Themen Führung, Beratung, Personal- und Unternehmensentwicklung. Alle Werke in der Reihe erschienen ursprünglich im Rosenberger Fachverlag, gegründet von dem Unternehmens- und Führungskräfteberater Dr. Walter Rosenberger, dessen Programm Springer Gabler 2014 übernommen hat.

Markus Rimser

Generation Resource Management

Nachhaltige HR-Konzepte
im demografischen Wandel

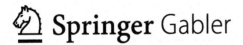

Markus Rimser
Corporate Consult Unternehmensberatung
St. Pölten, Österreich

Bis 2014 erschien der Titel im Rosenberger Fachverlag, Leonberg.

Edition Rosenberger
ISBN 978-3-658-07827-0   ISBN 978-3-658-07828-7 (eBook)
DOI 10.1007/978-3-658-07828-7

Die Deutsche Nationalbibliothek verzeichnet diese Publikation in der Deutschen Nationalbibliografie; detaillierte bibliografische Daten sind im Internet über http://dnb.d-nb.de abrufbar.

Springer Gabler
© Springer Fachmedien Wiesbaden Nachdruck 2014
Ursprünglich erschienen bei Rosenberger Fachverlag, Leonberg, 2006
Das Werk einschließlich aller seiner Teile ist urheberrechtlich geschützt. Jede Verwertung, die nicht ausdrücklich vom Urheberrechtsgesetz zugelassen ist, bedarf der vorherigen Zustimmung des Verlags. Das gilt insbesondere für Vervielfältigungen, Bearbeitungen, Übersetzungen, Mikroverfilmungen und die Einspeicherung und Verarbeitung in elektronischen Systemen.
Die Wiedergabe von Gebrauchsnamen, Handelsnamen, Warenbezeichnungen usw. in diesem Werk berechtigt auch ohne besondere Kennzeichnung nicht zu der Annahme, dass solche Namen im Sinne der Warenzeichen- und Markenschutz-Gesetzgebung als frei zu betrachten wären und daher von jedermann benutzt werden dürften.
Der Verlag, die Autoren und die Herausgeber gehen davon aus, dass die Angaben und Informationen in diesem Werk zum Zeitpunkt der Veröffentlichung vollständig und korrekt sind. Weder der Verlag noch die Autoren oder die Herausgeber übernehmen, ausdrücklich oder implizit, Gewähr für den Inhalt des Werkes, etwaige Fehler oder Äußerungen.

Gedruckt auf säurefreiem und chlorfrei gebleichtem Papier

Springer Fachmedien Wiesbaden ist Teil der Fachverlagsgruppe Springer Science+Business Media
(www.springer.com)

Inhalt

Vorwort von Prof. Dr. Robert Neumann IX

1 Prolog 1
  1.1 Vorwort 1
  1.2 Die Motivation für diese Buch 3

2 Die Wirtschaft im Wandel 5
  2.1 Allgemeine Trends der Veränderung 6
    2.1.1 Ökonomische Trends 6
    2.1.2 Technologische Trends 7
    2.1.3 Gesellschaftliche Trends 7
  2.2 Die demografische Entwicklung Mitteleuropas 9
    2.2.1 Short Facts Deutschland 12
    2.2.2 Short Facts Österreich 15
    2.2.3 Short Facts Schweiz 20
  2.3 Fazit 23

3 Die Konsequenzen des demografischen Wandels 25
  3.1 Originäre Konsequenzen des demografischen Wandels 25
  3.2 Sekundäre Konsequenzen des demografischen Wandels 28
  3.3 Zusammenfassung 29
  3.4 Handlungsfelder für Unternehmen 30
  3.5 Generation Resource Management 31
    3.5.1 Demografische Analyse 32
    3.5.2 Arbeitsplatzgestaltung 33
    3.5.3 Arbeitszeitgestaltung 33
    3.5.4 Arbeitsfähigkeit 34
    3.5.5 Gesundheitsförderung 34
    3.5.6 Intergenerativer Wissenstransfer 35
    3.5.7 Weiterbildung älterer Beschäftigter 36
    3.5.8 Rekrutierung und Mitarbeiterbindung 37
    3.5.9 Unternehmens- und Führungskultur 37
    3.5.10 Zusammenfassung 38

4 Checklisten zur Erkennung altersstruktureller Probleme 41
  4.1 Altersstruktur des Unternehmens 42
  4.2 Arbeitsplatzgestaltung und Arbeitsorganisation 43

4.3 Betriebliche Gesundheitsförderung 44
4.4 Lebensarbeitszeitgestaltung 45
4.5 Weiterbildung älterer Beschäftigter 45
4.6 Intergenerativer Wissenstransfer 46
4.7 Rekrutierungsstrategien und Mitarbeiterbindung 47
4.8 Unternehmens- und Führungskultur 49

5 **Demografische Analyse** 51
   5.1 Die demografische Analyse der Region 53
   5.2 Betriebliche Altersstrukturanalyse 55
      5.2.1 Durchführung der Altersstrukturanalyse 57
      5.2.2 Altersstruktur der Belegschaft 58
      5.2.3 Altersstruktur der Funktionsgruppen 60
      5.2.4 Szenarien der Altersstruktur 61
      5.2.5 Vorgehensweise zur Selbstanalyse 64
      5.2.6 Beispiele kommentierter Altersstrukturanalysen 68

6 **Arbeitsplatzanalyse** 75
   6.1 Belastungen am Arbeitsplatz 75
   6.2 Altersgerechte Gestaltung des Arbeitsplatzes 78
   6.3 Alternsgerechte Gestaltung der Arbeitsorganisation 81
   6.4 Lernförderliche Gestaltung von Arbeitssystemen 82
   6.5 Typen von Arbeitsplätzen 85
      6.5.1 Schonarbeitsplätze 85
      6.5.2 Vollwertige Arbeitsplätze 86
      6.5.3 Altersneutrale Arbeitsplätze 86
      6.5.4 Vollwertige Nischen-Arbeitsplätze 87
      6.5.5 Arbeitsplätze zur Wiedereingliederung 87
      6.5.6 Arbeitsplätze mit Nutzung
         von altersbedingten Potenzial 88
   6.6 Alternsgerechte Arbeitskarrieren 91

7 **Arbeitsfähigkeit** 95
   7.1 Definition Arbeitsfähigkeit 95
   7.2 Alter und Arbeitsfähigkeit 97
   7.3 Die Messung von Arbeitsfähigkeit 103
   7.4 Arbeitsbewältigungsindex (ABI) – Fragebogen 109
   7.5 Arbeitsfähigkeit als Thema im Mitarbeitergespräch 114

8 Betriebliche Gesundheitsförderung ... 117
8.1 Gründe für betriebliche Gesundheitsförderung ... 120
8.2 Instrumente der betrieblichen Gesundheitsförderung ... 121
8.3 Betriebliche Gesundheitsförderung in Großbetrieben ... 124
8.4 Betriebliche Gesundheitsförderung in Kleinbetrieben ... 129

9 Gestaltung der Lebensarbeitszeit ... 133
9.1 Arbeitszeitgestaltung ... 134
9.2 Ansätze zur Gestaltung der Lebensarbeitszeit ... 140
9.3 Formen der Arbeitszeitgestaltung ... 143
9.4 Umsetzung der Lebensarbeitszeitgestaltung ... 150

10 Weiterbildung älterer Beschäftigter ... 153
10.1 Die Weiterbildungsbeteiligung älterer Mitarbeiter ... 156
10.2 Lernbedürfnisse und Lerngewohnheiten älterer Mitarbeiter ... 157
10.3 Lernförderliche Arbeitsgestaltung und arbeitsnahe Qualifizierung ... 160
10.3.1 Entwicklung von Schlüsselkompetenzen ... 161
10.3.2 Arbeiten und Lernen ... 169
10.3.3 Modelle arbeitsbezogenen Lernens ... 171
10.3.4 Selbstgesteuertes Lernen ... 182
10.3.5 Erfahrungswissen ... 185
10.3.6 Altersgerechte Didaktik ... 187
10.4 Zusammenfassung ... 189

11 Intergenerativer Wissenstransfer ... 191
11.1 Erfolgskritisches Wissen ... 191
12.2 Instrumente des intergenerativen Wissenstransfers ... 193

12 Rekrutierungsstrategien und Mitarbeiterbindung ... 207
12.1 Maßnahmen der Mitarbeitergewinnung ... 209
12.2 Maßnahmen der Mitarbeiterbindung ... 228

13 Unternehmens- und Führungskultur ... 243

14 Zur praktischen Umsetzung des Generation Resource Managements ... 253

14.1 Warum ein ganzheitliches Generationenmanagement? ... 253
14.2 Grundlegendes zur praktischen Umsetzung 255
14.3 Das GRM-Programm 257
  14.3.1 Phase 1: Die Konzeptionierung 258
  14.3.2 Phase 2: Implementierung 263
  14.3.3 Phase 3: Durchführung 265
  14.3.4 Phase 4: Controlling 266
14.4 Die Kosten 266
14.5 Generation Resource Management als Quick Win 267
14.6 Fazit 269

Anhang
Links und weitere Hinweise 273
Literatur 274
Sachverzeichnis 284
Zum Autor 289

Abbildungen

1 Bevölkerung mitteleuropäischer Industriestaaten 10
2 Altersstruktur mitteleuropäischer Industriestaaten 11
3 Bevölkerungspyramide Deutschland 1910 bis 2050 12
4 Prognistizierte Altersstruktur der Bevölkerung (Dtl.) 13
5 Altersaufbau im Erwerbsalter 14
6 Bevölkerungspyramide Österreich 2004, 2030 und 2050 16
7 Bevölkerungsentwicklung Österreichs 1950 bis 2050 17
8 Altersgruppen im Vergleich 1869 bis 2050 18
9 Entwicklung der erwerbsfähigen Bevölkerung 19
10 Bevölkerungsentwicklung Schweiz 1999 bis 2060 20
11 Verhältnis der 65-Jährigen zu den 20- bis 64-Jährigen 21
12 Entwicklung der Erwerbsbevölkerung Schweiz 22
13 Der Altersscheren-Effekt 26
14 Die Verkürzung der Erwerbszeit 27
15 Gründe der Weiterbildungsabstinenz 29
16 Generation Resource Management 32
17 Analyseinstrumente der demografischen Analyse 52
18 Bevölkerungsentwicklung der Stadt Leoben 53
19 Erwerbspersonen in der Region Leoben 54
20 Altersstrukturanalyse mit personalpolitischen Risiken 56
21 Beispiel für eine betriebliche Altersstruktur 58
22 Typische Altersstrukturen von Belegschaften 59
23 Altersstruktur nach Funktionsgruppen 61
24 Projektion der Altersstrukturanalyse der SBB-Infrastruktur .. 62
25 Altersgruppen im Kurvenverlauf 64
26 Altersgruppen im Säulendiagramm 65
27 Formular Altersstruktur nach Altersgruppen 66
27 Altersstruktur nach Altersjahrgängen 67
29 Jugendzentrierte Altersstruktur 68
30 Balancierte Altersstruktur 70
31 Mittelalterszentrierte Altersstruktur 71
32 Alterszentrierte Altersstruktur 73
33 Haus der Arbeitsfähigkeit 77
34 Maßnahmen altersgerechter Arbeitsplatzgestaltung ..... 78 – 80
35 Dimensionen des Tätigkeitsbewertungssystems 83
36 Anforderungsniveau Gruppenarbeit LKW-Fertigung 84
37 Möglicher Projektablauf „Altersgerechte Arbeitskarriere" ... 93

38	Methodiken zur Erfassung von Arbeitsfähigkeit	96
39	Kriterien nachhaltiger Arbeitsprozesse	96
40	Heterochrone biosoziale Dynamik des Alterns	98
41	Zwei-Komponenten Modell der Intelligenz	100
42	Trainierbarkeit kognitiver Fähigkeiten im Alter	101
43	Einflussfaktoren auf die Leistungsfähigkeit	102
44	Arbeitsbewältigungsindex (ABI)	104
45	Bewertung des Arbeitsbewältigungsindex	104
46	Einflussfaktoren der Arbeitsfähigkeit	108
47	Physische Leistungsfähigkeit	118
48	Physische Kapazität	119
49	Analysephasen des Gesundheitszirkels	122
50	Umsetzung der betrieblichen Gesundheitsförderung	125
51	Arbeitsfähigkeit in Tagen pro Jahr	126
52	Aktuelle Krankenstände	126
53	Arbeitsunfähigkeit nach Altersgruppen	127
54	Handlungsfelder betrieblicher Gesundheitsförderung	128
55	Umsetzung und Aktionsplan	129
56	Ablauf Unternehmerworkshop	130
57	Altersintegrative Arbeitsgestaltung	133
58	Betrieblicher Lebenszyklus	136
59	Neue Modelle im Berufsleben	137
60	Entwicklungsphasen und Aufgaben	141 – 142
61	Formen der Arbeitszeitgestaltung	144
62	Ablauf eines betrieblichen Arbeitszeitzirkels	151
63	Weiterbildungsbeteiligung nach Altersgruppen	156
64	Individuelle und betriebliche Bildungsinteressenslagen	161
65	Das Kasseler-Kompetenz-Raster	168
66	Formelles und informelles Lernen	170
67	Arbeitsnahe Lernformen	172
68	Kriterien einer ganzheitlichen Weiterbildung	175
69	Übersicht Leittextmethode	177
70	Merkmale von Gruppenarbeit	178
71	Pädagogische Kompetenzen in selbstgesteuerten Lernprozessen	185
72	Kriterien altersgerechten Lernens	188
73	Didaktische Methoden in der Personalentwicklung	190
74	Stärken unterschiedlicher Altergruppen	199
75	Nutzen von Tandemmodellen	200

76	Ablauf des Reverse-Mentorings bei der Lufthansa	202
77	Ablauf Wissensstafette	203
78	Prozess der Wissensstafette	204
79	Der Fachkräftemangel und seine Folgen	208
80	Beispiele möglicher Personalgewinnung	209
81	Personaleinsatzanalyse	213
82	Maßnahmen zur Personalentwicklung	214 – 215
83	Einstellungshindernisse bei älteren Bewerbern	215 – 216
84	Stärken und Schwächen älterer Beschäftigter	218
85	Handlungsbedarf für familienfreundliche Unternehmen	222
86	Maßnahmen familien- und frauenfreundlicher Arbeitsgestaltung	223 – 227
87	Arbeitgeberwechsel nach Altersgruppen	228
88	Auslöser für berufliche Wechsel	229
89	Ziele- und Werteprofil von High Potentials	231
90	Kriterien attraktiver Arbeitgeber	232 – 233
91	Anreize im Retention Management	236
92	Karrieremodelle im Retention Management	238
93	Dreifunktionales Nachwuchsförderungsmodell	239
94	Handlungsebenen des Generation Resource Managements .	245
95	Voestalpine AG LIFE-Programm	247
96	Phasen des GRM-Programms	258
97	Konzeptionierungsphase des GRM-Programms	261

Vorwort

Die Wirtschaftsrealität von Mensch, Technik und Organisation unterliegt mehr denn je einer rasch zunehmenden Veränderungsvielfalt und -geschwindigkeit, was die Suche nach jenen „weichen" Erfolgsfaktoren wie Kreativität, Intelligenz, Wissen, Erfahrung, Lernen, Führungs- und Mitarbeiterqualität verstärkt, um eine nachhaltige „business performance" von Unternehmen sicherstellen zu können.

Die effektive Investition in diese so genannten „intangible assets" wird somit zu einer Kenngröße wirtschaftlichen Erfolges. Damit ist auch die professionelle Human-Resource-Arbeit gefordert, hier neue lösungsorientierte Ansätze zu generieren und umzusetzen, die insbesondere den demografischen Herausforderungen der Unternehmen gerecht werden. Das vorliegende Buch bietet dazu nicht nur wissenschaftlich fundierte Hintergründe, die stringent und für den Leser gut nachvollziehbar aufbereitet sind, sondern vor allem auch innovative Impulse mit konkreten Realisierungshinweisen für die Unternehmenspraxis. Ein wirklich gelungener und empfehlenswerter Beitrag zu aktuellen Fragen des Human Resource Managements, der zukunftsweisende Akzente setzt.

PROF. DR. ROBERT NEUMANN
Universität Klagenfurt, Lehrstuhl für Organisations-, Personal- und Managemententwicklung
Klagenfurt, im September 2006

1 Prolog

1.1 Vorwort

„Das einzig Konstante ist die Veränderung." (DE SHAZER 2002:67)

Menschen und Unternehmen mussten schon immer auf Veränderungen ihres Umfeldes reagieren. Bisherige Veränderungen sind jedoch in der Regel sehr viel langsamer eingetreten, als dies heute der Fall ist: Der Prozess der Globalisierung, die Beschleunigung der Kommunikation, die Zunahme von Information und Wissen, neue Technologien und nicht zuletzt die voranschreitende Individualisierung der Gesellschaft führen zu einem erhöhten Bedarf an Flexibilität und Veränderungsmanagement von Mensch und Unternehmen (vgl. HAHN 2000; RUMP/SCHMIDT 2004).

Auf dem Weg der Unternehmen zur Anpassung an die veränderten Bedingungen kam es in den vergangenen Jahren zu einer explosionsartigen Entwicklung von Methoden, Modellen und Ansätzen (wie z. B. Wissensmanagement, Informationstechnologie, Interkulturelles Management etc.), die dem sozialen, wirtschaftlichen, technischen und ethischen Wandel und seinen Folgen entgegenwirken sollten bzw. sollen.

Doch mit den nächsten zehn bis fünfzehn Jahren steht uns erstmals ein demografischer Wandel gegenüber, der in den Folgewirkungen „an die Bedrohung eines Tsunami" (HOLLIGER 2005:49) erinnert: Die Welle der demografischen Entwicklung und die damit verbundenen Konsequenzen für Gesellschaft und Volkswirtschaft (vgl. FREVEL 2004; KÖCHLING 2004) können schon seit Jahren am Horizont ausgemacht werden. Das Näherkommen der Gefahr in Form der Alterung unserer Gesellschaft und damit auch der Belegschaften wurde und wird in Zahlen, Grafiken und Prognosen veranschaulicht – einzig allein die (methodischen) Reaktionen von Politik und Wirtschaft sind (bisher) weitgehend ausgeblieben.

Wenn Sie auf der Suche nach Methoden und Modellen für den Umgang mit den demografischen Auswirkungen auf die Managementstrategie und die Personalpolitik sind, finden Sie in diesem Buch erstmals die Ausgestaltung eines ganzheitlichen Methodenansatzes, der nachhaltig über die Unternehmenskultur wirkt und die Produktionsfaktoren Arbeit und Wissen – damit den Unternehmenserfolg – langfristig sichert.

Im Mittelpunkt dabei steht die Beschreibung personalpolitischer und -strategischer Methoden und Steuerungsinstrumente, die Unternehmen in der Begegnung mit den Auswirkungen des demografischen Wandels ausreichend Handlungsspielraum und individuelle Gestaltungsmöglichkeiten im Prozess der Anpassung gewähren und damit neue Potenziale und Chancen durch Veränderung eröffnen.

Durch Darstellung bereits initiierter Personalstrategien und -programme von Unternehmen aus dem deutschsprachigen Raum sollen praktisch erprobte und angewandte HR-Instrumente vor dem Hintergrund wissenschaftlicher Literatur diskutiert und zu einem nachhaltigen HR-Ansatz für demografisch betroffene Unternehmen zusammengefasst werden.

Die zentralen Fragen, die dieses Buch zu beantworten versucht, sind folgende:

- Wie kann ein Unternehmen den demografischen Wandel aus personalpolitischer Perspektive zu seinem Vorteil nutzen?
- Wie sieht ein innovatives HR-Konzept aus, welches bisherige Stärken erhält und gleichzeitig die Chancen des demografischen Wandels nutzbar macht?
- Welche strukturellen Rahmenbedingungen müssen erfüllt sein, damit langfristige Wettbewerbsvorteile garantiert sind?

Wenn es gelingt, mit diesem Buch Unternehmen, insbesondere Klein- und Mittelbetrieben, und deren Personalverantwortlichen ein Mehr an Handlungsoptionen in den durchaus schwierigen Zeiten zu vermitteln, dann ist das hoch gesteckte Ziel getreu dem Motto HEINZ VON FOERSTERS unmittelbar erreicht:

„Handle stets so, dass die Zahl der Handlungsoptionen wächst!"

In diesem Sinne bedanke ich mich herzlich bei allen Menschen, die dieses Buch nicht nur möglich, sondern auch durch ihren wunderbaren Eifer mitgetragen und bereichert haben, vor allem meinem Verleger, Dr. Walter Rosenberger, der nicht nur mit fachlichem Rat, sondern auch mit menschlicher Begleitung die Arbeit, aber auch meine persönliche Entwicklung mitgestaltet hat.

1 Prolog

Ein besonderer Dank gilt allen Unternehmen, insbesondere deren HR-Verantwortlichen, die ihre Konzepte und die zugrundeliegenden Gedanken hiermit auch der Öffentlichkeit zugänglich gemacht haben und damit indirekt auch Hilfe und Beistand für alle betroffenen Unternehmen leisten.

Danke!

1.2 Die Motivation für dieses Buch

In meiner täglichen Praxis als Personal- und Organisationsentwickler bin ich ständig mit der Bewältigung von Umweltveränderungen konfrontiert. Dabei hat sich gezeigt, dass die meisten von mir beratenen Unternehmen im Rahmen von Strategieworkshops die drohenden Veränderungen sehr genau analysieren und adäquate Konzepte entwickeln. Dies gilt im Besonderen für Veränderungen der Kapital-, Lieferanten- aber auch Kundenmärkte, d. h. die Vorbereitung auf extern bedingte Anforderungen an das Veränderungsmanagement läuft in professioneller Weise ab.

Umso mehr überrascht mich, dass gerade der demografische Wandel, dessen Entwicklung seit Jahren von kompetenter Seite der Demografieforscher gemeldet wird, gänzlich von den Entscheidungsträgern in heimischen Unternehmen ignoriert, teilweise auch verdrängt wird. Dass damit nicht nur die zukünftige Wettbewerbsfähigkeit, sondern auch die Ressource Personal in Mitleidenschaft gezogen wird, wurde noch nicht (ausreichend) bemerkt.

Ohne Schwarzmalen zu wollen: Vom demografischen Wandel ist jeder (!) betroffen. Die Alterung und Verknappung des Erwerbspotenzials ist nicht nur eine Bedrohung für nationale Rentensysteme und damit für die langfristige Lebens- und Konsumerhaltung eines Landes, sondern auch für die Produktivität der Unternehmen und die volkswirtschaftliche Situation insgesamt.

Mit dem vorliegenden Buch möchte ich neuerlich auf die demografischen Herausforderungen für Gesellschaft, Politik und Wirtschaft hinweisen und eine Bewusstheit erzeugen, welche Risiken Sie eingehen, wenn Sie die Fakten nicht beachten bzw. welche Chancen sich Ihnen bieten, wenn Sie auf die demografische Entwicklung angemessen reagieren.

Da ich meine Gedanken und Konzepte an Entscheidungsträger wirtschaftlicher Einrichtungen bzw. an die wissenschaftliche Gemeinschaft richte, insbesondere aber an Personalverantwortliche, soll dieses Buch eine Handlungsgrundlage für personalpolitischer Entscheidungen darstellen. Damit stehen den Lesern eine Vielzahl an möglichen personalpolitischen Instrumenten zur Verfügung. Die Aufbereitung der bisherigen wissenschaftlichen Erkenntnisse, gepaart mit Best-Practice-Beispielen soll zeigen, wie andere Unternehmen den demografischen Herausforderungen beggenen, aber auch Raum für Selbstreflexion und neue Perspektiven ermöglichen.

MARKUS RIMSER
St. Pölten, im September 2006

2 Die Wirtschaft im Wandel

Die Arbeitswelt befindet sich in einem stetigen Wandel. Den Veränderungen der externen Rahmenbedingungen, in Form von neuen Märkten, zusätzlichen Mitbewerbern und gesellschaftlichem, politischen und rechtlichen Einflüssen steht ein Wandel der inneren Rahmenbedingungen durch neue Technologien und schnellere Arbeitsprozesse gegenüber. Noch nie waren Unternehmen und deren Belegschaften in Flexibilität und Innovationsfähigkeit derart gefordert, um ihre Wettbewerbsfähigkeit zu erhalten bzw. auszubauen.

In den nächsten zehn bis zwanzig Jahren droht eine neue Herausforderung auf Europas Staaten und deren (Volks-)Wirtschaften einzufallen: die demografische Veränderung der Bevölkerungsstrukturen. Was in manchen Ländern auf gesellschaftspolitischer Ebene (z. B. Rentendiskussion und Anhebung des Rentenalters in Deutschland, Lissabon-Strategie der Europäischen Gemeinschaften, EU-Projekt WAGE in Österreich, etc.) bereits erkannt ist, zeichnet sich als Auswirkung auf Unternehmen und deren Mitarbeiter schon jetzt ab: die Alterung der Gesellschaft, damit die Alterung der Belegschaften und daraus folgernd die radikale Veränderung des Produktionsfaktors Arbeit.

Um im Arbeitsprozess die Quantität und Qualität der Ressource Personal sicherzustellen, sind Verantwortliche gefordert, bestehende HR-Programme anzupassen oder neu zu konzipieren. Sie müssen neue Instrumente für die Beschaffung, Entwicklung und Veränderung von Personal bereit stellen, um auch langfristig das Bestehen und den Erfolg des Unternehmens (mit) zu garantieren.

Wie die bisherige Beratungsarbeit aktueller Good-Practice-Beispiele gezeigt hat, genügt es aber keineswegs, den demografischen Herausforderungen nur unternehmensintern mit einer Gestaltung der HR-Konzepte zu begegnen, vielmehr werden in den kommenden zehn bis zwanzig Jahren nachhaltige Rahmenbedingungen und Kulturaspekte über die Konkurrenzfähigkeit entscheiden. Nach RUMP und SCHMIDT (2004:15) ist davon auszugehen, „dass die Arbeitswelt in den nächsten zehn Jahren durch eine Reihe von ökonomischen und technischen Trends, durch die Veränderung von gesellschaftlichen Werten, durch die demografische Entwicklung sowie durch Veränderungen auf dem Arbeitsmarkt beeinflusst wird." Diese Trends und ihre Auswirkungen auf Märkte, Unternehmen und Anspruchsgruppen möchte ich im Folgenden näher skizzieren.

2.1 Allgemeine Trends der Veränderung

2.1.1 Ökonomische Trends

Mit hoher Geschwindigkeit schreitet die *Internationalisierung* (vgl. HAHN 2000; RUMP/SCHMIDT 2004) voran, und mit ihr die Abhängigkeit von neuen, noch größeren Märkten mit noch gesonderten Rahmenbedingungen. Nicht nur die Ausrichtung auf neue Märkte mit neuen Anforderungen, sondern der zunehmende Kostendruck durch steigende Konkurrenz aus Billigproduktionsländern verlangen von Unternehmen eine stärker Fokussierung auf Kosten und Effizienz der internen Abläufe.

Auf dem Weg der zunehmenden Wettbewerbsfähigkeit in stark umkämpften Märkten steigt die Anforderung an Flexibilität und Innovationsstärke innerbetrieblicher Wertschöpfung und damit auch die *Abhängigkeit von erfolgskritischem Wissen*. Nachdem GUTENBERG den Buchdruck erfunden hatte, dauerte es mehr als dreihundert Jahre, bis sich das Volumen der Informationsmedien weltweit verdoppelte. Heutzutage erfolgt eine Verdopplung nahezu alle fünf Jahre und nach RUMP und SCHMIDT (vgl. 2004:17) wird sich das Wissen in den nächsten zehn Jahren in der Hälfte der Zeit verdoppeln. Die fortschreitende Globalisierung von Wirtschaft und Wissenschaft bewirkt auch eine Globalisierung des Wissens und damit eine verschärfte Wettbewerbssituation auf den Märkten.

Um in einem solchen Umfeld bestehen und dauerhaft wettbewerbsfähig zu bleiben, sind Unternehmen gezwungen, immer mehr Produkte und Dienstleistungen anzubieten, die sich durch Neuartigkeit und Hochwertigkeit von denen der Konkurrenz abheben. Die damit einhergehende *Verkürzung der Produktlebenszyklen* führt auch zu einer erheblichen Beschleunigung des Wertschöpfungsprozesses und erfordert von Unternehmen und deren Belegschaften ein hohes Maß an Wissen. Entscheidend ist aber nicht nur die Nutzung vorhandenen Wissens, sondern auch die Generierung, der Aufbau und die Verteilung des kritischen Wissens:

2 Die Wirtschaft im Wandel

„Nur wenn sich Unternehmen um aussagekräftige Indikatoren und Bewertungsmaßstäbe zur Messung ihrer organisatorischen Wissensbasis bemühen, können sie Wissensmanagement auch effektiv betreiben." (PROBST/RAUB/ROMHARDT 1998:315)

Eine weitere, markante Veränderung zeigt die Tertiarisierung der sektoralen Entwicklung, d. h. der Ausbau der Dienstleistungsgesellschaft, der sich auch die nächsten Jahre aufgrund der Entwicklung wissensintensiver Güter (vgl. RUMP/SCHMIDT 2004:18) weiter fortsetzen wird.

2.1.2 Technologische Trends

Der technologische Fortschritt wird nicht nur Produktionsbedingungen – wie auch bisher – entscheidend beeinflussen, auch die Arbeitsplatzgestaltung sowie die Organisation von Arbeitsabläufen wird zunehmend technologisiert. Nach HORX (vgl. 2004) wird das sog. Mobile Business in unterschiedlichen Formen den Arbeitsalltag entscheidend verbessern, aber auch gravierend ändern. WEISS und SCHRÖTER (2001:20ff) unterscheiden fünf Arten der „e-mobility":

- Mobilität der Person
- Mobilität der Arbeit bzw. der Arbeitsinhalte
- Mobilität der Arbeitsbeziehungen
- Mobilität der technischen Werkzeuge
- Virtuelle Mobilität in paralleler Umgebung

Die daraus entstehende Abnabelung vom Arbeitsplatz führt zu einer räumlichen und zeitlichen Unabhängigkeit bei der individuellen Arbeitsbewältigung und damit zu einer zunehmenden Individualisierung und Unkontrollierbarkeit von Mitarbeitern.

2.1.3 Gesellschaftliche Trends

Die Veränderung der gesellschaftlichen Werte vollzieht sich vor dem Hintergrund verschiedener Spannungsfelder und Konflikte zwischen divergierenden Lebensbereichen. Besonders gravierend zeigt sich das *Spannungsfeld zwischen dem Streben nach Lebensgenuss und dem gesell-*

schaftlich attribuierten Leistungsnachweis. WUNDERER und DICK (vgl. 2002:29) prognostizieren für die Zukunft die Forderung nach herausfordernden Aufgaben, Entwicklungschancen, aber auch Spaß an der Arbeit und Möglichkeiten, an Gestaltungs- und Entscheidungsprozessen mitwirken zu können. Damit einhergehend sehen sie aber auch die Abkehr der Akzeptanz von Fremdsteuerung und hierarchischer Unterordnung, solange die Herausforderung nicht den Fähigkeiten und Neigungen des Mitarbeiters gerecht wird. CSIKSZENTMIHALYI (1999) spricht in diesem Zusammenhang von der Suche nach dem „Flow".

Weiters ist festzustellen, dass der Wunsch nach einer klassischen Karriere, also beruflichem Aufstieg, hohem Einkommen und Status, in der Zukunft eine geringere Rolle spielen wird. Nach WUNDERER und DICK (2002) geht der Trend eher dahin, ein Gleichgewicht zwischen Beruf und Freizeit zu erzielen und nach ethischen Idealen zu streben. Demgegenüber fallen die Entscheidungen von Frauen, die sich im *Spannungsfeld Familie und Beruf* befinden, zunehmend berufsorientiert aus. Bessere Ausbildungen, ein verändertes Rollenbild und der oben angeführte Trend zur Wissensgesellschaft beeinflussen die Entwicklung in diese Richtung.

Anders als bei Frauen steigt bei den Männern der Wert „Familie". Auf eine Karriere „um jeden Preis" wird tendenziell eher verzichtet. Aus diesem Grund ist damit zu rechnen, „dass viele männliche Fach- und Führungskräfte zukünftig weniger bereit sind, private Interessen beruflichen unterzuordnen." (RUMP/SCHMIDT 2004:25)

Aufgrund der demografischen Entwicklung (vgl. FREVEL 2004) und der höheren Generationenvielfalt innerhalb der Bevölkerung wird es auch zu einer *zunehmenden Individualisierung* kommen. „Während das Individuum in der traditionellen Gesellschaft dem Kollektiv untergeordnet war, steht es in der modernen Gesellschaft bald an erster Stelle. [...] Der abstrakte Charakter von Beziehungen bewirkt, zusammen mit einer immer pluralistischer werdenden Kultur, dass sich moderne Individuen zunehmend autonomer in der Beziehung zu anderen fühlen." (VAN DER LOO/VAN REIJEN 1992:194) Doch wie entwickelt sich die Individualisierung im Zusammenprallen mit der – in Unternehmen geforderten – Orientierung an gemeinsamen Zielen und Teamwork?

2 Die Wirtschaft im Wandel

„Zahlreiche Studien kommen zum Schluss, dass nicht nur die individualistische Orientierung zunimmt, sondern auch die Bedeutung der Orientierung an gemeinsamen Zielen gewinnt. Begründet wird diese Entwicklung mit der Einsicht in die Notwendigkeit von Kooperation und Teamarbeit. Die komplexer werdenden Aufgabenstellungen und der hohe Spezialisierungsgrad lassen sich alleine nicht mehr bewältigen." (RUMP/SCHMIDT 2004:27)

Stark einhergehend mit der zunehmenden Individualisierung zeigt sich auch (vor allem in Städten) der *Trend zur Singelisierung* (vgl. HORX 2001:13) und damit eine Ausrichtung der Märkte nach diesem Trend.

Der Wunsch nach herausfordernden Tätigkeiten und Mitwirkung in Entscheidungsprozessen verlangt aber auch seinen Preis in Form von *Flexibilität*, was die Arbeitsleistung, die Zeiteinteilung, aber auch den persönlichen Einsatz im Arbeitsprozess betrifft. Dieser Entwicklung steht jedoch das *Bedürfnis nach Kontinuität und Beständigkeit* gegenüber. Ein längerfristige Laufbahnplanung und die Klärungen der eigenen Vorstellungen über den beruflichen Werdegang werden in Zukunft ein adäquates Mittel im Kampf gegen die Arbeitsplatzunsicherheit sein.

Neben den bereits beschriebenen Veränderungen und deren Auswirkungen auf die Arbeitswelt schleicht sich jedoch, das Ausmaß betrachtet, eine viel größere Bedrohung (vgl. HOLLIGER 2005) für Unternehmen und deren langfristige Erfolgssicherung an: die demografische Veränderung von Bevölkerung und Belegschaften.

2.2 Die demografische Entwicklung Mitteleuropas

Die Bevölkerung in den meisten westlichen Industrieländern schrumpft und altert (vgl. DICKMANN 2004). Der demografische Wandel setzte Anfang der 1970er Jahre ein. Bis zu diesem Zeitpunkt verlief die demografische Entwicklung der meisten westlichen Industrieländern im weitesten Sinne konstant. Die Bevölkerung wuchs und glich in ihrem Altersaufbau einem Tannenbaum oder einer Pyramide, deren breite Basis sich durch eine große Anzahl von Kindern und Jugendlichen als Bevölkerungsmehrheit zusammensetzte.

Anfang der 1970er Jahre waren die Geburtenzahlen erstmals rückläufig und fielen geringer aus als die Zahl der Sterbefälle (vgl. Bundesamt für Statistik, Statistik Austria, KOF Konjunkturforschungsinstitut der ETH Zürich, etc.). Heute gleicht der Altersaufbau der Bevölkerung Mitteleuropas eher einem Laubbaum mit einer breiten Krone, die im Begriff ist, unaufhaltsam nach oben zu wandern: Der Anteil der jungen Bevölkerung wird zunehmend kleiner, Fortschritte in Medizin, Gesundheitswesen und höhere soziale Sicherheit führen dazu, dass die Menschen länger leben. DICKMANN (2004) führt als Gründe für den Geburtenrückgang u. a. veränderte Lebenseinstellungen sowie veränderte Lebens- und Erwerbsmuster an.

In Anlehnung an den U.S. Census (2006) lässt sich die demografische Veränderung in den mitteleuropäischen Industrieländern in zwei Ausprägungen subsumieren:

• eine *schrumpfende Bevölkerungszahl*, damit einhergehend auch ein Rückgang des Erwerbspotenzials

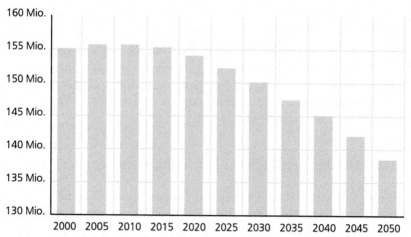

Abb. 1: *Bevölkerung mitteleuropäischer Industriestaaten (D, A, CH, I)*
In Anlehnung an U.S. Census Bureau 2006, online

• eine *Alterung der Gesellschaft* und damit auch eine gravierende Alterung der Belegschaften

2 Die Wirtschaft im Wandel

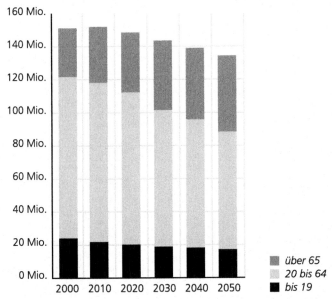

Abb. 2: *Altersstruktur mitteleuropäischer Industriestaaten (D, A, CH, I)*
In Anlehnung an U.S. Census Bureau 2006, online

Mit beiden Entwicklungen ergibt sich bereits die Problemstellung dieses Buchs und damit die zentrale Fragestellung für Unternehmen: die ressourcenorientierte Bewältigung der demografischen Veränderungen von Erwerbsbevölkerung und Belegschaften.

Die demografische Entwicklung vollzieht sich für jedes Land, abhängig von gelebter Familien- und Generationenpolitik sehr individuell und kann daher nicht generalisiert werden. Es bestehen jedoch Trends, die sich länderübergreifend nachvollziehen lassen. Im Folgenden finden Sie eine zusammenfassende Darstellung der grundlegenden und aktuellen Prognosen für Deutschland, Österreich und die Schweiz. Für weitere Informationen zu vertiefenden demografischen Analysen bzw. deren Erhebungsmethodik verweise ich auf die nationalen Statistikbehörden unter:

- http://www.destatis.de (Statistisches Bundesamt Deutschland)
- http://www. statistik.at (Statistik Austria)
- http://www.bfs.admin.ch (Bundesanstalt für Statistik Schweiz)

2.2.1 Short Facts Deutschland

Die Bevölkerung schrumpft

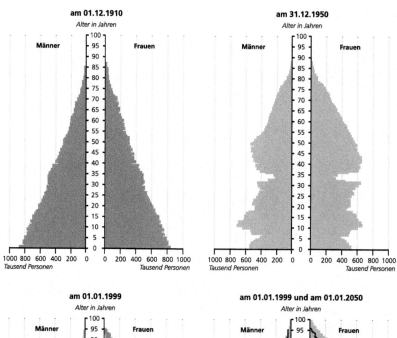

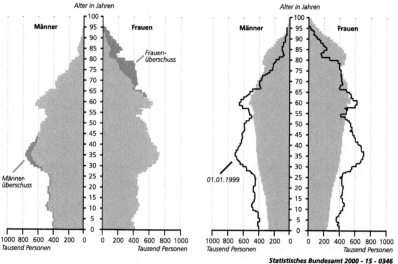

Abb. 3: Bevölkerungspyramide Deutschland 1910 bis 2050
Quelle: Statistisches Bundesamt (2000:30)

2 Die Wirtschaft im Wandel

Den geburtenstarken Jahrgängen der 1960er Jahre (ersichtlich in der Bevölkerungspyramide 2001, 40- bis 50-Jährige) folgte mit Beginn der 1970er Jahre ein Geburtenrückgang, der in Deutschland bis heute anhält: Die Zahl der Geburten ist konstant niedriger als die Zahl der Sterbefälle. Die Konsequenz: die Bevölkerung schrumpft weiterhin, selbst bei Berücksichtigung der jährlichen Zuwanderungsrate von 200.000 Migranten wird insgesamt ein Bevölkerungsrückgang von 82,6 Millionen (2003) auf 78 Millionen (2030) bis 69,7 Millionen im Jahr 2050 prognostiziert (vgl. ADENAUER 2005:10).

Die Bevölkerung altert

Insgesamt zeigt sich für Deutschland eine Erhöhung der durchschnittlichen Lebenserwartung, ausgelöst durch bessere medizinische und hygienische Grundversorgung der Menschen. Damit steigt nicht nur das Durchschnittsalter der deutschen Bevölkerung von 41,1 Jahren (2000) auf 46,8 Jahre (2030), auch die Altersstruktur verändert sich.

Wie die unten stehende Abbildung zeigt, sinkt durch die niedrigen Geburtenraten der Anteil der jungen Menschen, während der Anteil der älteren Bevölkerung im Verhältnis zu den jüngeren Menschen größer wird.

in 1.000 Personen

Alter von ... bis unter ... Jahren	01.01. des Jahres					
	2000	2010	2020	2030	2040	2050
unter 20	17.487	15.474	14.103	13.430	12.388	11.462
20 – 30	9.640	9.711	9.070	7.932	7.639	7.224
30 – 50	25.968	24.195	20.596	20.159	18.339	16.911
50 – 65	15.554	15.756	19.343	16.443	14.716	14.591
20 – 65 zusammen	51.162	49.662	49.010	44.533	40.693	38.726
65 und mehr	13.336	16.362	17.226	20.014	21.464	20.193
Insgesamt	81.985	81.497	80.339	77.977	74.546	70.381

Abb. 4: Prognostizierte Altersstruktur der Bevölkerung in Deutschland
Quelle: Statistisches Bundesamt (2003:31)

Die Erwerbsbevölkerung schrumpft

Im Hinblick auf die Entwicklung der erwerbsfähigen Bevölkerung (im Alter zwischen 15 und 64 Jahren) zeigt sich einerseits ein Rückgang des Arbeitskräfteangebots jüngerer Fachkräfte, andererseits nimmt das Angebot an älteren Personen im erwerbsfähigen Alter (wie Abb. 5 zeigt) zu.

ADENAUER (vgl. 2005:12) beschreibt die demografische Entwicklung der Erwerbspersonen in Deutschland in drei Phasen:

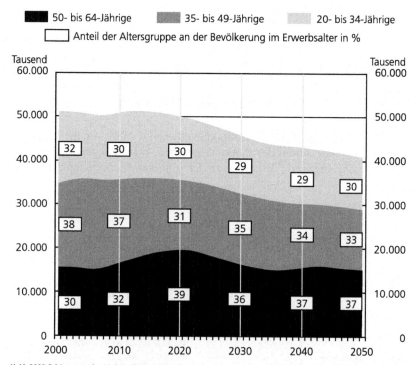

Abb. 5: Altersaufbau der deutschen Bevölkerung im Erwerbsalter
Quelle: Statistisches Bundesamt (2003:36)

Erste Phase: Der Anteil der unter 29-jährigen Erwerbspersonen nahm im Zeitraum von 1989 (32 Prozent) bis 2000 um fast 7 auf 25 Prozent ab.

Zweite Phase: Im Zeitraum von 2005 bis 2010 nimmt der Anteil der über 50-jährigen Erwerbspersonen um 5 auf 32 Prozent zu.

Dritte Phase: Bis 2020 wird der Anteil der über 50-jährigen Erwerbspersonen weiterhin stark zunehmen und mit 39 Prozent den Hauptanteil der Erwerbsbevölkerung darstellen. Im Vergleich zu den über 50-Jährigen werden ca. 30 Prozent bis 34-Jährige und 31 Prozent im Alter von 35 bis 49 Jahren ihren Anteil an der Erwerbsbevölkerung stellen.

2.2.2 Short Facts Österreich

In der vorliegenden Prognose für die Bevölkerungsentwicklung Österreichs werden insbesondere die Trends bis 2031 bzw. 2075 unter besonderer Berücksichtigung der Altersstrukturen bzw. der Entwicklung der Erwerbsbevölkerung auf Bundesebene dargestellt.

Die vorliegende Untersuchung setzt auf die Bevölkerungsprognosen und -fortschreibungen der Statistik Austria sowie die kleinräumigen Bevölkerungsprognosen der Österreichischen Raumordnungskonferenz (ÖROK) auf.

Die Untersuchungsergebnisse werden aufgrund der Fülle der verfügbaren Informationen knapp gehalten und überwiegend in Grafiken bzw. Tabellen veranschaulicht und verbal interpretiert.

Die langfristige Entwicklung bis 2075

Ähnlich der Bevölkerungsentwicklung innerhalb der Europäischen Union zeichnet sich auch in Österreich im Vergleich der aktuellen mit den prognostizierten Bevölkerungspyramiden der Wechsel von der Tannenbaum- zur Laubbaum-Form und den daraus resultierenden Folgen ab.

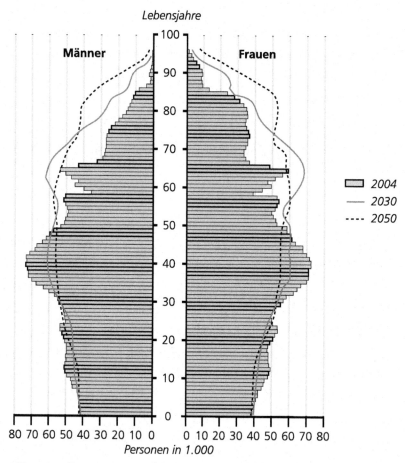

Abb. 6: *Bevölkerungspyramide Österreich 2004, 2030 und 2050*
Quelle: *Statistik Austria (2005:9)*

Bis 2027 wächst die österreichische Bevölkerung

Entgegen früheren Untersuchungen wird die österreichische Bevölkerungszahl ebenso wie in der Vergangenheit vorerst auch in Zukunft wachsen. Ausgehend von einer Einwohnerzahl von 8.031.560 im Durchschnitt des Jahres 2001 erreicht die österreichische Bevölkerung im Jahr

2027 mit 8.427.503 Bewohnern ihren historischen Höchststand. Danach nimmt die Einwohnerzahl langsam ab und sinkt bis 2050 auf 8.162.695 und bis 2075 auf 7.539.932. (vgl. WINDISCH 2005)

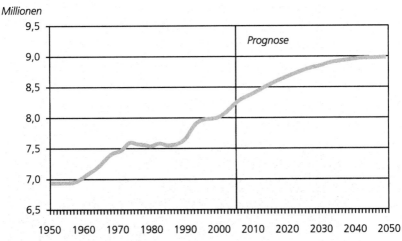

Abb. 7: *Bevölkerungsentwicklung Österreichs 1950 bis 2050*
Quelle: *Statistik Austria (2005:4)*

Starke Veränderung in der Altersstruktur Österreichs

Eine der wesentlichsten Prognosen betrifft die Altersstruktur. Diese wird sich bis 2050 stark verändern und dann stabilisieren. Im Jahr 2050 wird der Anteil an Kindern (unter 15 Jahre) an der Gesamtbevölkerung 12,2 Prozent betragen. 2001 war der Prozentanteil der unter 15-Jährigen vergleichsweise bei 16,8 Prozent, es kommt also zu einem Rückgang um 4,6 Prozent, verursacht durch den kontinuierlichen Geburtenrückgang (vgl. Statistik Austria 2005:3).

Der Anteil der Senioren (über 65-Jährige) wird von 15,5 Prozent (2001) auf 29,5 Prozent (2050) steigen und damit auch das Durchschnittsalter der österreichischen Bevölkerung von 39,7 Jahre (2001) auf 45 Jahre (2027) bzw. 48,2 Jahre (2050) erhöhen.

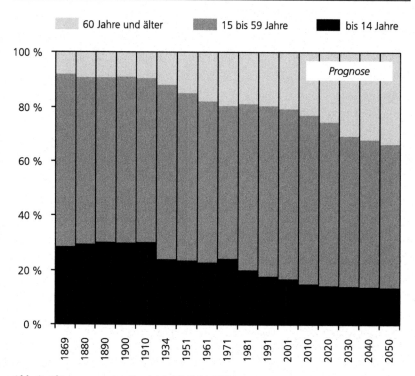

Abb. 8: Altersgruppen im Vergleich 1869 bis 2050
Quelle: Statistik Austria (2005:14)

Ein besonderes Problem wird die Zunahme betagter und hochbetagter Menschen (über 80 Jahre) darstellen, deren Anteil an der Wohnbevölkerung sich von 3,7 Prozent (2001) auf 11,7 Prozent (2050) mehr als verdreifachen wird. Im Jahr 2050 wird Österreich mehr als 1 Million Menschen im Alter über 80 Jahren zählen.

Die Zahl der Erwerbsbevölkerung sinkt bis 2050

Nach BIEHL (zit. in IV/ÖGB/WKO/AK 2004:24) verringert sich die erwerbsfähige Bevölkerung zahlenmäßig nur gering von 67,7 auf 58,3 Prozent (2050). Dies ist durch die bereits oben erwähnte hohe Anzahl an Zuwanderern in der Altersgruppe der ca. 35-Jährigen zu erklären. Was sich jedoch ändert, ist die Altersstruktur der Erwerbsbevölkerung entsprechend der Veränderung der Gesamtbevölkerung. Sind heute die 25 bis 44-Jährigen die größte Gruppe innerhalb der erwerbsfähigen Bevölkerung, so ist aufgrund der geburtenschwachen Jahrgänge davon auszugehen, dass sich dieses Bild bis 2035 drehen wird: ab dann werden die 45-65-Jährigen die dominante Gruppe.

Im Bereich der jugendlichen Erwerbsfähigen zeigt sich nach einem leichten Anstieg bis 2010 ein kontinuierlicher Rückgang, die Zahl der 18-29-Jährigen steigt und fällt ähnlich, jedoch in zeitlich entsprechender Verzögerung.

In der Gruppe der 30-54-Jährigen zeigt sich das Volumen von momentan 3 Millionen Personen auch längerfristig konstant, allerdings wird es innerhalb dieser Gruppe zu einer Verschiebung der Altersstruktur in Richtung der über 50-Jährigen kommen. Deutlich wird sich das ab 2020 bemerkbar machen, wenn der Anteil der über 65-Jährigen zugenommen hat.

Wie sich die einzelnen Altersgruppen der erwerbsfähigen Bevölkerung entwickeln, zeigt folgende Tabelle.

Jahr	14 bis 17 Jahre	18 bis 29 Jahre	30 bis 54 Jahre	55 bis 64 Jahre
2002	378.238	1.197.860	3.048.817	934.293
2008	394.375	1.225.160	3.078.490	934.710
2010	384.031	1.244.802	3.081.123	960.295
2012	368.063	1.248.102	3.077.244	1.005.444
2014	350.160	1.242.581	3.060.316	1.035.108
2016	336.523	1.229.661	3.024.221	1.088.921
2018	333.481	1.206.120	2.973.949	1.154.430
2020	330.821	1.176.598	2.920.696	1.215.732
2022	325.363	1.145.185	2.873.969	1.254.781
2024	322.078	1.114.330	2.828.187	1.280.366
2026	320.482	1.089.512	2.792.018	1.275.387
2028	319.785	1.071.171	2.764.550	1.243.191
2030	319.229	1.061.033	2.740.743	1.195.232
2035	315.434	1.044.337	2.694.791	1.076.537

Abb. 9: Entwicklung der erwerbsfähigen Bevölkerung (In Anlehnung an Statistik Austria 2005)

Ein ausreichende Versorgung der österreichischen Volkswirtschaft mit dem Produktionsfaktor Arbeit wird auch in Zukunft gewährleistet sein, allerdings zeichnen sich innerhalb der Altersgruppen gravierende Veränderungen ab: vor allem das langfristige Absinken der Zahl erwerbsfähiger Personen zwischen 30 und 54 Jahren, auch und gerade bei den Führungs- und Fachkräften (vgl. HOLLIGER 2005) bzw. das starke Ansteigen der Zahl erwerbsfähigen Personen zwischen 55 und 64 Jahren. Kurzum: Die Belegschaften in Österreich altern.

2.2.3 Short Facts Schweiz

Bevölkerungsentwicklung als Herausforderung

Die untenstehende Abbildung demonstriert eindrücklich, dass nach Angaben des Bundesamts für Statistik (2006) die Schweiz angesichts der demografischen Entwicklung in den kommenden Jahren vor eine große

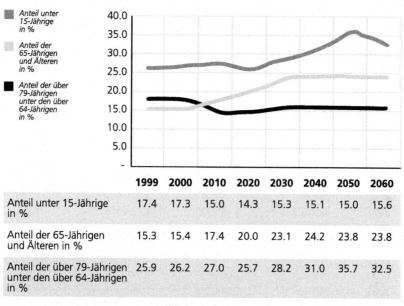

	1999	2000	2010	2020	2030	2040	2050	2060
Anteil unter 15-Jährige in %	17.4	17.3	15.0	14.3	15.3	15.1	15.0	15.6
Anteil der 65-Jährigen und Älteren in %	15.3	15.4	17.4	20.0	23.1	24.2	23.8	23.8
Anteil der über 79-Jährigen unter den über 64-Jährigen in %	25.9	26.2	27.0	25.7	28.2	31.0	35.7	32.5

Abb. 10: Bevölkerungsentwicklung Schweiz 1999 bis 2060
Quelle: Bundesamt für Statistik (2006, online)

Herausforderung gestellt sein wird. Bei einer bisherigen Geburtenrate von 1,48 Kinder je Frau (vgl. 1999) wird die Bevölkerung wie unten ersichtlich kontinuierlich abnehmen. Ein langfristiger Erhalt des Generationenbestandes der Schweiz würde eine Geburtenrate von mindestens 2,1 Kinder je Frau benötigen.

Starke Alterung in der Bevölkerungsstruktur

Die schweizerische Bevölkerungspyramide ist wie die ihrer Nachbarländer an beiden Enden verjüngt und in der Mitte verdickt. Dies bedeutet, dass die Pyramide in einigen Jahren sozusagen auf dem Kopf stehen wird.

Der in der unten stehenden Abbildung dargestellte Altersquotient zeigt das Ausmaß der Überalterung, so werden bereits im Jahr 2010 mehr als die Hälfte der Stimm- und Wahlberechtigten der Schweiz über 50 Jahre alt sein. Und im Jahr 2030 wird die Schweiz gemäß den Prognosen des Bundesamtes für Statistik (2006) über den höchsten Rentneranteil aller westlichen Industriestaaten verfügen. Diese Entwicklung stellt die Gesellschaft und Wirtschaft insgesamt sowie insbesondere die Sozialversicherungen vor enorme Herausforderungen.

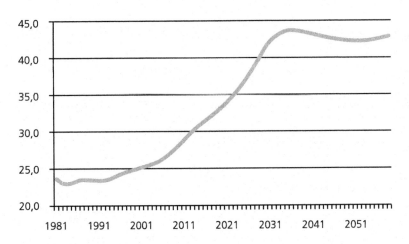

Abb. 11: *Verhältnis der 65-Jährigen und Älteren zu den 20- bis 64-Jährigen*
Quelle: *Bundesamt für Statistik (2006, online)*

Erwerbsbevölkerung: Der Rückgang ist nicht aufzuhalten

Mittel- und längerfristig werden dem schweizerischen Arbeitsmarkt durch die Verlangsamung des Bevölkerungswachstums und die fortschreitende Alterung weitere Grenzen gesetzt. Die Erwerbsbevölkerung der Schweiz wird zwar in den folgenden Jahren noch leicht zunehmen. Ab 2010 setzt jedoch ein deutlicher Rückgang ein. Zwischen 2010 und 2030 wird die Erwerbsbevölkerung der Schweiz im Grundszenario um rund 4 Prozent zurückgehen, wobei die stärkste Abnahme bei den Erwerbspersonen schweizerischer Nationalität stattfinden wird.

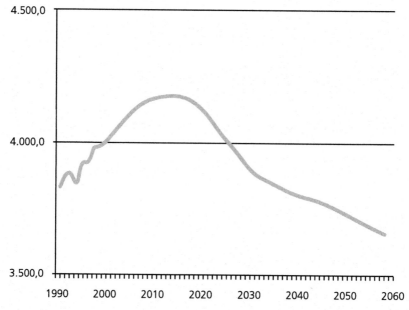

Abb. 12: *Entwicklung der Erwerbsbevölkerung Schweiz 1990 bis 2060*
Quelle: *Bundesamt für Statistik (2006, Online)*

Weitere Szenarien zeigen, dass dieser Rückgang selbst dann nicht aufzuhalten ist, wenn mehr Frauen und ausländische Arbeitskräfte auf den Arbeitsmarkt gelangen. Wenn der Verlauf der Erwerbsbevölkerung einzig von der natürlichen Bevölkerungsentwicklung abhinge, d. h. nur von den Geburten- und Sterbezahlen, würde sich der Rückgang unmittelbar bemerkbar machen.

2.3 Fazit

Die Wirtschaft unterliegt einem stetigen Wandel. Schnelles Reaktionsvermögen und die Fähigkeit zur Anpassung bestimmen über den zukünftigen Erfolg von Unternehmen in Zeiten des ökonomischen, technologischen und gesellschaftlichen Wandels. Für einen Großteil der Unternehmen gehören diese Anpassungen mittlerweile zum Alltags- und strategischen Managementwissen, stellen also kein bzw. ein geringfügiges Problem dar. Lösungsansätze werden bzw. wurden bereits diskutiert und in Strategien, Konzepten und Handlungsplänen umgesetzt. Anders jedoch zeigt sich die Situation bei der demografischen Veränderung, auf die viele Unternehmen im deutschsprachigen Raum bisher nicht reagiert haben:

In allen dargestellten demografischen Kennzahlen der beschriebenen Länder findet sich – trotz länderspezifischer und regionaler Unterschiede – die demografische Veränderung auf zwei Ebenen wieder:

- Die Erwerbsbevölkerung nimmt ab und
- verändert sich in ihrer Altersstruktur hin zu einem Anstieg des Anteils älterer Erwerbspersonen.

Doch was bedeutet die Veränderung demografischer Kennzahlen für Unternehmen und deren Personalstrategie? Welche Handlungsfelder für Betriebe ergeben sich aus den oben beschrieben gesellschaftlichen, technologischen, wirtschaftlichen und demografischen Veränderungen? Wie und wann soll am besten auf diese drohende Veränderung reagiert werden?

All diese Fragen werden in den nächsten Kapiteln ausführlich aufbereitet und anhand von Dokumentenanalysen und Best-Practice-Beispielen erörtert und in eine individuelle innerbetriebliche Handlungsanleitung überführt.

3 Die Konsequenzen des demografischen Wandels

Der demografische Wandel erzeugt Handlungsbedarf auf Seiten der Politik und auf Seiten wirtschaftender Unternehmen. Welche Auswirkungen haben die veränderten demografischen Rahmenbedingungen auf Unternehmen und deren Belegschaften? (Die Konsequenzen für Politik und Gesellschaft sollen hier nur am Rande erwähnt werden.)

In der Literatur (vgl. FREVEL 2004; FRERICHS et al. 2001; GOEDICKE/ BROSE/DIEWALD 2006; GRUNDIG/POHL 2004; KISTLER 2002; KNUTH 2005) wird unterschieden zwischen originären Konsequenzen, also ursprünglichen Folgen des demografischen Wandels, und sekundären Wirkungen und Konsequenzen, welche ohnehin wirksam sind und durch den demografischen Wandel potenziert und verstärkt werden.

3.1 Originäre Konsequenzen des demografischen Wandels

Laut Statistik Austria (2005) wird die Zahl der Erwerbstätigen im Alter von 45 und älter bereits über 35 Prozent betragen, mit steigender Tendenz, während der Anteil der jüngeren Arbeitnehmer im selben Ausmaß zurückgeht. Gleichzeitig wird das gesetzlich vorgeschriebene Pensionsalter angehoben, was zwangsläufig zur Folge haben wird, dass immer mehr ältere Arbeitnehmer in Zukunft immer länger arbeiten müssen.

NÖBAUER (zit. in IV/ÖGB/WKO/AK 2004:123) beschreibt, was dies für Unternehmen bedeutet:

- „Es wird mehr ältere Arbeitskräfte in den Betrieben geben. Während bisher Unternehmen und MitarbeiterInnen von Frühpensionierungsregelungen oder Altersteilzeit Gebrauch machen konnten, werden z. B. 55-Jährigen noch einige Berufsjahre bevorstehen."
- „Wenn das Pensionsantrittsalter steigt, müssen Arbeitskräfte länger arbeitsfähig sein – gesund, motiviert und mit dem notwendigen Wissen ausgestattet. Wie können Unternehmen ihre MitarbeiterInnen so einsetzen, dass sie auch in körperlich und psychisch anstrengenden Berufen 45 Berufsjahre gesund und leistungsfähig bleiben? Wie werden Un-

ternehmen, in denen bisher ausschließlich die jüngeren MitarbeiterInnen als Leistungs- und Know-How-Träger gesehen wurden, damit umgehen?"
- „Betriebe werden schwerer junge Arbeitskräfte bekommen. Einerseits wird es dadurch schwieriger, Ältere gegen Jüngere auszutauschen, wie es bisher Praxis war. Andererseits stellt sich auch die Frage, wie motiviert Jüngere sein werden, wenn erstrebenswerte Schlüsselpositionen von Älteren besetzt sind und es noch über Jahre hinweg bleiben werden. Schon jetzt ist bei Fach- und Hochschulabsolventen eine hohe Bereitschaft zum Arbeitgeberwechsel nach einer 3- bis 4-jährigen Beschäftigungsdauer gegeben. Rekrutierung und Betriebsbindung gehören in manchen Branchen oder Regionen zu den wichtigsten personalpolitischen Herausforderungen. In Zukunft wird es noch bedeutsamer werden, sich auf den relevanten Arbeitsmärkten als attraktiver Arbeitgeber zu positionieren."

KÖCHLING (2004:2) spricht in diesem Zusammenhang von einem „Altersscheren-Effekt", weil etwa seit dem Jahr 2000 die Anteile der über 50-Jährigen höher sind als die Anteile der unter 30-Jährigen." Und schon ab 2008 wird sich auch der „Altersberg" zeigen, der auf den Baby-Boom der Nachkriegszeit zurückzuführen ist (siehe Abbildung).

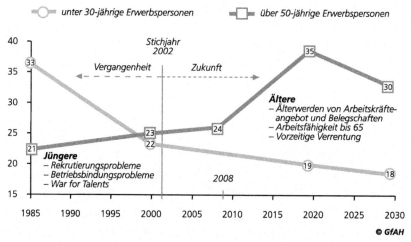

Abb. 13: Der Altersscheren-Effekt
Quelle:: KÖCHLING (2004:2)

3 Die Konsequenzen des demografischen Wandels

Es besteht also ein „doppeltes demografisches Dilemma" (KÖCHLING 2004:2): Es werden immer weniger jüngere (unter 30-jährige) und gleichzeitig immer mehr ältere (über 50-jährige) Erwerbspersonen. Der Berufseintritt von Jugendlichen hat sich in den vergangenen Jahrzehnten immer weiter nach hinten verschoben (siehe Abbildung), so dass der in der Literatur oft beschriebene „War for Talents" Unternehmen vor die Herausforderung stellt, von einem „ausgetrockneten Markt" (HOLLIGER 2005:50) die besten jungen Arbeitskräfte in Konkurrenz zu anderen Unternehmen zu rekrutieren.

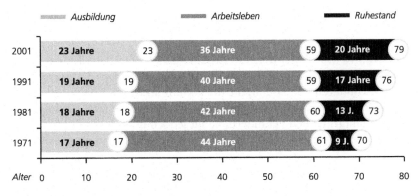

Abb. 14: Die Verkürzung der Erwerbszeit

Sind durch diese Überalterungstendenzen „die Innovationskraft und die Wettbewerbsfähigkeit der Unternehmen gefährdet", wie BLUM (2005:7) befürchtet? Diese Frage wird durch HOLLIGER (2005:49) sowie MÜHLBRANDT/SCHULTETUS (2004:1ff) mit Bezug auf den globalen Wettbewerb zwischen wissensbasierten Gesellschaften klar bejaht: „Aktuelles Wissen wird zum primären Wertschöpfungsfaktor in den Unternehmen. Die besondere Gefahr des demografischen Wandels in der Wissensgesellschaft besteht mithin darin, diesen Wissenswettlauf zu verlieren, indem

- anhaltende Engpässe, besonders bei hoch qualifizierten Fachkräften, entstehen und
- Erhalt und Ausbau von Kompetenzen bei den Mitarbeitern nicht gelingen." (ebd.)

Vor diesem Hintergrund kommen auch qualifikationsspezifische Angebots- und Nachfrageprojektionen zu dem Ergebnis, dass ein Fachkräftemangel auf mittlerer Sicht immer wahrscheinlicher wird. (vgl. REINBERG/ HUMMEL 2003)

HOLLIGER (2005:49) merkt dazu an, dass neben dem Mangel an Fachkräften auch ein zunehmender Mangel an Führungskräften eintreten wird, der die langfristige Unternehmensperformance durchaus beeinträchtigen kann.

3.2 Sekundäre Konsequenzen des demografischen Wandels

KÖCHLING (2000:8ff) weist im Zusammenhang mit den originären Entwicklungen des demografischen Wandels besonders auf die zu erwartenden sekundären Folgen hin, die in Zukunft auch die Wirkungen der demografischen Veränderung verstärken werden. Wie sich die folgenden Faktoren tatsächlich verändern, hängt jedoch immer von der jeweiligen betrieblichen Altersstruktur und Personalpolitik ab und muss in Verbindung mit dieser betrachtet werden:

- Die gesundheitliche Leistungsfähigkeit der älteren Arbeitnehmer, insbesondere bei langandauernden, psychisch oder physisch belastenden Tätigkeiten;
- Die betriebliche Innovationspolitik, insbesondere bei langandauernden Rekrutierungs- und Fluktuationsproblemen, wie sie sich aus der genannten Tendenz zu einem häufigen Arbeitsplatzwechsel ergeben;
- Das implizite Erfahrungswissen der Älteren;
„[...] derzeit ist die Situation so, dass ältere Arbeitnehmerinnen und Arbeitnehmer mit allen (il)legalen Mitteln aus dem Arbeitsleben gedrängt werden. Entscheidend ist dabei für mich die Frage, wie es gelingt, bewusst zu machen, dass sich im Laufe eines (Arbeits-)Lebens die Stärken der Menschen ändern. Ich wehre mich dagegen, Ältere als besonders schutzbedürftig und mit Mangelerscheinungen behaftet, zu bezeichnen." (KALLAUER, zit. in IV/ÖGB/WKO/AK 2004:124)
- Die qualifikatorische Leistungsfähigkeit der älteren Arbeitnehmer;
Die Beteiligung an Weiterbildung verändert sich mit dem Alter. Alle einschlägigen Untersuchungen ergaben, dass das Lebensalter ein eigenständiger Einflussfaktor auf die Weiterbildungsbeteiligung ist: Ab

etwa dem 50. Lebensjahr nehmen sowohl Beteiligung als auch Interesse an Weiterbildung tendenziell ab, dabei nimmt das Interesse an beruflicher Weiterbildung schon früher ab als das Interesse an persönlicher Weiterbildung.

Nach einer FESSEL-GfK Umfrage (zit. in IV/ÖGB/WKO/AK 2004:34) hat die Weiterbildungsabstinenz folgende Gründe:

Gründe für die Weiterbildungsabstinenz in den letzten drei Jahren nach Altersgruppen, 12/2000, in Zeilenprozenten

Frage: „Was waren die Gründe dafür, dass Sie sich in den letzten drei Jahren nicht weitergebildet haben?"
tabellierter Wert: „sehr wichtig" und „eher wichtig"

Gliederungsmerkmal (Alter in Jahren)	aus Altersgründen	kein Bedarf	Mangel an Informationen	schlechte räumliche Erreichbarkeit	Zeitmangel	ungünstige Zeiten	Kosten der Weiterbildung	Noch in Ausbildung
20 bis 29	0	10	2	2	20	12	14	24
30 bis 44	7	18	8	3	36	13	10	–
45 bis 59	35	20	5	7	17	2	10	–
60 J. und älter	69	3	1	2	8	3	3	–

Abb. 15: *Gründe der Weiterbildungsabstinenz*
Quelle: FESSEL-GfK, in IV/ÖGB/WKO/AK (2004:34)

Die Entstehung bzw. aktive Förderung einer extremen Jugendkultur („Jugendwahn", HOLLIGER 2005:48) wirkt sich nach KÖCHLING (2000: 10) negativ aus auf die Mitarbeiterzufriedenheit und Arbeitsmotivation.

3.3 Zusammenfassung

Die demografische Entwicklung führt zu zweierlei Problemstellungen: Einerseits, und das gilt als unveränderlich, altern die Gesellschaften Mittel- und Westeuropas, und damit auch die Belegschaftsstrukturen in deren Unternehmen. Personalverantwortliche sehen sich also mit einer zunehmenden Alterung ihrer Mitarbeiter konfrontiert, was Folgewirkungen auf die Arbeitsfähigkeit, Leistungsbereitschaft und Innovationsstärke haben wird. Berücksichtigt man zudem die innereuropäischen Leitbilder der Arbeits- und Beschäftigungspolitik (vgl. Lissabon-Strategie 2000), soll nicht nur die Lebensarbeitszeit ausgedehnt werden (z. B. Deutschland 67 Jahre), sondern auch die Erwerbsbeteiligung in der Zielgruppe 55- bis 65-Jährige auf 50 Prozent erhöht werden, was sich auch zunehmend auf die Motivation älterer Beschäftigter auswirken wird.

Andererseits, und das zeigen die demografischen Prognosen, wird sich die Zahl der Erwerbspersonen teilweise drastisch verringern, was zu einem Engpass in der Findung neuer qualifizierter Mitarbeiter bzw. zu einem verstärkten Wettbewerb um die hochqualifizierten und jungen Fachkräfte führen kann.

Angesichts des zunehmenden Wettbewerbs durch Globalisierung und steigenden Kostendruck sehen sich Personalverantwortliche gefordert, die Ressourcen des Humankapitals nicht nur zu erhalten, sondern gezielt mit den demografischen Veränderungen umzugehen und damit die Potenziale gerade älterer Mitarbeiter zu erhöhen, zu nutzen und zu fördern, um damit auch langfristige und nachhaltige Wettbewerbsvorteile zu erzielen.

3.4 Handlungsfelder für Unternehmen

Aus den bisher dargestellten originären und sekundären Konsequenzen des demografischen Wandels ergeben sich vielfältige, unternehmensspezifische Handlungsfelder, die in erster Linie die Bedrohung durch die demografische Entwicklung mindern und in Folge daraus Ressourcen für nachhaltige Wettbewerbsvorteile sichern sollen.

So beschreiben RUMP und SCHMIDT (vgl. 2004) den demografisch bedingten betrieblichen Handlungsbedarf in den folgenden Bereichen:

- *Management von erfolgskritischem Wissen*
  also Wissensmanagement, das aufgrund intergenerativer Konflikte nur teilweise oder gar nicht fließt und damit dem Unternehmen Innovationskraft und Qualität entzieht
- *Intergenerative und lebensphasenorientierte Personalentwicklung*
  als Antwort auf die älter werdenden Belegschaften und der Begegnung von drei Generationen innerhalb einer Wertschöpfungskette

- *Employability Management*
  als ganzheitlich-integrativer Ansatz zur Steigerung der Wettbewerbsfähigkeit durch Beschäftigungsfähigkeit der Mitarbeiter
- *Work Life Balance*
  als Bewältigungsstrategie eines politisch verlängerten Erwerbslebens

Das Institut für angewandte Arbeitswissenschaften (vgl. 2005) erweitert das Spektrum der Handlungsfelder um spezifische Instrumente des Human Resource Managements und zählt vor allem

- Strategien gegen den zukünftigen Fachkräftemangel,
- Intensivierung und Anpassung der Aus- und Weiterbildung,
- Integration von Frauen in technische Berufe,
- Personalentwicklung älterer Mitarbeiter,
- Integration und Förderung von Migranten in technischen Berufen,
- Mitarbeiterbindung durch Anreizsysteme,
- flexible Arbeitszeitgestaltung und
- familienfreundliche Arbeitsgestaltung

zu den wichtigsten Aktionsparametern in Unternehmen.

KÖCHLING et al. (2000) verweisen im Hinblick auf betriebliche Handlungsfelder vor allem auf betriebliche Gesundheitsvorsorge und den Erhalt der Arbeitsfähigkeit älterer Mitarbeiter. HOLLIGER (2005) ergänzt den ganzheitlichen Handlungsansatz um das Feld der intergenerativen Arbeitsmodelle.

3.5 Generation Resource Management

Zur erfolgreichen Bewältigung des demografischen Wandels möchte ich Ihnen das alternsgerechte und demografiefokussierte Generation Resource Management (GRM) vorstellen. Der Anspruch dieses Ansatzes ist es, die in der Literatur gesammelten interdisziplinären Handlungsfelder zusammenzuführen und aus dem Instrumentarium des Human Resource Managements ein innovatives Programm zu synthetisieren, das nachhaltig wirkt.

Im Folgenden finden Sie die betrieblichen Handlungsfelder, die das Generation Resource Management umfassen, im Einzelnen als Anleitung für die praktische Umsetzung dargestellt.

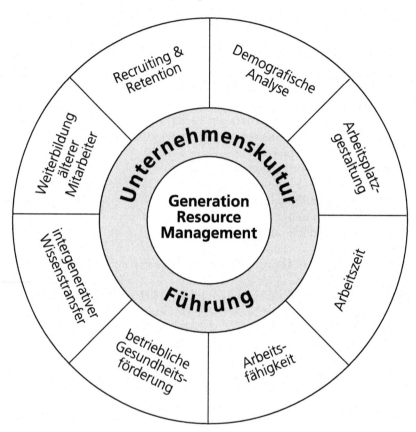

Abb. 16: *Generation Resource Management – betriebliche Handlungsfelder*

3.5.1 Demografische Analyse

Ausgangspunkt des Generation Resource Managements als betriebliche Handlungsanleitung im demografischen Wandel ist eine umfassende, branchenspezifische Analyse der internen und externen Unternehmensspezifika. Dazu zählen insbesondere Altersstrukturanalysen des gesamten Unternehmens, aber auch Analysen in bestimmten Funktionsgruppen oder Berufstypen. Diese werden im Rahmen der demografischen Analyse den externen Rahmenbedingungen, d. h. den demografischen Zahlen, Daten und Fakten des regionalen und landesspezifischen Umfelds gegenübergestellt und entsprechend bewertet. Die dabei gewonnenen Ergebnisse geben wichtige Anhaltspunkte für die weitere Vorgehensweise in der Gestaltung des Human Resource Managements und dienen als Ausgangspunkt für weitere Untersuchungen der betrieblichen Arbeitsorganisation.

3.5.2 Arbeitsplatzgestaltung

In diesem Handlungsfeld steht die Überprüfung der Arbeitsplatzgestaltung sowie der Arbeitsorganisation auf Passung für eine gealterte Belegschaft im Mittelpunkt. Unter dem Stichwort Ergonomie sollen nicht nur präventive Maßnahmen der Arbeitsplatzgestaltung ergriffen, sondern Arbeitsabläufe und -prozesse an die Bedürfnisse älterer Mitarbeiter angepasst werden. Neben der Anpassung an veränderte Bedürfnisse bedarf es auch der Schaffung neuer, altersgerechter Arbeitsplätze, die dem Einsatz der im Alter entstehenden neuen Potenziale auch gerecht werden können. Die Steigerung der Arbeitssicherheit mit entsprechenden Maßnahmen der Arbeitsorganisation (z. B. Schichtbetrieb, Pausengestaltung) steht ebenfalls zentral im Handlungsfeld der Arbeitsplatzgestaltung.

3.5.3 Arbeitszeitgestaltung

Gerade die technologische Entwicklung macht vor Veränderungen der Organisation von Arbeitszeiten nicht Halt. Teleworking- und Heimarbeitsplätze, Jobsplitting und Jobsharing sind die neuen Trends der Arbeitsorganisation. Da sich mit dem Alter auch die Bedürfnisse ändern, bei den Mitarbeitern möglicherweise das Interesse für Freizeit und das eigene Gesundheitsbewusstsein steigen, aber auch das soziale und familiäre Engagement (z. B. Pflege von Angehörigen), ist es sinnvoll, über eine variable Gestaltung der (Lebens-)Arbeitszeit insbesondere für ältere Mitarbeiter nachzudenken.

Flexibilität, mögliche Seniorenpausen, vor allem aber neu gestaltete Szenarien für einen Berufsausstieg zählen hier zu adäquaten Maßnahmen. Gerade in Bezug auf lebenszyklische Karriereentwicklungsplänen ist das Thema individueller Arbeitszeitgestaltung von immenser Bedeutung.

Wenn es gelingt, die Arbeitszeiten an den individuellen Bedarf gerade älterer Mitarbeiter anzupassen, können in Kombination mit anderen Maßnahmen auch die Arbeitsplatzzufriedenheit sowie die Fähigkeit zur Arbeitsbewältigung erhöht und damit auch die Innovations- und Wettbewerbsstärke des Unternehmens verbessert werden.

3.5.4 Arbeitsfähigkeit

Mit steigendem Alter einer Belegschaft gehen auch körperliche Abbauprozesse bzw. Veränderungen in der Leistungs- und Arbeitsfähigkeit einher. Generation Resource Management stellt Ihnen im Rahmen des Handlungsfeldes Arbeitsfähigkeit mit dem Arbeitsfähigkeitsindex (ABI) ein Instrument zur Verfügung, welches die Arbeitsfähigkeit von Mitarbeitern erfassen und mit anderen Branchen, Abteilungen etc. vergleichbar machen kann. Aus dem Status quo können Maßnahmen zur Erhöhung oder Erhaltung der Arbeitsfähigkeit erarbeitet, durchgeführt und anschließend auf Wirksamkeit evaluiert werden. Die Erkenntnisse der Arbeitsfähigkeitsanalyse dienen Personalverantwortlichen als Entscheidungsgrundlage zur besseren Bedarfserhebung und Planung von Maßnahmen der betrieblichen Gesundheitsförderung.

3.5.5 Gesundheitsförderung

Mit der Zunahme des Alters, so wird allgemein behauptet, kommt es auch zu einer Abnahme der körperlichen und geistigen Fähigkeiten, das Leistungsvermögen älterer Arbeitnehmer sinkt. Stimmt diese These, so sind Personalverantwortliche gezwungen, einerseits das Leistungsvermögen dort konstant zu halten bzw. auszubauen, wo es eine Notwendigkeit darstellt, andererseits jedoch auch die mit dem Alter entstehenden Fähigkeiten, also Vorteile des Alters gegenüber der Jugend, zu erkennen und dafür entsprechenden Einsatz zu finden.

Die betriebliche Gesundheitsförderung wird einerseits branchenspezifisch (z. B. bei Schwerarbeitern) notwendig sein, andererseits auch individuell berücksichtigt werden müssen. Gerade aus Gründen der Prävention aber auch als indirekte Wirkung von Unternehmenskultur wird eine betriebliche Gesundheitsförderung zum langfristigen Erhalt der körperlichen und geistigen Leistungsfähigkeit führen.

Für Betriebe bedeutet dies, Zeit und Geld in Arbeitsplatzanalysen zu investieren und so den ergonomischen Standard weiterhin zu erhöhen bzw. technische Hilfsmittel für den Arbeitsprozess zu entwickeln. Präventiv könnten vor allem Anti-Stress-Seminare und Fortbildungen in Ernährungslehre aber auch Rückentraining für den Erhalt der Leistungsfähigkeit der Mitarbeiter sorgen.

Im Mittelpunkt der betrieblichen Gesundheitsförderung steht also nicht nur die Stärkung der physischen Belastbarkeit, sondern vor allem auch Hilfe bei der Bewältigung psychischer Belastungen am Arbeitsplatz, insbesondere verursacht durch technische oder arbeitsstrukturelle Gegebenheiten.

3.5.6 Intergenerativer Wissenstransfer

Wie bereits oben beschrieben, ist es heute Praxis, ältere Mitarbeiter aufgrund der hohen Kostenbelastung in den Vorruhestand zu entsenden, oft nicht immer auf dem elegantesten Wege („golden handshake"). Dies führt oftmals dazu, dass wertvolles Wissen verloren geht, das diese Mitarbeiter sich in vielen Jahren durch Erfahrung angeeignet haben: zum einen weil es keinerlei Übergabeszenarien für diese Art von Wissen gibt, zum anderen weil viele ältere Mitarbeiter so frustriert in den Ruhestand entlassen werden, dass sie ihr Wissen um keinen Preis mehr mit jungen Kollegen teilen wollen. Oftmals gibt es für den Prozess der Wissensweitergabe auch kein geeignetes Instrument bzw. keine geplante Möglichkeit, das Erfahrungswissen zu teilen.

Wir gehen davon aus, dass in vielen Unternehmen das erfolgskritische Wissen zu mehr als vierzig Prozent in den Köpfen der Mitarbeitern steckt. Fällt dieses weg, so ist das mit einem Verlust an Innovations- und damit an Wettbewerbsfähigkeit gleichzusetzen.

Doch was dagegen tun, wie vorgehen, wenn zum Problem des Wissensverlust auch noch Intergenerationskonflikte hinzukommen und die Weitergabe von Wissen erschweren?

KÖCHLING (2004) sieht darin eine Bestätigung für die Wichtigkeit einer Kultur der Wertschätzung zwischen den Generationen, ohne die es in einem Unternehmen nicht geht. Ansonsten haben Modelle des intergenerativen Know-how-Transfers keine Chance, werden vielmehr als zusätzliche Belastung im täglichen Arbeitsablauf empfunden.

Moderne Arbeitsformen aus Skandinavien (vgl. ILLMARINEN/TEMPEL 2002) zeigen, dass die Zusammenarbeit von Jung und Alt in altersgemischten Teams, Tandems und Patenmodellen nicht nur möglich, sondern vor allem auch effizient ist.

3.5.7 Weiterbildung älterer Beschäftigter

Neue Arbeitsformen bedingen auch neue Lernformen innerhalb der berufsbegleitenden Weiterbildung. Wie aktuelle Statistiken beweisen, sinkt die Zahl der Weiterbildungsteilnehmer in der Altersgruppe ab 37 deutlich, die Gründe dafür sind sehr vielfältig.

Eine These dazu betrifft den Bedarf neuer Lehr- und Lerntechniken, die in der Bildung für ältere Menschen zu suchen sind. Menschen mit Lebenserfahrung lernen anders, brauchen eine Verbindung des neuen Wissens zu bereits bestehendem Wissen, wollen auch in den Lernprozess integriert und wertschätzend eingebunden werden.

Eine andere These beschreibt den Rückgang der Bildungsteilnahme als Resultat der Einstellung Personalverantwortlicher: „Mit dem Alter geht's bergab, da hilft auch keine Weiterbildung mehr." Dieses Defizitmodell in Bezug zum Alter findet sich leider noch immer all zu oft in den Stellungnahmen vieler Führungskräfte.

Altersbegleitende Weiterbildung muss vielmehr den Mitarbeitern entgegenkommen, Erfahrungen und Qualitäten erfragen und Sinnstiftung für neue Inhalte betreiben. Gerade das Prinzip der Job Rotation erlebt eine

Renaissance, alt bewährte Rezepte wie Job Enrichment bzw. Job Empowerment sollen zukünftig für eine altersspezifische Qualifizierung sorgen.

Doch auch hier zeigt sich, dass eine klare Unternehmens- und Personalstrategie, die in einem konkreten und wertschätzenden Leitbild eingebaut ist, unerlässlich ist.

3.5.8 Rekrutierung und Mitarbeiterbindung

In Zeiten des „War for Talents" (vgl. MCKINSEY 2004) müssen sich Personalverantwortliche zweierlei Fragestellungen widmen: Wie können gute, qualifizierte und vor allem junge Fachkräfte in das Unternehmen geholt werden (Rekrutierung)? Und wie können in Zeiten der massiven Abwerbung durch Headhunter genau diese Mitarbeiter langfristig erhalten und an das Unternehmen gebunden werden? Die Ausgestaltung eines Employer Brandings, also einer Marke als attraktiver Arbeitgeber, stehen in diesem Handlungsfeld genauso zur Diskussion wie die Förderung des Nachwuchses, Kooperationen mit (Fach-)Hochschulen, Öffnung technischer Berufe auch für Frauen, vor allem aber in der Gestaltung familien- und frauenfreundlicher Arbeitsplätze und Rahmenbedingungen.

3.5.9 Unternehmens- und Führungskultur

Bei diesem Punkt handelt es sich nicht um Unternehmenskultur im engeren Sinn, sondern um eine besondere Ausprägung der Kultur, der Wertschätzungskultur. Die zunehmende Alterung der Belegschaften wird einerseits zu einer stärkeren Polarisierung von Jung und Alt führen, andererseits ist es denkbar, statt bisher zwei, in Zukunft drei unterschiedliche Generationen im Arbeitsprozess vorzufinden.

Die bisherige Praxis des „Jugendkults" (vgl. HOLLIGER 2005) ist medial bereits im Wandel hin zu einer „Altenkultur", doch genau darin liegt auch für KÖCHLING (2004:185) die Problematik: Es geht nicht um jung oder alt, sondern um das wertschätzende Miteinander im Arbeitsprozess. Und genau diese Wertschätzung muss die Unternehmenskultur vermitteln, nicht nur nach innen, sondern – auch als ehrlich gemeinte Personalstrategie – nach außen.

Ein erster Schritt auf dem Weg zur gegenseitigen Wertschätzung stellt die Forderung nach dem Abbau bestehender Diskriminierungen des Alters, nicht nur im Sprachgebrauch (Ageism), sondern auch in Form von Handlungen (Frühverrentung) und Einstellungen (typische Attributionen des Alters). Bestehende Leistungs- und/oder Qualifikationseinschränkungen als objektive Barrieren können mit dem Ziel der Chancengleichheit behoben, ausgeglichen oder gemindert werden. Die Chancengleichheit beinhaltet auch eine entsprechende Förderung von Fähigkeiten und Fertigkeiten, gerade in Bezug auf Weiterbildung von älteren Mitarbeitern.

Eine entsprechende Betriebsbindung sowie Weitergabe des kritischen Wissens kann auch nur in einer Wertschätzungskultur ablaufen, die sich durch Taten und nicht durch Polemik zeigt: das gezielte Einbeziehen der Mitarbeiter durch Mitarbeiterbefragungen, die Festsetzung von Unternehmensleit- und -richtlinien, die den gemeinsamen Umgang regeln, bis hin zum Wertschätzungs- und Führungskräftetraining. Als dies sind geeignete Maßnahmen zur Bewältigung der demografischen Veränderung (vgl. MORSCHHÄUSER et al. 2005).

3.5.10 Zusammenfassung

Die oben angeführten innerbetrieblichen Handlungsansätze des Generation Resource Managements zeigen, dass zur erfolgreichen Bewältigung ein interdisziplinäres Zusammenarbeiten verschiedenster Professionen vonnöten ist. Ausgangspunkt dafür ist jedoch eine genaue Analyse des demografischen Risikos, die Erarbeitung eines umfangreichen Konzeptes zur Bewältigung des Wandels, vor allem aber ein klares Commitment der Entscheidungsträger, welches sich auch im Leitbild und der Unternehmenskultur niederschlägt.

Da viele Managementebenen betroffen sind, stellt sich die Frage, von welcher Ebene aus gezielt die Impulse zur Veränderung kommen sollen. In der wissenschaftlichen Diskussion gibt es viele Befürworter einer Initiierung durch die Geschäftsführung, eine Mehrheit spricht jedoch von der Kernkompetenz des Personalmanagements, das am stärksten von der demografischen Entwicklung betroffen ist, aber auch den größten Hebel an Veränderungsmöglichkeiten hat.

In diesem Buch schließe ich mich letzterem Ansatz an und werde argumentativ nachvollziehen, welche Aufgaben im demografischen Wandel auf das Personalmanagement warten.

4 Checklisten zur Erkennung altersstruktureller Probleme

Der betriebliche Handlungsbedarf im demografischen Wandel ist je nach Branche, Unternehmensgröße, Organisationsform und Reifegrad der Unternehmung äußerst vielfältig, zudem muss in der betrieblichen Reaktion auf altersstrukturelle Probleme sehr individuell und gezielt vorgegangen werden. Um das Lesen dieses Buchs bedarfsgerecht zu gestalten und einen individuellen Nutzen zu gewährleisten, finden Sie zum Einstieg eine Kurzcheckliste, die Ihnen in Form einer ersten themenfokussierten Analyse die entsprechenden individuellen Handlungsfelder aufzeigt, welche im Anschluss daran priorisiert gelesen und erarbeitet werden können.

Die unten dargestellte Checkliste dient dazu, einen Überblick über die Ausgangssituation des Unternehmens mit Blick auf mögliche altersstrukturelle Veränderungen zu schaffen. Ziel dabei soll es sein, altersstrukturelle Risiken zu erkennen und entsprechende Gegenansätze zu entwickeln. Als besonders wirkungsvoll hat es sich erwiesen, die Erkenntnisse aus dieser Checkliste in einem betrieblichen Workshop mit Management- und Belegschaftsvertretern zu erarbeiten und analysieren. Die Checkliste kann aber auch in Einzelarbeit vom jeweiligen Abteilungs- oder Personalverantwortlichen durchgeführt und in eine Stärken- und Schwächenanalyse übergeführt werden.

Der Demografie-Check ist in verschiedene Themenbereiche gegliedert und zeigt so ein umfassendes Bild der Unternehmensstruktur und des individuellen Handlungsbedarfs in Form von Chancen und Risiken des Unternehmens. Ihre Erkenntnisse und Ergebnisse aus dem Kurzcheck fungieren als Navigation durch die weiteren Kapitel des Buchs. Dort, wo sich mögliche Risiken und Handlungsbedarfe für das Unternehmen zeigen, können Sie gezielt in den empfohlenen und weiterführenden Kapiteln nachlesen und Handlungsmöglichkeiten erarbeiten und auf Ihr Unternehmen übertragen. Dennoch möchte ich darauf hinweisen, dass die Analyse mittels Kurzcheck keine professionelle Beratung in den einzelnen Fachgebieten ersetzt, vielmehr bewusst macht, mit welchen Themengebieten, Fachexperten und Instrumenten in der Lösungsphase vorgegangen werden kann.

Als „Chancen" werden Ansatzpunkte und Maßnahmen bezeichnet, die im Unternehmen bereits als Good-Practice-Beispiele verfolgt werden. Hier werden Personalverantwortliche unterstützt, diese Strategien auch in Zukunft weiter zu verfolgen, sie möglicherweise sogar zu verstärken. Was sich in der Auswertung als „Risiko" darstellt, verweist auf mögliche Ansatzpunkte zur Bewältigung des Altersstrukturwandels, die das Unternehmen in Zukunft verstärkt einsetzen sollte. Zeigt die Auswertung des Kurzchecks überwiegend Risiken, sollten Sie sich eingeladen fühlen, in den folgenden Kapiteln Anregungen und kreative Maßnahmen zur Bewältigung des demografischen Wandels zu erfahren.

4.1 Altersstruktur des Unternehmens

Die Analyse der betrieblichen Altersstruktur ist Kernelement des Generation Resource Managements. Als Teil der demografischen Analyse (vgl. Kapitel 5) zeigt sie, welche Altersgruppen im Unternehmen zum jetzigen Zeitpunkt bzw. in zehn Jahren besonders stark vertreten sind. Je nach ermitteltem Typus (z. B. jugendzentriert, alterszentriert) ergeben sich spezielle, auf die Unternehmensstruktur zugeschnittene Handlungsmöglichkeiten in der Bewältigung der Problemstellungen des demografischen Wandels.

Altersstruktur des Unternehmens	Chancen	Risiken
Die Gruppe der 16-30-jährigen Mitarbeiter ist am stärksten vertreten.	trifft zu	trifft nicht zu
Die Gruppe der 31-49-jährigen Mitarbeiter ist am stärksten vertreten.	trifft nicht zu	trifft zu
Die Gruppe der über 50-jährigen Mitarbeiter ist am stärksten vertreten.	trifft nicht zu	trifft zu
Es ist davon auszugehen, dass die Belegschaft in den nächsten zehn Jahren strukturell altern wird.	trifft nicht zu	trifft zu
Im Unternehmen existieren Altersstrukturanalysen über die gesamte Belegschaftsstruktur.	trifft zu	trifft nicht zu
Es existieren Altersstrukturanalysen über alle Funktions- und Berufsgruppen.	trifft zu	trifft nicht zu
Auswertung		

Je nach Auswertungsergebnis zeigt sich die aktuelle Alterszusammensetzung des Unternehmens entweder als Chance bzw. als Risiko in Zeiten des wirtschaftlichen, gesellschaftlichen und demografischen Wandels.

Für eine genauere Abhandlung und Durchführung von Altersstrukturanalysen, besonders hinsichtlich von Funktions- und Berufsgruppen, sowie einer Szenariotechnik zur Analyse möglicher Zukunftsentwicklungen finden Sie in Kapitel 5 eine ausführliche Darstellung.

4.2 Arbeitsplatzgestaltung und Arbeitsorganisation

Zeichnen sich für die nächsten zehn bis fünfzehn Jahre eine Änderung der Altersstruktur des Unternehmens in Richtung Alterung ab, können bzw. müssen Sie davon ausgehen, dass auch die Gestaltung des Arbeitsplatzes an sich sowie die Organisation des Lebensabschnitts „Arbeit" alters- und alternsgerecht adaptiert werden muss. Die folgenden Fragestellungen zielen darauf ab, mögliche Risiken und Handlungsoptionen in diesem Themenbereich zu erkennen.

Arbeitsplatzgestaltung und -organisation	Chancen	Risiken
Bestimmte Arbeitsplätze bzw. Arbeitsbereiche sind als alternskritisch zu bewerten (z. B. körperlich anstrengend, taktgebunden, hohe Arbeits- und Umfeldbelastungen wie Lärm, Staub, Hitze etc.)	trifft nicht zu	trifft zu
Mitarbeiter werden entsprechend ihren Fähigkeiten und Ressourcen bzgl. ihres Alters eingesetzt.	trifft zu	trifft nicht zu
Mitarbeiter werden in die Gestaltung ihres Arbeitsplatzes und der Arbeitsabläufe mit einbezogen.	trifft zu	trifft nicht zu
Im Unternehmen gibt es Arbeitsplätze, die auch von Mitarbeitern bis zum 65. Lebensjahr ausgeübt werden können.	trifft zu	trifft nicht zu
Im Unternehmen gibt es Arbeitsstellen, welche von Belastungen durch viel Reisetätigkeit, Zeitdruck, Schicht- und Mehrarbeit betroffen sind.	trifft nicht zu	trifft zu
Das Unternehmen bietet ausreichend Möglichkeiten der Ruhe und Erholung an? (Ruheräume, Ruhezeiten)	trifft zu	trifft nicht zu
In der Vergangenheit kam es bei einigen Mitarbeitern zu längeren Fehlzeiten aufgrund chronischer Erkrankungen.	trifft nicht zu	trifft zu
Diese Erkrankungen waren zum großen Teil auf physische oder psychische Belastungen am Arbeitsplatz zurückzuführen.	trifft nicht zu	trifft zu
Auswertung		

Körperlich anstrengende Tätigkeiten können mit zunehmendem Durchschnittsalter in Belegschaften zu Problemen führen. Vor allem Verschleißerscheinungen und Beeinträchtigungen durch Umweltbelastungen nehmen im Alter zu, was in vielen Branchen (z. B. Bauwirtschaft) zu einem großen Risikofaktor wird. Welche Möglichkeiten an alters- und alternsgerechter Arbeitsplatzgestaltung bzw. Karriereverläufen sich in der betrieblichen Praxis finden, zeigt Kapitel 6.

4.3 Betriebliche Gesundheitsförderung

Arbeitsfähigkeit an sich bzw. deren Erhalt ist Grundvoraussetzung für die Wettbewerbsfähigkeit und Innovationskraft eines Unternehmens. Der Handlungsbedarf in diesem Bereich steigt mit der demografischen Herausforderung. Eine sorgfältig geplante und durchgeführte betriebliche Gesundheitsförderung mit dem Ziel der Förderung und des Erhalts der individuellen Leistungs- und Arbeitsfähigkeit legt dabei einen wichtigen Meilenstein.

Arbeitsfähigkeit und Gesundheitsförderung	Chancen	Risiken
Im Unternehmen gibt es konkrete Anstrengungen, Arbeitsbelastungen abzubauen, insbesondere in Arbeitsbereichen mit hohen physischen und psychischen Belastungen Bestrebungen der Arbeitsergonomie, Gesundheitsschulungen etc.	trifft zu	trifft nicht zu
Es ist eine Vielzahl an gesundheitlichen Problemen (Krankenstandstage, Fehlzeiten, Fluktuation) bei den Mitarbeitern zu beobachten.	trifft nicht zu	trifft zu
Regelmäßige Überprüfungen der Anforderungen und Belastungen der Arbeitsplätze auch in Bezug auf altersgerechte Arbeitsplatzgestaltung sind im Unternehmen Standard.	trifft zu	trifft nicht zu
Begrenzte Verweildauer von Beschäftigten in alterskritischen Arbeitsbereichen sowie die Möglichkeit, in weniger belastende Tätigkeiten zu wechseln, sind Teil der betrieblichen Arbeitsorganisation.	trifft zu	trifft nicht zu
Die Beschäftigten werden in regelmäßigen Abständen über ihren Gesundheitszustand und mögliche Ansätze zu dessen Erhalt bzw. Förderung informiert.	trifft zu	trifft nicht zu
Auswertung		

Analyseinstrumente zur Erhebung der aktuellen Arbeitsfähigkeit von Beschäftigten, Abteilungen bzw. des gesamten Betriebs, sowie zahlreiche Gestaltungsmöglichkeiten der betrieblichen Gesundheitsförderung finden Sie ausführlich in Kapitel 7 sowie in Kapitel 8 mit Anleitungen zur innerbetrieblichen Umsetzung in Form eines Gesundheitszirkels.

4.4 Lebensarbeitszeitgestaltung

In den westeuropäischen Industrienationen hat sich der allgemeine Trend der 1990er Jahre zur frühzeitigen Verrentung bislang weiter fortgesetzt. Angesichts sinkender Geburtenzahlen und zunehmend überlasteter Renten- und Sozialsysteme zeigt die politische Ausrichtung innerhalb der EU-Länder nun eine deutliche Verlängerung der Lebensarbeitszeit an. Dem damit verbundenen späteren Renteneintrittsalter stehen jedoch neue Lebens(-abschnitts)bedürfnisse der Beschäftigten gegenüber, z. B. der Wunsch nach schrittweiser Reduktion der Arbeitszeit, Pflegezeit für Angehörige etc. Personalverantwortliche sind zunehmend gefordert, neue bzw. altersgerechte Arbeitszeitmodelle anzubieten, die den Bedürfnissen alternder Belegschaften entsprechen.

Lebensarbeitszeitgestaltung	Chancen	Risiken
Im Unternehmen werden den Beschäftigten unterschiedliche Arbeitszeitmodelle wie z. B. Blockfreizeiten, Teilzeitarbeit, Job sharing, Langzeitkonten etc. angeboten.	trifft zu	trifft nicht zu
Mitarbeiter haben die Möglichkeit, ihre wöchentlichen, monatlichen oder jährlichen Arbeitszeiten flexibel und bedürfnisgerecht zu gestalten.	trifft zu	trifft nicht zu
Ältere Mitarbeiter können sich berufliche Auszeiten (Sabbaticals) nehmen, um sich beruflich weiterzubilden bzw. gesundheitlich zu regenerieren.	trifft zu	trifft nicht zu
Die Arbeitszeiten im Unternehmen können je nach Lebensphase individuell geplant werden.	trifft zu	trifft nicht zu
Auswertung		

In Kapitel 9 finden Sie neue Möglichkeiten der Lebensarbeitszeitgestaltung in Form von unterschiedlichen Varianten der betrieblichen Arbeitszeitgestaltung, sowie ein Konzept der innerbetrieblichen Umsetzung in Form eines Arbeitszeitzirkels.

4.5 Weiterbildung älterer Beschäftigter

Neben dem Erhalt und der Förderung der Arbeitsfähigkeit der Beschäftigten eines Unternehmens sind vor allem Qualifikation, Weiterbildung und Motivation die Schlüsselfaktoren unternehmerischen Erfolgs. Regelmäßige Weiterbildungsangebote für alle Mitarbeiter, insbesondere aber für jene über 45 Jahren, sowie entsprechende Entwicklungsbetreuung über Mitarbeitergespräche sind dabei erfolgsversprechende Ansätze zur Anpassung der Qualifikation an die Marktanforderungen.

Weiterbildung älterer Beschäftigter	Chancen	Risiken
Mitarbeitergruppen ab 45 Jahren haben bislang wenig oder gar nicht an betrieblichen Weiterbildungsmaßnahmen teilgenommen.	trifft nicht zu	trifft zu
Mitarbeiter über 50 Jahren erhalten Möglichkeiten zur Weiterbildung.	trifft zu	trifft nicht zu
Im Unternehmen werden regelmäßig Mitarbeitergespräche durchgeführt, die den Qualifizierungsbedarf der Beschäftigten erheben bzw. evaluieren.	trifft zu	trifft nicht zu
Den Mitarbeitern stehen ausreichend Fachliteratur und Zeitschriften zu Verfügung, um sich auch abseits von Bildungsveranstaltungen auf dem Laufenden zu halten.	trifft zu	trifft nicht zu
Mitarbeiter werden in Gesprächen dazu aufgefordert, auch andere Tätigkeiten anzulernen.	trifft zu	trifft nicht zu
Weiterbildung findet zunehmend on the job statt.	trifft zu	trifft nicht zu
Methodik und Didaktik werden altersgerecht eingesetzt und in Schulungsplänen berücksichtigt.	trifft zu	trifft nicht zu
Bei der Zusammensetzung der Schulungsteilnehmer wird auf eine altersheterogene Struktur besonders geachtet.	trifft zu	trifft nicht zu
Erfahrene Mitarbeiter werden zu Trainern, Coaches und Mentoren ausgebildet, um jüngeren Mitarbeiter ihr Erfahrungswissen weiter zu vermitteln.	trifft zu	trifft nicht zu
Das Erfahrungswissen älterer Bildungsteilnehmer wird verbalisiert und anderen zur Verfügung gestellt.	trifft zu	trifft nicht zu
Auswertung		

Kapitel 10 widmet sich einer ausführlichen Darstellung und Analyse betrieblicher Weiterbildungsmaßnahmen älterer Beschäftigter, unter besonderer Berücksichtigung von altersgerechter Methodik und Didaktik. Methoden einer lernförderlichen Arbeitsplatzgestaltung stehen ebenso im Mittelpunkt wie neue Formen des selbstgesteuerten Lernens und dessen betriebliche Einsatzmöglichkeiten.

4.6 Intergenerativer Wissenstransfer

In Zukunft werden drei Generationen (jung, mittelalt, alt) gemeinsam an Aufgaben arbeiten. Mit der Alterung der Belegschaften kommt es in Folge von Verrentung oder Frühverrentung zu einem zunehmenden Abfluss an erfolgskritischem Wissen – Strategien eines gezielten Wissenstransfers von Alt zu Jung, aber auch umgekehrt, von Jung zu Alt, werden zentrale Voraussetzungen für innovative und wettbewerbsfähige Wissensstrukturen in Unternehmen darstellen.

Intergenerativer Wissenstransfer	Chancen	Risiken
Unsere älteren Mitarbeiter verfügen über ein spezifisches Erfahrungswissen, das für die betriebliche Aufrechterhaltung der Arbeitsprozesse notwendig ist.	trifft nicht zu	trifft zu
Im Unternehmen bestehen spezielle Systeme der Wissensweitergabe zwischen den Generationen (Mentoren, Paten, Tandems, altersgemischte Teams, etc.)	trifft zu	trifft nicht zu
Beschäftigte haben die Möglichkeiten eines gleitenden Übergangs in den Ruhestand, um die Wissensweitergabe an Nachfolger zu unterstützen.	trifft zu	trifft nicht zu
Intergenerative Zusammenarbeit im Team bzw. Projekt stellt im Unternehmen eine Ausnahme dar.	trifft nicht zu	trifft zu
Im Unternehmen bestehen altersbezogene Aufgabenzuteilungen.	trifft nicht zu	trifft zu
Die Bereitschaft älterer Mitarbeiter, mit jungen Mitarbeitern zusammenzuarbeiten, ist hoch und umgekehrt ebenso.	trifft zu	trifft nicht zu
Mitarbeiter haben auch nach ihrem Ausscheiden aus dem Unternehmen noch Kontakt zu Belegschaften und/oder Geschäftsführung. Sie werden z. B. zu Betriebsfeiern eingeladen	trifft zu	trifft nicht zu
Auswertung		

In einer Wissensgesellschaft, in der die Halbwertzeit von Fachwissen immer kürzer wird, gewinnen neue Lern- und Arbeitsformen, die den intergenerativen Transfer von Know-How erleichtern, an Bedeutung. Ältere Mitarbeiter verfügen in der Regel über ein breites Fach- und Erfahrungswissen, aber auch ein Prozess- und Organisationswissen, das neuen Mitarbeitern dabei hilft, die Wettbewerbsfähigkeit des Unternehmens weiter auszubauen. Kapitel 11 zeigt Möglichkeiten der Gestaltung eines intergenerativen Wissenstransfers auf und beschreibt Formen und Instrumente zur Übertragung und Sicherung von erfolgskritischem Wissen.

4.7 Rekrutierungsstrategien und Mitarbeiterbindung

Angesichts alternder Belegschaften zeichnet sich für expandierende Unternehmen in den kommenden zehn bis fünfzehn Jahren ein enormer Personalbedarf ab: Einerseits wird die Personalgewinnung gerade in jüngeren Zielgruppen zunehmend schwieriger (Geburtenrückgang), andererseits wird durch den gezielten und natürlichen Abgang von Mitarbeitern durch Verrentung eine Lücke an hochqualifizierten Fach- und Führungskräften zu füllen sein. Demzufolge sind Personalverantwortliche bereits jetzt in zweierlei Hinsicht herausgefordert: Strategien zur rechtzeitigen Personalgewinnung zu entwickeln und die internen und externen Arbeitsmarktpotenziale auszuschöpfen, sowie intern Strategien zu erarbeiten, die hochqualifizierten eigenen Mitarbeiter an das Unternehmen zu binden.

Rekrutierung und Mitarbeiterbindung	Chancen	Risiken
Bereits jetzt sind am Arbeitsmarkt zunehmend weniger qualifizierte Fach- und Führungskräfte zu finden.	trifft nicht zu	trifft zu
Die Fluktuation im Unternehmen ist in bestimmten Altersgruppen hoch.	trifft nicht zu	trifft zu
Das Unternehmen steht in ständigem Kontakt zu regionalen Schulen, Universitäten und Absolventenverbänden.	trifft zu	trifft nicht zu
Es ist davon auszugehen, dass im demografischen Wandel innerhalb der Branche und Region des Unternehmens es Schwierigkeiten bei der Personalbeschaffung geben wird.	trifft nicht zu	trifft zu
Im Unternehmen werden neue Mitarbeiter aus allen Altersgruppen eingestellt.	trifft zu	trifft nicht zu
Personalbeschaffungswege wie z. B. Integration von Frauen, Migranten oder Zeitarbeitern werden im Unternehmen ausreichend genutzt.	trifft zu	trifft nicht zu
Das Unternehmen nutzt entsprechende Anreizsysteme, um Mitarbeiter langfristig an das Unternehmen zu binden.	trifft zu	trifft nicht zu
Das Unternehmen unterstützt seine Mitarbeiter aktiv darin, ihre berufliche Weiterentwicklung zu planen.	trifft zu	trifft nicht zu
Im Unternehmen werden Arbeitsabläufe flexibel gestaltet und so gestaltet, dass Mitarbeiter ständig lernen.	trifft zu	trifft nicht zu
Das Image des Unternehmens in der Branche bzw. Region entspricht dem eines attraktiven Arbeitgebers.	trifft zu	trifft nicht zu

Auswertung

Unter demografischen Gesichtspunkten gilt vor allem eines zu beachten: Ist die Zahl der Rentenabgänger hoch, verlassen zudem auch jüngere Mitarbeiter das Unternehmen, besteht die Gefahr des „personellen Ausblutens" (KÖCHLING 2004:51). Möglichkeiten, den Personalbedarf über kreative Wege zu beschaffen, werden in Kapitel 12 ausführlich dargestellt und diskutiert. Neben den Varianten der externen und internen Personalbeschaffung stehen auch Ansätze zur Ausgestaltung effektiver Mitarbeiterbindungsstrategien im Rahmen des Retention Managements zur Diskussion.

4.8 Unternehmens- und Führungskultur

Eine an demografischen und generationenspezifischen Zielen ausgerichtete Personalarbeit erfordert ein direktes Zusammenspiel zwischen Personalmanagement und der Unternehmenskultur. Dazu gehört, dass das oberste Management die generellen Ziele an eine generationengerechte Unternehmenskultur formuliert und dieses den Mitarbeitern kommuniziert. Zudem müssen grundlegende Entscheidungen und Werthaltungen auch durch die Linienvorgesetzten getragen und den Mitarbeitern wirklich vorgelebt werden.

Unternehmens- und Führungskultur	Chancen	Risiken
Das Unternehmen verfügt über Strategien, den Vorurteilen gegenüber älteren Mitarbeitern bzw. deren Leistungsfähigkeit etwas zu entgegnen.	trifft zu	trifft nicht zu
Ältere Mitarbeiter erhalten genauso wie jüngere Mitarbeiter in ihrer Arbeit Anerkennung und Wertschätzung.	trifft zu	trifft nicht zu
Führungskräften ist der Wandel zu alternden Belegschaften und die daraus resultierenden Handlungsfelder bewusst.	trifft zu	trifft nicht zu
Die Belegschaft hat sich bereits ausführlich mit dem Thema „Alter und alternde Belegschaften" auseinandergesetzt.	trifft zu	trifft nicht zu
Diversity-Konzepte (Integration von Gender, Alter, Nationalität etc.) werden im Unternehmen thematisiert und umgesetzt.	trifft zu	trifft nicht zu
Das Konzept „demografischer Wandel" ist bereits in der Unternehmensstrategie verankert und wurde in die Personalstrategie übergeleitet.	trifft zu	trifft nicht zu
Auswertung		

In Kapitel 13 wird im Besonderen auf die Unternehmens- und Führungskultur als Kernelement der betrieblichen Bewältigungsstrategie im demografischen Wandel eingegangen und werden mögliche Konzepte zur langfristigen Umsetzung thematisiert. Das Projekt „Personalmanagement im demografischen Wandel" wird somit vom Projektstatus in den Programmstatus gehoben, erhält also den Status eines langfristigen, sich ständig entwickelndes Personalmanagementprozesses.

5 Demografische Analyse

Personalarbeit muss sich rechtzeitig den alterstrukturellen Herausforderungen stellen! Die demografische Entwicklung führt dazu, dass der Wettbewerb um Nachwuchskräfte, aber auch um erfahrenes Fachpersonal zukünftig zunehmen wird.

Die Veränderungen erfordern insgesamt eine neue Form der Personalarbeit: Schaffung eines möglichst ausgewogenen Altersmix im Betrieb, Bindung guter Mitarbeiter an das Unternehmen, Erhaltung der Arbeitsfähigkeit bei den Älteren, rechtzeitige Planung der Nachfolge planmäßig ausscheidender Mitarbeiter und frühzeitige Rekrutierung von Nachwuchs. Angesichts des zurückgehenden Nachwuchses sollte künftig das Rekrutierungsspektrum ausgeweitet werden, z. B. auf Ältere, Migranten, angelernte Arbeitskräfte, Behinderte, Langzeitarbeitslose und Berufsrückkehrerinnen (vgl. Kapitel 11.1). Die Frauenerwerbsquote insgesamt wird höher werden müssen.

Ausgangsbasis für jede Art von betrieblicher Reaktion auf die Folgen des demografischen Wandels ist die Durchführung einer detaillierten demografischen Analyse der internen sowie externen Rahmenbedingungen. So zeigen beispielsweise statistische Untersuchungen (vgl. Statistik Austria 2005; Bundesamt für Statistik 2004), dass

- nicht alle Branchen gleich,
- nicht alle Regionen gleich bzw.
- weder alle Branchen und Regionen gleichzeitig
- noch alle Unternehmen gleich

von der demografischen Entwicklung und deren Folgen betroffen sind. Zudem finden sich, je nach Branche und Wettbewerbsportfolio eines Unternehmens unterschiedliche Einflussfaktoren wie z. B. Trends der Globalisierung oder der technischen, wirtschaftlichen und demografischen Entwicklung der Kundenschicht eines Unternehmens, welche kumuliert in einer Risikomatrix externer Veränderungen dargestellt werden.

Nur eine demografische Analyse, welche die Entwicklung des externen Umfelds und die Ergebnisse betriebsinterner Altersstrukturanalysen gleichzeitig berücksichtigt, kann die akuten Handlungsfelder eines Unternehmens aufzeigen.

Betriebsinterne Analysen beschreiben nach KÖCHLING (2004), wie Unternehmen anhand weniger ausgewählter Betriebs- und Personaldaten und anhand von Annahmen über deren Personalmaßnahmen alternative Zukunftsszenarien entwickeln können. Gegenstand der betriebsinternen Altersstrukturanalyse sind nicht nur die Entwicklung der betrieblichen Altersstruktur, sondern generelle Analysefaktoren wie z. B.: die (ergonomische, abwechslungsreiche, familienfreundliche etc.) Gestaltung des Arbeitsplatzes, eine ganzheitliche Gesundheitsanalyse, eine damit einhergehende Werteanalyse, Polaritätsanalysen, welche den Grad der Unterschiede nach Geschlecht, Alter, Position, Funktion etc. klassifizieren, ein innerbetriebliches Monitoring von Wissensmanagement und Innovationsfähigkeit sowie eine ausführlichen Aus- und Weiterbildungsanalyse.

Betriebsexterne Analyse beziehen sich vor allem auf die demografische Entwicklung bestimmter Umfeldfaktoren wie z. B. die Unternehmensregion. Diese regionalen Arbeitsmarktdaten sind besonders für die Rekrutierungs- und Beschaffungspolitik eines Unternehmens von Bedeutung, ebenso die Kenntnis der demografischen Entwicklung der Branche.

Interne Analysen	Externe Analysen
Altersstrukturanalyse (Kapitel 5.2)	Demografische Analyse der Region (Kapitel 5.1)
Arbeitsplatzanalyse (Kapitel 6.1)	
Gesundheitsanalyse (Kapitel 8.1)	– Demografische Branchenanalyse – Globalisierung/Trendanalyse – Demografische Analyse der Kunden
Arbeitsfähigkeitsanalyse (Kapitel 7.4)	
Arbeitszeitanalyse (Kapitel 9.1)	
Wissenstransfer (Kapitel 11)	
Aus- und Weiterbildungsanalyse (Kapitel 10.1)	

Abb. 17: Analyseinstrumente der demografischen Analyse

5.1 Die demografische Analyse der Region

Wie oben bereits beschrieben, sind nicht alle Länder und Regionen vom demografischen Wandel gleich stark betroffen. Ein zukunftsorientiertes und nachhaltiges Personalmanagement muss sich jedoch nicht nur an internen Analysen und Prognosen, sondern auch an den Entwicklungen regionaler Gegebenheiten orientieren.

Das Beispiel der Montanstadt Leoben in der Steiermark soll anhand statistischer Daten zeigen, wie stark eine Region von der demografischen Entwicklung bedroht sein kann:

Praxisbeispiel

Viele Generationen hindurch wurde die Stadt Leoben von der Eisen- und Stahlindustrie geprägt. Immer höhere Materialanforderungen und immer strengere Umweltauflagen machten die Entwicklung völlig neuer Kunst- und Verbundstoffe nötig. Leoben ist in diesen modernen und zukunftsorientierten Wirtschaftszweigen zu einem weltweit maßgeblichen Zentrum gereift.

In der Darstellung der aktuellen demografischen Zahlen der Gesamtbevölkerung und der Erwerbsbevölkerung bzw. den prognostizierten Daten für die nächsten fünfundzwanzig Jahre zeigt sich für die Montanstadt Leoben folgende Entwicklung:

Jahr	Bevölkerung 100 %	bis 19	20 bis 29	30 bis 49	50 bis 64	ab 85
2001	67.762	18,9	11,1	29,5	19,8	20,7
2006	65.039	17,7	10,7	29,0	19,9	22,8
2011	62.240	16,5	10,8	27,4	21,3	24,1
2016	59.564	15,5	10,6	25,3	23,4	25,3
2021	57.067	15,0	10,0	23,8	24,6	26,6
2026	54.744	14,8	9,3	23,6	23,5	28,7
2031	52.580	14,6	9,1	23,4	21,4	31,5

Abb. 18: Bevölkerungsentwicklung der Stadt Leoben
(In Anlehnung an WINDISCH *2005, Tabelle 13)*

Die Bevölkerung Leobens wird sich in den kommenden fünfundzwanzig Jahren zu einer alternden Bevölkerung entwickeln: der Rückgang an Geburten wird 3 Prozent betragen, der Anteil an Menschen über 65 Jahre wird um 12,4 Prozent steigen.

Für die Unternehmen in und rund um Leoben bedeutet diese Entwicklung, dass sich in Bezug auf Kundensegmentierung eine Verschiebung in Richtung alternde Kunden und damit neuartige Bedürfnisse vollziehen wird.

Wie wird sich die Erwerbsbevölkerung in Leoben verändern? Wie die unten stehende Tabelle zeigt, verringert sich die Erwerbsbevölkerung der nächsten Jahre bis 2031 um 22,01 Prozent, d. h. das Erwerbspersonenpotenzial der Region Leoben verringert sich um fast 5.500 Personen. Kumuliert in Prozentzahlen nach Altersgruppen zeigt sich dies wie folgt:

Jahr	Erwerbsbevölkerung (100 %)	bis 19	20 bis 29	30 bis 49	50 bis 65
2001	28.228	5,1	20,2	59,2	15,3
2006	27.556	4,7	19,2	57,6	18,2
2011	26.789	4,4	19,0	54,0	22,2
2016	25.716	3,8	18,8	50,4	26,6
2021	24.462	3,5	18,0	48,3	29,7
2026	23.156	3,4	17,0	49,1	29,9
2031	22.014	3,3	16,8	49,7	29,5

Abb. 19: Erwerbspersonen in der Region Leoben
(In Anlehnung an WINDISCH *2005, Tabelle 13)*

Die zunehmende Alterung des Erwerbspotenzials, aber auch die Verringerung gerade beim jungen Erwerbspotenzial werden die Region rund um Leoben als Arbeitsmarkt vor spezielle Herausforderungen stellen.

Ausgangspunkt der externen demografische Analyse sind also demografische Zahlen und regionaler Fakten, die am besten bei den länderspezifischen bzw. regionalen Statistikbehörden zu erfragen sind.

Die weiteren externen Analysefelder der Branchenentwicklung, aktuelle ökonomische, technologische sowie gesellschaftliche Trends und Kundenverhaltensanalysen können anhand spezifischer Fragestellungen an Unternehmensberatungs-, Trend- und Marktforschungsagenturen übergeben und damit outgesourct werden. Aus Gründen der Fokussierung auf Analysen demografischer Vorgänge wird auf die Darstellung dieser speziellen und vertiefenden Analysen verzichtet.

Die folgenden demografischen Analysen können mit den innerbetrieblich vorliegenden Daten vorgenommen und durchgeführt werden.

5.2 Betriebliche Altersstrukturanalyse

Mit Hilfe einer Altersstrukturanalyse können Betriebe frühzeitig herausfinden, inwieweit und in welchen Bereichen sie von den Auswirkungen der demografischen Entwicklung betroffen sind. Dazu wird die Zusammensetzung der Belegschaft hinsichtlich der Altersgruppen untersucht. In die Alterstrukturanalyse können weitere Kriterien einbezogen werden wie z. B. das Weiterbildungsverhalten der Mitarbeiter. Auf Basis einer Darstellung der aktuellen Situation des Betriebs ermöglicht die Altersstrukturanalyse einen Einblick in die Zukunft des Unternehmens und bietet Entscheidungsgrundlagen für personalpolitische Maßnahmen.

Wie KÖCHLING et al. (2000) betonen, werden Geschäftsfähigkeit und Wettbewerbsvorteile zunehmend vom richtigen Personalbestand und von der optimalen Personalstruktur beeinflusst. Aus diesem Grund stellen sich die Fragen, inwieweit die Qualifikations- und Bestandsstruktur des Personals auch zukünftige Unternehmensziele stützen und ermöglichen, bzw. wie personelle Lücken in betrieblichen Kernprozessen vermieden werden können.

Zur Beantwortung dieser Fragen empfiehlt es sich, Daten der betrieblichen Altersstruktur mit Daten zur Berufs- und Qualifikationsstruktur zu verknüpfen und um zehn Jahre fortzuschreiben. Die daraus entstehende Abbildung zeigt das demografiebedingte personelle Risiko und lässt auf einen Blick (siehe Abbildung) mögliche Handlungsansätze erkennen.

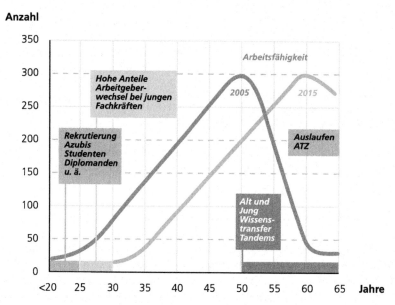

Abb. 20: *Altersstrukturanalyse mit personalpolitischen Risiken*
Quelle: KÖCHLING, *dargestellt in BMBF (2005:8)*

Wie sich aus obiger Darstellung erkennen lässt, handelt es sich hier um ein Unternehmen mit einer alterszentrierten Belegschaft, d. h. der Anteil an 45- bis 55-jährigen Mitarbeitern ist in Summe am höchsten.

In der Fortschreibung dieses Szenarios um zehn Jahre zeigen sich die grundlegenden Fragestellungen zukünftiger Personalpolitik:

- Welche Personen in welchen Funktionen mit welchen Qualifikationen werden wann in Rente gehen?
- Wie lässt sich eine angemessene Nachfolgeplanung durchführen?
- Welche Neueinstellung bzw. welche Zielgruppe für Neueinstellungen müssen geplant werden?
- Welche Unterschiede in der Altersstruktur zeigen sich zwischen verschiedenen Funktionsgruppen wie z. B. Facharbeitern, Ingenieuren?
- Welche bildungspolitischen Ziele sind angesichts der Qualifikationsentwicklung zu entscheiden?

5 Demografische Analyse

- Wie findet der Transfer erfolgskritischen Wissens zwischen Jung und Alt statt?
- Mit welchen Mitteln kann die Arbeitsfähigkeit älterer Mitarbeiter erhalten bzw. ausgebaut werden?

Aufbauend auf diese grundlegenden Fragestellungen können weitere Zukunftsszenarien erarbeitet und unter prognostizierten externen Veränderungen wie z. B. Beschäftigungswachstum, steigende Altersteilzeit, gestiegene Fluktuation junger qualifizierter Fachkräfte abgebildet und als Entscheidungsgrundlage herangezogen werden.

5.2.1 Durchführung der Altersstrukturanalyse

Wir empfehlen in Anlehnung an das Institut für Angewandte Arbeitswissenschaft (IFAA 2005:44) zur Durchführung einer Altersstrukturanalyse die Erhebung folgender Mitarbeiterdaten:

- Soziodemografische Daten (Alter, Geschlecht, Familienstand, Betriebszugehörigkeit)
- Funktionale Daten (derzeitige Position und Tätigkeit, Lohn/Gehaltsstufe)
- Strukturale Daten (betriebliche Einsatzbereiche, Entwicklungspotenzial)
- Qualifikatorische Daten (formale Qualifikationen, aktuelle Kompetenzen)
- Individuelle Daten (Entwicklungswünsche, Karriereziele)

Je nach Zielsetzung der betriebsinternen Analyse können auch weitere Merkmale von Bedeutung sein. In der Regel konzentriert sich eine umfassende Altersstrukturanalyse auf die Mitarbeiterverteilung hinsichtlich des Alters

- generell, in der Belegschaft des Unternehmens
- speziell, nach Funktionsgruppen.

5.2.2 Altersstruktur der Belegschaft

Um die Altersstruktur einer Belegschaft zu erheben, empfiehlt es sich, die erhobenen Einzeldaten nach Klassen zusammenzufassen. Diese können z. B. jeweils ein Jahrzehnt umfassen, also z. B. „unter 20", „20-30", „30-40" usw., aber auch in Form von Klassen in Zweijahressprüngen (siehe Abbildung) dargestellt werden. Auf der Senkrechten wird die Häufigkeit eingetragen, mit der die jeweilige Klasse entweder in Prozentangaben an Mitarbeitern oder in Zahl der Mitarbeiter (siehe Abbildung) in diesem Altersegment besetzt ist.

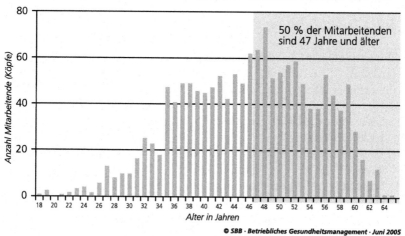

Abb. 21: Beispiel für eine betriebliche Altersstruktur
Quelle: SBB, Infrastruktur (2005:18)

Wie im oben angeführten Beispiel der SBB-Infrastruktur zu sehen ist, sind in diesem Teilbereich des Konzerns mehr als fünfzig Prozent der Mitarbeiter über 47 Jahre, was BUCK (2002) als alterszentrierte Belegschaftsstruktur bezeichnet. Wünschenswert ist nach BUCK (2002) eine ausbalancierte Altersstruktur, in der alle Altersgruppen ungefähr gleich stark vertreten sind, da sie bereits das Potenzial zu innerbetrieblichen Bewältigung des demografischen Wandels in sich trägt: Jede Altersgruppe kann durch die jeweils nachfolgende Kohorte ersetzt werden, ohne dass ein Nachwuchsmangel auftritt.

5 Demografische Analyse

In der Beispielkurve A (siehe Abbildung) findet sich eine balancierte Altersstruktur abgebildet.

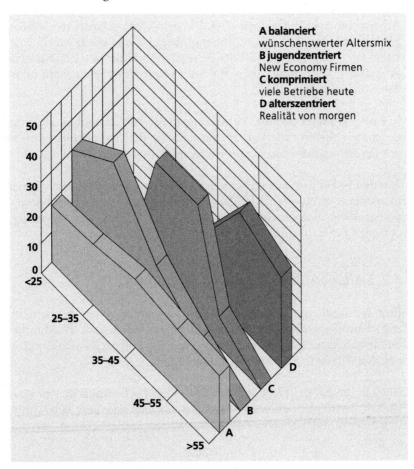

Abb. 22: Typische Altersstrukturen von Belegschaften
Quelle: IFAA (2005:46)

Kurve B beschreibt eine jugendzentrierte Altersstruktur, die sich den demografischen Fragestellungen nach alternden Belegschaften scheinbar entzieht. Dennoch bleibt die Fragestellung offen, „ob nicht Fähigkeiten fehlen, die besonders älteren Mitarbeitern zugeschrieben werden: z. B. ein gewisse Lebenserfahrung und Abgeklärtheit im Umgang mit Komplexität und Krisensituationen". (IFAA 2005:45)

Kurve C entspricht der so genannten „komprimierten Altersstruktur" (IFAA 2005:26) und beschreibt Personalstrukturen, die durch Modelle der Frühverrentung bzw. Personalabbaus durch Nichteinstellung junger Arbeitskräfte gekennzeichnet sind. Die dem Unternehmen verbliebenen Mitarbeiter verteilen sich auf die mittleren Altersklassen, was in einen kollektiven Alterungsprozess der Belegschaft mündet und spätestens bei Eintritt der Verrentungsgrenze für das gesamte Unternehmen mit massiven Konsequenzen endet.

In Kurve D findet sich die Fortführung dieser Personalpolitik in der sogenannten alterszentrierten Personalstruktur, die von den Folgewirkungen der demografischen Veränderung am härtesten betroffen ist.

Aus den bisher gewonnen Daten der Altersstrukturanalyse lässt sich die momentane altersspezifische Zusammensetzung des Erwerbspersonenpotenzials im Betrieb ablesen und daraus Handlungs- und Steuerungsoptionen für zukünftige Rekrutierungsstrategien ableiten.

5.2.3 Altersstruktur der Funktionsgruppen

Eine spezifischere Auskunft über die Zusammensetzung des betrieblichen Erwerbspersonenpotenzials erhält man, indem man die Mitarbeiterdaten auf spezielle Informationen verdichtet und nach Funktionsgruppen den Altersklassen zuteilt (s. Abb. 23).

Auch in diesem Beispiel zeigt sich das hohe Durchschnittsalter in spezifischen Berufsgruppen und gibt Anlass für eine genauere Betrachtung unter der Simulation von Zukunftsszenarien und möglichen Entwicklungen.

5 Demografische Analyse

	P		G		I		IM		Z		Gesamt	
	Median Alter	Anzahl MA	Median Alter	Anzahl MA	Median Alter	Anzahl MA	Median Alter	Anzahl MA	Median Alter	Anzahl MA	Median Alter	Anzahl MA
Büropersonal (Verkauf)	36 Jahre	2.144	38 Jahre	384	37 Jahre	18					36 Jahre	2.546
Fahrdienst	46 Jahre	13			38 Jahre	2.175					38 Jahre	2.188
Büropersonal	44 Jahre	314	42 Jahre	821	44 Jahre	343	45 Jahre	7			43 Jahre	1.485
Arbeiterpersonal	46 Jahre	770	46 Jahre	178	49 Jahre	194					46 Jahre	1.142
Streckenlokführer	44 Jahre	2.352	42 Jahre	851							44 Jahre	3.203
Zugpersonal produktiv	40 Jahre	1.694									40 Jahre	1.694
Rangierlokführer	45 Jahre	92	42 Jahre	270	41 Jahre	121					42 Jahre	483
Technisches Personal	44 Jahre	100	41 Jahre	2	47 Jahre	1.437					46 Jahre	1.539
Handwerker	47 Jahre	682	46 Jahre	671	42 Jahre	3.088	47 Jahre	496			44 Jahre	4.937
Visiteurpersonal	45 Jahre	113	44 Jahre	226	46 Jahre	4					45 Jahre	343
Reinigung Rollmaterial	44 Jahre	244									44 Jahre	244
Technische Handwerker	44 Jahre	656									44 Jahre	656
Zentrale Dienste	39 Jahre	1.022	36 Jahre	191	43 Jahre	1.124	39 Jahre	325	41 Jahre	636	41 Jahre	3.298
Chance									46 Jahre	253	46 Jahre	253
Reintegration	51 Jahre	119	55 Jahre	58	50 Jahre	97	53 Jahre	18			52 Jahre	292
Rangierdienst	42 Jahre	566	42 Jahre	604	42 Jahre	501					42 Jahre	1.671
Wagenkontrolleure			43 Jahre	229	44 Jahre	123					43 Jahre	352
Übrige	39 Jahre	886	40 Jahre	334	40 Jahre	92	49 Jahre	7	49 Jahre	85	40 Jahre	1.404
Gesamt	42 Jahre	11.767	42 Jahre	4.819	43 Jahre	9.317	45 Jahre	853	43 Jahre	974	**42 Jahre**	**27.730**

= nur Darstellung momentane Altersstruktur, kein Szenario   © SBB · Betriebliches Gesundheitsmanagement · Juni 2005

Abb. 23: Altersstruktur nach Funktionsgruppen
Quelle: SBB (2005:8)

5.2.4 Szenarien der Altersstruktur

Die verschiedenen Altersstrukturanalysen geben in visualisierter Form Auskunft über den aktuellen Zustand eines Unternehmens, sind also statische Momentaufnahmen. Personalbestand und Personalbedarf hingegen sind dynamische Größen, verändern sich je nach Umfeld und müssen demnach auch dynamisch erfasst und prognostiziert werden.

In der Personalmanagementlehre wird gerne auf das Badewannenmodell (vgl. IAA 2005:51f) verwiesen. Der Personalbestand eines Unternehmens wird mit dem Wasserfüllstand einer Badewanne verglichen. Dem Personalbestand steht der Personalbedarf gegenüber, der eine dynamische Größe, abhängig von Produktionsvolumen, -technologien, der Nachfrage auf den Märkten etc. ist. Ziel eines Unternehmens muss es sein, die Differenz zwischen Personalbedarf und -bestand möglichst gering zu halten. Da jedoch der Personalbestand laufend durch Verrentung, vorzeitiges Ausscheiden von Mitarbeiter etc. reduziert wird, muss in Form von Neuaufnahmen reagiert werden.

Die Altersstruktur von Unternehmen ändert sich also fortlaufend, nicht nur innerbetriebliche Änderungen (Fluktuation) spielen dabei eine Rolle, sondern auch gesetzliche Restriktionen wie z. B. die Anhebung des Rentenalters.

Für das Erarbeiten möglicher Altersstrukturszenarien zeichnen sich nun zwei Möglichkeiten ab:

Bei der Fortschreibung der Altersstruktur werden die vorhandenen Daten (Renteneintrittsalter, Personalbedarf konstant, Abgänge werden durch Zugänge ersetzt bzw. nicht ersetzt) als fixe Größen gesetzt und entsprechend dem Prognosezeitraum hochgerechnet.

Praxisbeispiel

Am Beispiel der SBB-Infrastruktur ergab die Fortschreibung nach dieser Möglichkeit folgendes Ergebnis:

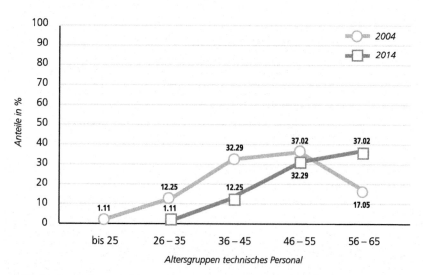

Abb. 24: Projektion der Altersstrukturanalyse der SBB-Infrastruktur
Quelle: SBB (2005:19)

Die aktuelle (2004) Altersverteilung des technischen Personals zeigt, dass 54 Prozent der Mitarbeiter zwischen 46 und 65 sind. In der projizierten Altersstruktur (2014) findet eine Verschiebung hin zu einem Schwerpunkt bei den 46- bis 55-Jährigen statt.

Die SBB (vgl. SBB 2005:12) hat die Projektion unter folgenden Annahmen durchgeführt:

(1) Die Modellrechnung gilt als Überblick und muss für ein weiteres Vorgehen verfeinert werden.
(2) Die Verteilung wurde für die nächsten zehn Jahre prognostiziert. Darin zeigt sich, dass es keine gravierenden Veränderungen innerhalb der Altersstruktur gibt, vielmehr zeichnet sich eine Verschiebung ab.
(3) Die Prognose wurde unter Berücksichtigung und Beibehaltung der momentanen Personalpolitik berechnet.

Die zweite Möglichkeit der Fortschreibung der Altersstruktur besteht darin, mehrere Szenarien aufzustellen und durchzuspielen. Zu diesem Zweck werden spezifische Veränderungsannahmen getroffen und vor dem Hintergrund er aktuellen Entwicklung dargestellt. Nach KÖCHLING (2002:16f) finden sich folgende mögliche Veränderungsannahmen zur Berücksichtigung in der Altersstrukturprognose:

(1) Ab- oder Zunahme des Personalbestandes
(2) gesetzliche Rahmenbedingungen, z. B. in der Erhöhung des Rentenalters
(3) Maßnahmen von Frühverrentung ab einem bestimmten Alter
(4) Erhöhung oder Verringerung der Lehrlingsquote
(5) Neueinstellungen finden z. B. nur ab einem bestimmten Alter statt
(6) Berücksichtigung weiterer Personalabgänge durch z. B. Auslaufen von befristeten Verträgen, Kündigungen etc.

Bei all diesen Annahmen gilt es jedoch zu berücksichtigen, ob diese in Zeiten des demografischen Wandels überhaupt als realistisch gelten können. So kann z. B., wie bereits beschrieben, davon ausgegangen werden, dass es insgesamt zu einer Verknappung des jüngeren Erwerbspotenzials kommt.

Die Fortschreibung der Altersstruktur ermöglicht jedem Unternehmen zweifelsfrei die Analyse zukünftiger Szenarien bei vielfältigen personalpolitischen Gestaltungsmöglichkeiten. Im Folgenden finden Sie Formulare zur Ausgestaltung der bisherigen Alterstruktur und Visualisierungsmöglichkeiten für die Analyse alternativer Szenarien sowie einige kommentierte Beispiele typischer betrieblicher Altersstrukturen und deren Konsequenzen.

5.2.5 Vorgehensweise zur Selbstanalyse

Die oben beschriebene Altersstrukturanalyse liefert im ersten Schritt grundlegende Informationen über

- die aktuelle Altersstruktur,
- die Analyse unterschiedlicher betrieblicher Berufsgruppen bzw.
- alternative Zukunftsszenarien.

Die damit gewonnenen Daten sind für das strategische Personalmanagement (insbesondere der Planung von Neuzugängen und Abgängen), vor allem aber für die Sicherung des Qualitätsprofils gefährdeter Berufsgruppen unerlässlich.

Beispiele zur Darstellung von Altersgruppen

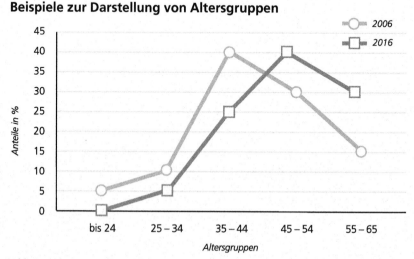

Abb. 25: Altersgruppen im Kurvenverlauf

5 Demografische Analyse 65

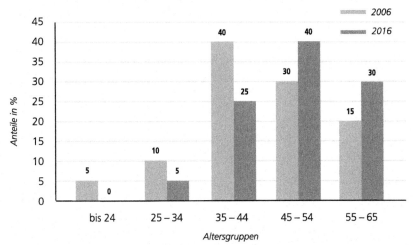

Abb. 26: Altersgruppen im Säulendiagramm

Weitere Formulare zur Darstellung von Altersgruppen und Altersjahrgängen finden Sie auf den folgenden beiden Seiten.

Formular zur Darstellung von Altersgruppen

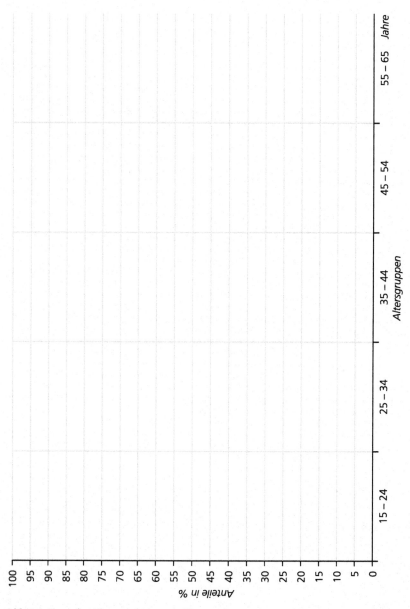

Abb. 27: Formular Altersstruktur nach Altersgruppen

5 Demografische Analyse

Formular zur Darstellung von Altersjahrgängen

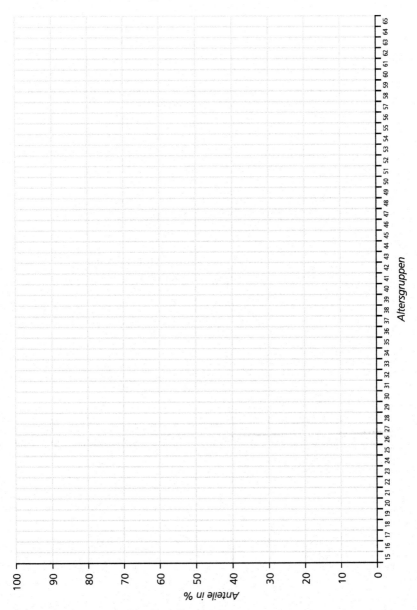

Abb. 28: Altersstruktur nach Altersjahrgängen

5.2.6 Beispiele kommentierter Altersstrukturanalysen

Auf den folgenden Seiten stellen wir Ihnen typische Problemstellungen betrieblicher Altersstrukturen, deren Folgen und mögliche Bewältigungsstrategien vor. Die in vereinfachter Form dargestellten Altersstrukturen und Projektionen entstammen einer von uns durchgeführten umfassenden Grundlagenstudie in Klein- und Mittelbetrieben aus Österreich und beschreibt jeweils den aktuellen Ist-Zustand der Altersstruktur (2006) und ein unter bestimmten Annahmen getroffenes Zukunftsszenario für 2016. Aus den gewonnenen Erkenntnissen wurden mögliche demografische Risiken abgeleitet und in Form von Handlungsansätzen als Empfehlungen an die Führungsverantwortlichen der Unternehmen weitergeleitet.

Beispiel 1: stark jugendzentrierte Altersstruktur

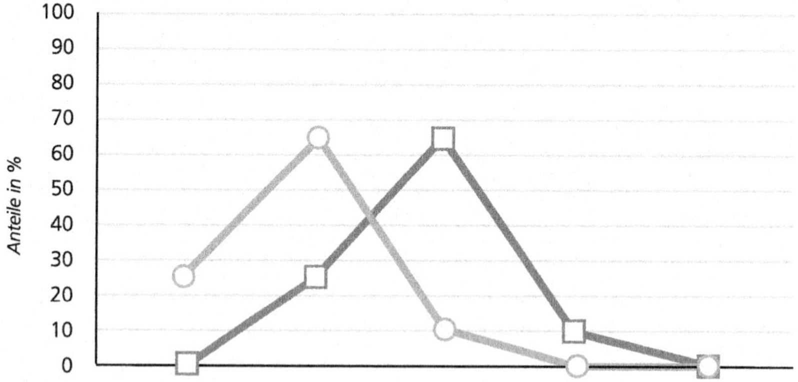

Altersgruppen	bis 24	25–34	35–44	45–54	55–65
2006	25	65	10	0	0
2016	0	25	65	10	0

Abb. 29: Jugendzentrierte Altersstruktur

Wie die Abbildung zeigt, sind die Belegschaftsanteile der beiden jüngeren Altersgruppen mit neunzig Prozent zentral, Altersgruppen des mittleren Alters sind vom Anteil sehr gering, Ältere fehlen zur Gänze.

Dieses Beispiel beschreibt die Altersstruktur eines typischen New Economy-Unternehmens, welches auf Informationstechnologien spezialisiert ist.

Konsequenzen für 2016

Je stärker ein Unternehmen an jungen Altersgruppen orientiert ist, umso schwieriger wird es, den jungen Personalbestand nachzubesetzen bzw. zu halten. Einerseits besteht die Gefahr der Abwerbung durch andere Unternehmen, andererseits verknappt sich die Zahl der jungen Erwerbsbevölkerung, was bedeutet, dass junge Talente anders als bisher „geködert" und an das Unternehmen gebunden werden müssen.

Bleiben die Altersstruktur bzw. die damit verbundene Personalpolitik weiterhin unverändert, ist das Altern der Belegschaft abzusehen und bis 2016 bereits mit einer mittelalten Belegschaftsstruktur zu rechnen.

Handlungsoptionen

Die Hauptaufgabe des Personalmanagements in dieser Altersstruktur besteht darin, sich auf die Alterung der Belegschaft einzustellen und bereits jetzt Funktionen und Aufgaben vorzusehen, die besonders den Bedürfnissen und Kompetenzen von Mitarbeitern im mittelalten und älteren Segment gerecht werden. Dies können Managementfunktionen, Kundenbetreuungs- und Kundenbindungspositionen oder Ähnliches sein – in jedem Falle Positionen, in denen diese Mitarbeiter ihr Know-how gerne einbringen.

Betrachtet man die Prognose für 2016, fällt auf, dass sich der Altersmix, also die Mischung verschiedener Altersgruppen besonders ausprägt: aus dem jugendzentrierten Unternehmen wird in absehbarer Zeit ein generationendurchmischtes Unternehmen. Werden bisherige Werte (z. B. Jugendlichkeit, Dynamik, etc.) nicht mit dem Wandel mit verändert, können Spannungen zwischen den Generationen auftreten. Die Einführung generationengemischten Arbeitens könnte ähnlich hilfreich sein wie die Ausgestaltung eines ausgeglichenen Altersmix durch entsprechende Rekrutierungsmaßnahmen.

Beispiel 2: Balancierte Altersstruktur

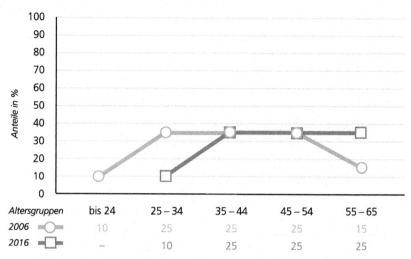

Abb. 30: Balancierte Altersstruktur

Beispiel 2 zeigt die Altersstruktur einer ausgewogenen Altersmischung: die Übergänge zwischen den jeweiligen Altersgruppen sind relativ ausbalanciert, wenngleich die Altersgruppen der bis 24-jährigen bzw. ab 55-jährigen Mitarbeiter geringere Anteile aufweisen. Wie BUCK festgestellt (vgl. 2002) hat, bewältigen Unternehmen mit ausgeglichenen Altersstrukturen den demografischen Wandel problemloser als andere. Der Grund dafür liegt in der bereits gesammelten Erfahrung mit unterschiedlichen Altersgruppen.

Konsequenzen für 2016

Wenn es den Personalverantwortlichen in Zukunft nicht gelingen sollte, junge Mitarbeiter zu rekrutieren, kündigt sich eine Verringerung des Personalbestandes um 15 Prozent an. Sofern dieser nicht den geplanten Veränderungen in Personalbedarf und Personalbestand entspricht, entsteht hier Handlungsbedarf, die Rekrutierungsstrategien in den verschiedenen Altersgruppen zu hinterfragen und neue Wege der Personalbeschaffung zu entwickeln.

Handlungsoptionen

Die Rekrutierung junger Mitarbeiter an ausgetrockneten Märkten stellt gerade für jugendzentrierte Unternehmen eine großes Problem dar. Im vorliegenden Fäll könnte die Fragestellung auch insofern erweitert werden, als dass auch neue Rekrutierungsstrategien wie z. B. interne Fachkarrieren, Rekrutierung älterer Mitarbeiter etc. Ansatzpunkte für eine erfolgreiche Bewältigung des demografischen Wandels sein können.

In jedem Falle sollten die bewusste Einführung altersgemischter Teams und generationenübergreifendes Lernen zum Thema gemacht werden, nur so kann die Innovationskraft und Wettbewerbsfähigkeit weiterhin aufrecht erhalten bzw. ausgebaut werden.

Beispiel 3: Mittelalterszentrierte Altersstruktur

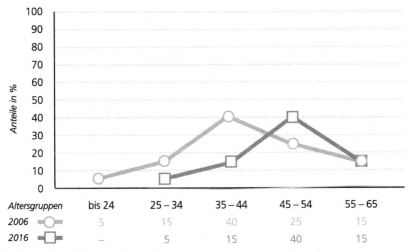

Abb. 31: Mittelalterszentrierte Altersstruktur

Beispiel 3 beschreibt die Altersstruktur einer Belegschaft mit Zentrierung in den mittleren Altersgruppen, wobei die Altersgruppen der 35- bis 54-jährigen Mitarbeiter 70 Prozent der gesamten Belegschaft ausmachen. Besonders jüngere Mitarbeiter (bis 24 Jahre) aber auch ältere Mitarbeiter (ab 55 Jahre) bilden eine prozentuelle Minderheit.

Konsequenzen 2016

Gerade mittelalterszentrierte Unternehmen laufen Gefahr, im Verlauf der demografischen Entwicklung stark alterszentriert zu werden. Wie die Kurve 2016 zeigt, werden nach zehnjähriger Fortschreibung mehr als 70 Prozent der Belegschaft bereits über 45 Jahre alt sein. Ein zusätzliches Rekrutierungsproblem bei jüngeren Arbeitskräften, insbesondere hochqualifizierten Fachkräften könnte zu einer ernsthaften Bedrohung der Wettbewerbsfähigkeit dieses Unternehmens führen.

Handlungsoptionen

Im Zentrum der Handlungsoptionen muss die Ausgestaltung einer altersausgewogenen Personalpolitik stehen. Die Berücksichtigung der Bedürfnisse älterer Generationen muss genauso im Vordergrund stehen, wie die Bindung vor allem jüngerer Mitarbeiter an das Unternehmen. Dies kann in Form von kreativen Rekrutierungsstrategien von jüngeren Mitarbeitern unter Anbietung besonderer Betriebsbindungsszenarien erfolgen.

Wichtig für die weiteren personalpolitischen Entscheidungen ist insbesondere die Vermeidung einer Alterszentrierung (siehe Beispiel 4), die vor allem ein Risiko in der Erhaltung von Leistungs- und Arbeitsfähigkeit und eine hohe Kostenbelastung mit sich bringen würde.

Beispiel 4: Alterszentrierte Altersstruktur

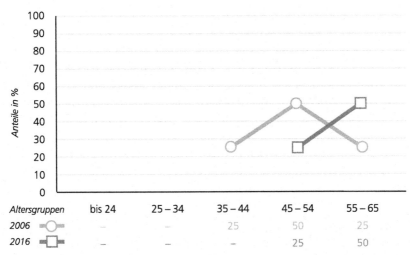

Abb. 32: Alterszentrierte Altersstruktur

Die Altersstruktur dieses Unternehmens zeigt die extremste Altersverteilung: junge Mitarbeiter fehlen ganz, es gibt einen Überhang von Mitarbeitern über 45.

Konsequenzen

Berücksichtigt man die Zahl der Mitarbeiter, welche ab 2006 in Rente gehen, wird der Personalbestand dieses Unternehmens innerhalb kürzester Zeit um fünfzig Prozent halbiert. Gelingt es den Personalverantwortlichen nicht mehr rechtzeitig, den drohenden Personalverlust zu stoppen und den Personalbestand aufzufüllen, kann der Ablauf betrieblicher Arbeitsprozesse von Seiten des Produktionsfaktors Arbeit nicht mehr sichergestellt werden.

Würde der Personalbestand mit jüngeren Mitarbeitern aufgefüllt werden, ist darauf zu achten, ob bzw. welche Erfahrung das Unternehmen bisher mit jüngeren Mitarbeitern gemacht hat. Die obige Abbildung zeigt deutlich, dass dieses Unternehmen aufgrund seiner Geschichte auf keinerlei Erfahrungen mit altergemischten Belegschaften zurückgreifen kann.

Handlungsoptionen

Um den drohenden Verlust der Handlungs- und Wettbewerbsfähigkeit abzuwenden, bedarf es innovativer Bindungsstrategien, damit die älteren Mitarbeiter ihr Know-how und ihre Erfahrung weiterhin ins Unternehmen einbringen bzw. an jüngere Mitarbeiter weitergeben. Weiter ist die Rekrutierung und Integration neuer Mitarbeiter zentrale Aufgabe der Personalverantwortlichen, die Sicherung der Wettbewerbsfähigkeit aus personalpolitischer Sicht oberste Prämisse.

6 Arbeitsplatzanalyse

Der demografische Wandel bringt nicht nur Veränderungen und Verschiebungen innerhalb der Belegschaftsstruktur mit sich, sondern macht es auch erforderlich, dass Sie die Tauglichkeit bestehender Arbeitsplatzstrukturen hinterfragen. Wird gegenwärtig zu einem klassifizierten Stellenprofil noch der entsprechend qualifizierte Mitarbeiter gesucht, müssen in Zukunft die Stellenprofile, einschließlich der Arbeitsplatzbeschreibungen, an die Alterung der Erwerbsbevölkerung angepasst werden.

6.1 Belastungen am Arbeitsplatz

Wie ILMARINEN und TEMPEL feststellen, „ist die Verminderung der ergonomischen Risikofaktoren nach wie vor von erheblicher Bedeutung, und man kann keinesfalls davon ausgehen, dass diese Probleme bereits umfassend gelöst sind." (ILMARINEN/TEMPEL 2002:238)

Während die Berücksichtigung ergonomischer Anforderungen bei jungen Mitarbeitern präventiv wirkt, kann dies für ältere Mitarbeiter als unmittelbare Therapie gelten. Bei der Durchführung einer Arbeitsplatzanalyse ist es grundlegend wichtig, dass diese vom jeweiligen Arbeitsplatzinhaber nach folgenden Kriterien durchgeführt wird (vgl. ILMARINEN 1999:193):

(1) hohe physische Anforderungen, wie z. B.:
- überwiegend statische Muskelarbeit
- Abhängigkeit der Arbeit von großer Muskelkraft
- Heben und Tragen
- Spitzenbelastungen
- monotone sowie repetitive Arbeit
- Arbeiten in ungünstiger Haltung (Über-Kopf, verdrehte Wirbelsäule etc.)

(2) belastende und gefährliche Arbeitsumgebung
- Schmutz- und Nassarbeit
- Arbeitsbedingungen mit erhöhtem Unfallrisiko
- Hitze- bzw. Wärmearbeit
- Kältearbeit, Arbeiten mit wechselnden klimatischen Belastungen

MORSCHHÄUSER (vgl. 1999) ergänzt die alterskritischen Arbeitsanforderungen um:

(3) hohe und starre Leistungsvorgaben
  • taktgebundene Arbeit
  • Arbeit unter Zeitdruck

(4) Schicht- und Nachtarbeit
  • Arbeitsrhythmus gegen die innere Uhr
  • soziale Beeinträchtigungen

Für arbeitswissenschaftliche Empfehlungen in Bezug auf Schichtarbeit sei an dieser Stelle auf die Arbeiten von KNAUTH und HOMBERGER (1994) verwiesen.

(5) hohe psychische Belastungen
  • Daueraufmerksamkeit
  • Stress

Treten diese Merkmale systematisch, möglicherweise sogar kombiniert und über einen längeren Zeitraum auf, fordert BEHRENS (vgl. 1994) die Tätigkeitsdauer zu begrenzen und damit eine Reduktion der Risikofaktoren. Sollte dies, wie z. B. im Falle von Wechsel- und Nachtschichtarbeit, Hitze- oder Kältearbeiten, körperlich schwere Arbeiten im Freien etc. nicht möglich sein, empfiehlt sich die Entwicklung von Strategien der alternsgerechten Arbeitskarrieren (siehe Kapitel 6.6), wie sie in der EU-Initiative EQUAL erarbeitet wurden.

Im Jahr 2004 war z. B. in Österreich, aber auch in Deutschland, bereits fast jede fünfte Person im Erwerbsalter (zwischen 18 bis 64 Jahre) zwischen 55 und 65 Jahre alt. Trotz dieser Zahlen haben wenige Betriebe ausreichend Erfahrungen mit der Beschäftigung älterer Mitarbeiter. GEISSLER-GRUBER und GEISSLER (zit. in IV/ÖGB/WKO/AK 2004:62) führen das darauf zurück, dass „sich ein Großteil dieser Personen durch Frühpension oder Arbeitslosigkeit nicht mehr im aktiven Erwerbsleben befindet."

Während bereits heute aus volkswirtschaftlicher und sozialversicherungstechnischer Sicht eine längere aktive Erwerbstätigkeit gefordert ist, wird sich spätestens mit Abnahme der Erwerbspersonenzahl (EU-weit zwischen 2010 und 2020) die Wahrscheinlichkeit drastisch erhöhen, dass Unternehmen ältere Mitarbeiter weiterhin im Arbeitsprozess halten wollen. Beschäftigte mit 55 und mehr Jahren werden dann die Arbeitswelt prägen: eine Situation, die in skandinavischen Ländern bereits seit Jahren Erfahrungswert besitzt.

An den Erfahrungen des finnischen Instituts für arbeitsbezogene Gesundheit (FIOH) zeigt sich, dass die Sicherstellung der Arbeitsfähigkeit mit entsprechenden Maßnahmen verstärkt und ausgebaut werden kann. In mehreren Praxisprogrammen unterschieden ILMARINEN und TEMPEL (2002) folgende Ebenen für die Stärkung der Arbeitsfähigkeit:

- Arbeits- und Gesundheitsschutz (ergonomische Arbeitsplätze, Arbeitshygiene, Altersgerechte Arbeitsplatzgestaltung und Arbeitsorganisation)
- Wertschätzende Unternehmenskultur (Anerkennung und Respekt vor dem Alter, soziale Unterstützung und Integration, intergenerative Kommunikation)
- Individuelles Verhalten (Verhaltensprävention wie z. B. gesunde Ernährung, Work Life Balance, Bewegung)
- Individuelle Kompetenzen (lebenslanges Lernen, Qualifizierung, Förderung und Forderung, Arbeitseinsatz entsprechend dem Erfahrungswissen)

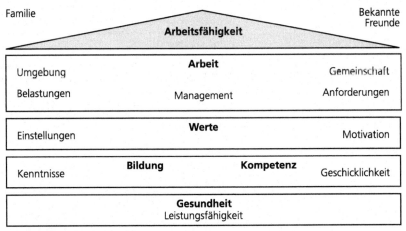

Abb. 33: Haus der Arbeitsfähigkeit
Quelle: ILMARINEN/TEMPEL (2002:339)

Die Strategien für eine aktive Erhaltung und Förderung der Arbeitsfähigkeit älterer Mitarbeiter lassen sich in zwei betriebliche Handlungsfelder zusammenfassen:

- Altersgerechte Arbeitsplatzgestaltung, die Arbeiten mit der durch das Alter veränderten Arbeitskapazität ermöglicht
- Alternsgerechte Organisation der horizontalen Berufsverläufe, die über das gesamte Berufsleben verteilt, einen systematischen Belastungswechsel zur Erhaltung der Arbeitskraft und zur Förderung der Gesundheit bietet

6.2 Altersgerechte Gestaltung des Arbeitsplatzes

SPIRDUSO (zit. nach ILMARINEN 1999:193) hat 1995 einen Maßnahmenkatalog zusammengestellt, der Arbeitsplätze altersentsprechend ausgestalten soll. Die entwickelten Anforderungen wurden im Besonderen auf altersspezifische physiologische und psychologische Veränderungen angepasst und liefern für die praktische Umsetzung im Arbeitsalltag eine Fülle von Anregungen:

Altersbezogene physiologische und psychologische Veränderung	Anpassung von Arbeitsplatz und Arbeitsumgebung
1. Eingeschränkte Beweglichkeit der Gelenke, verminderte Elastizität von Sehnen und Bändern	**Vermeiden:** – Aktivitäten mit angehobenen Armen – länger dauernde ungewöhnliche Körperhaltungen – verdrehte Wirbelsäule – Arbeiten mit erheblicher Verbiegung des Handgelenks, um Kraft mit Hilfe von Werkzeugen auszuüben **Beachten:** – Positionierungen von Gegenständen, Kontrollgeräten, Bildschirmen, um verlängertes Verbiegen der Körperhaltung, Vorbeugen und Bücken zu minimieren – Maschinenausrüstung soll an die individuellen Körpermaße angepasst werden (in Fahrzeugen, im Büro etc.) – Gestaltung der Sitze, um Vibrationen zu vermindern – niederfrequente Vibrationen (Lastwagen, Baugeräte, Werkbaugeräte) – größere Belastungen der Handgelenke beim Ausführen von Arbeiten

6 Arbeitsplatzanalyse

Altersbezogene physiologische und psychologische Veränderung	Anpassung von Arbeitsplatz und Arbeitsumgebung
2. Nachlassen der Kraft	**Vermeiden:** – Kontrollgeräte und Werkzeuge, die große Kraft erfordern – Heben, Senken, Scheiben, Ziehen und Tragen von Lasten – Heben von Lasten, die größer als 20 Prozent der Maximalleistung eines jungen Mitarbeiters sind – schnelles Heben **Arbeitsabläufe so gestalten, dass** – eine Last in Körpernähe getragen werden kann – die Aufgabe kein übermäßiges Beugen, Bücken oder Verdrehen der Wirbelsäule verlangt – genügend Pausen zwischen den einzelnen Arbeitsaufgaben sind – Bodenhaftung und sicherer Stand möglich sind **Beachten:** Korrekte Unterweisungen der Mitarbeiter in Heben und Tragen
3. Verminderte physische funktionelle Kapazität	**Beachten:** Tätigkeiten mit erhöhtem Energieaufwand sollten nicht 0,7 l/min Sauerstoffverbrauch (bei Männern) oder 0,5 l/min (bei Frauen) überschreiten
4. Verminderte Wahrnehmung und Entscheidungsfähigkeit, Defizite bei der Aufmerksamkeit, Defizite beim Gedächtnis, Schwierigkeiten bei der geistigen Umsetzung	**Bereitstellen:** – längere Trainingsabschnitte – Ergänzung der Praxis durch schriftliche Arbeitsanweisungen – Videos, die gewünschte Arbeitsleistungen darstellen – Erhöhung der Signal-Geräusch-Relation am Arbeitsplatz – Einteilung von älteren Mitarbeitern für Aufgaben, in denen die Arbeit eher vorhergesehen als in Reaktion geleistet wird – Aufgaben, die eine gute Mischung von Erfahrungswissen und Weiterbildung erfordern
5. Sehschwächen, Sehschärfe, Farbensehen (blau/grün)	**Bereitstellen:** – 50 Prozent mehr Beleuchtung für Arbeitnehmer zwischen dem 40. und 55. Lebensjahr – 100 Prozent mehr Beleuchtung für Arbeitnehmer über 55 Jahre – Erhöhung des Kontrasts an Sichtgeräten und Messinstrumenten – Vergrößerung der Schrift und Symbole auf Monitoren und Sichtgeräten – Abbau von Blendung – Blau-Grün-Unterscheidung aus dem Signalangebot entfernen

Altersbezogene physiologische und psychologische Veränderung	Anpassung von Arbeitsplatz und Arbeitsumgebung
6. Hitzeunverträglichkeit	**Vermindern:** Hitzebelastung am Arbeitsplatz
7. Weniger Kälteverträglichkeit	**Beachten:** – Optimale Arbeitsplatztemperatur – Kälteschutzkleidung einführen und benutzen
8. Hörverminderung	**Erhöhen der:** Signal-Geräusch-Relation bei Aufgaben, die signalabhängige Anweisungen enthalten
9. Höhere Häufigkeit von Lendenwirbelsäulenbeschwerden (low-back pain)	**Bereitstellen:** – Präventionsprogramm für LWS-Beschwerden – Verbreitung von Basiswissen über die Körperreaktionsmuster – Spezielle präventive Arbeitsanweisungen – Arbeitsaktivität so gestalten, dass Rückenbeschwerden minimiert werden – Vorbeugen von Beschwerden und Verletzungen im Freizeitbereich
10. Erhöhtes Risiko für Fallen und Ausrutschen	**Beachten:** – schlüpfrige Arbeitswege beseitigen – Fußtrittmarkierungen auf Rampen anbringen – ausreichende Beleuchtung am Arbeitsplatz
11. Langsame Behandlung (Rehabilitation) bei Verletzungen und Erkrankungen	**Ermöglichen:** – schrittweise Rückkehr zur vollen Arbeitsbelastung – Rotation zwischen leichter und schwerer Arbeit, um eine Gewöhnung an die Arbeitsanforderung zu erleichtern – Bereitstellung von Informationsmaterial bzgl. vernünftiger Rehabilitation und Rückkehr zur Arbeit
12. Höhere Arbeitsbelastung	**Vermeiden von Arbeitshetze** – den Mitarbeitern Kontrolle über ihre Arbeitslast einräumen – Betonung der Arbeitsgenauigkeit gegenüber der Arbeitsgeschwindigkeit
13. Tendenz zur Inaktivität	**Bereitstellen:** – eines inner- oder außerbetrieblichen Fitnessprogramms – Ermunterung für die Mitarbeiter, von diesem Gebrauch zu machen

Abb. 34: Maßnahmen altersgerechter Arbeitsplatzgestaltung
Quelle: SPIRDUSO, *zit. nach* ILMARINEN *(1999:239ff)*

Zusammenfassend lassen sich folgende Empfehlungen für die altersgerechte Arbeitsplatzgestaltung geben:

- Physikalische Belastungen wie z. B. Hitze, Kälte, Luftverschmutzung etc. müssen bei älteren Mitarbeitern vermindert werden;
- Physische Anforderungen wie z. B. Tragen schwerer Lasten, monotone und repetitive Arbeiten, statische Muskelarbeit und Spitzenbelastungen müssen insbesondere bei Frauen und älteren Mitarbeitern sukzessive abgebaut werden;
- Ältere Mitarbeiter sollten in die Arbeitsplatzgestaltung einbezogen werden sowie interessante Lernaufgaben und Arbeitsgebiete erhalten.

6.3 Alternsgerechte Gestaltung der Arbeitsorganisation

Am finnischen Institut für arbeitsbezogene Gesundheit (FIOH) wurde im Rahmen einer jahrelangen Verlaufsstudie beobachtet, „dass schlecht organisierte Arbeit einen ebenso ernsten Risikofaktor für die Arbeitsbewältigungsfähigkeit darstellt wie die Risikofaktoren im Bereich der physischen Arbeitsanforderungen." (ILMARINEN/TEMPEL 2002:243)

Besonders deutlich zeigte sich auch, dass dieselben Faktoren, die jüngere Mitarbeiter behindern bzw. ihnen Unbehagen bereiten, auch für ältere Mitarbeiter eine Bedrohung ihrer Arbeitsfähigkeit darstellen. Die höchsten Risiken im Bereich einer schlechten Arbeitsorganisation zeigten sich in folgenden Punkten:

- Rollenkonfusion und -unklarheit
- Beaufsichtigung und Einmischung in den individuellen Arbeitsbereich
- Angst vor Versagen und Fehlern
- Mangel an Freiheit und Selbstbestimmung
- Überforderung und zu hohes Arbeitstempo
- Keine Möglichkeit, auf die Arbeit Einfluss zu nehmen
- Mangel an Ausbildung und Professionalität
- Mangel an Anerkennung und Respekt

Die eben angeführten Beispiele für schlechte Arbeitsorganisation deuten vor allem auf Fehler in den für die Arbeitsfähigkeit wichtigen Bereichen Werte und Arbeit (siehe Abb. 33: Haus der Arbeitsfähigkeit) hin. Um diesen Fehlern vorzubeugen, möchte ich folgende Empfehlungen für eine effiziente und vor allem alternsgerechte Arbeitsplatzorganisation formulieren:

Im Vergleich zu jüngeren Mitarbeitern benötigen ältere Mitarbeiter mehr Möglichkeiten, ihren Arbeitsbereich mitzugestalten bzw. zu organisieren und dadurch an ihre individuellen Bedürfnisse anzupassen. Zu einer optimalen Gestaltung der Arbeit zählt auch die bewusste Planung und Durchführung sog. Mikropausen, die speziell im Alter für die Erholung des Organismus wichtig sind. Da ältere Mitarbeiter auch meist Defizite in Grundlagenwissen und Bildung besitzen (vgl. KOLLAND 2005:39; MORSCHHÄUSER et al. 2005:51f), ist die stete Entwicklung und Bildungsbeteiligung zentrale Aufgabe im Personalmanagement.

Mangel an Anerkennung und Respekt (vgl. TUOMI et al. 1997) ist bei älteren Mitarbeitern sehr oft die Ursache für Demotivation und schließlich Krankheit. Fehlende Wertschätzung durch den Vorgesetzten bzw. durch Kollegen am Arbeitsplatz erschwert es älter werdenden Mitarbeitern erheblich, an ihre Qualität bzw. ihr Potenzial zu glauben und dieses einzusetzen. Gerade Führungskräfte sollten dabei ihre Rolle des Vorgesetzten gegen die Rolle des Förderers tauschen und ältere Mitarbeiter dabei begleiten, sich die Arbeit entsprechend einzuteilen und zu verrichten. Besonders wichtig dabei ist der Abbau von zu engen Arbeitsanweisungen, das Zurückschrauben hohen Arbeitstempos und vor allem die Möglichkeit, das Arbeitspensum nach eigenem Ermessen einzuteilen.

6.4 Lernförderliche Gestaltung von Arbeitssystemen

„Mangelnde geistige Flexibilität, fehlende Innovations- oder Lernfähigkeit, oder einfach Lernungewohnheit sind nicht Ergebnisse des natürlichen Alterungsprozesses, sondern mittel- bis langfristige Auswirkungen schlecht gestalteter Arbeitssysteme und Arbeitsaufgaben." (PACK 2000: 414)

Jede Qualifikation, die sich Beschäftigte im Lauf ihrer Erwerbsbiografie von Beschäftigten angeeignet haben und die aufgrund fehlender arbeitsimmanenter Lernanreize nicht stimuliert wurde, geht bei Nichtnutzung allmählich verloren. Ein ähnliches Ergebnis zeigt sich auch bei geistigen Fähigkeiten. Die Folgewirkung davon: Behinderung von Innovation und damit Verlangsamung bzw. Stillstand in Prozess- und Organisationsentwicklung.

In der Ausgestaltung von Arbeitssystemen für ältere Mitarbeiter kann es also keineswegs nur darum gehen, diese alternsgerecht zu gestalten, vielmehr besteht ein grundsätzlicher Bedarf nach einer lernförderlichen Gestaltung des Arbeitssystems. Das betrifft nicht nur ältere, sondern vor allem auch junge Mitarbeiter.

Nach PACK (vgl. 2000) stellt ein Belastungswechsel, bezogen auf das gesamte Arbeitssystem, mit hohen qualifikatorischen Anforderungen aber auch fordernden körperlichen Tätigkeiten einen optimalen Mix dar, mit dem sowohl die körperlichen als auch die geistigen Leistungsvoraussetzungen erhalten und ausgebaut werden. Das Ziel dabei ist die Optimierung der psychophysischen Beanspruchung und damit die Stabilisierung der körperlichen und psychischen Gesundheit sowie eine positive Persönlichkeitsentwicklung durch Wahrnehmung von Lernangeboten im Arbeitsprozess.

Am Fraunhofer-Institut für Arbeitswissenschaft und Organisation (IAO) wurde in Anlehnung an Prof. HACKER ein Instrument zur Arbeitssystembewertung entwickelt, welches die von einer Arbeitsaufgabe abgeforderte Qualifikation erfasst und hinsichtlich psychophysischer Nutzung evaluiert. In einer Beobachtungsanalyse werden Arbeitsaufgaben auf fünf Dimensionen hin prozentuiert bewertet, wobei der Mindestwert bzw. der durchschnittliche Qualifikationsgrad einer Dimension jeweils mit 100 Prozent angegeben ist.

Denkanforderungen	– Routinemäßige Ausführung – Planen eigener Arbeitstätigkeiten – Entscheidungserfordernisse und -möglichkeiten – Erforderliche Informationen über Funktionsweisen
Kooperations- und Kommunikationsanforderungen	– Zeitlicher Arbeitsinhalt, Wiederholhäufigkeit – Notwendige Kenntnisse über die (Produktions-)Organisation – Übertragene Organisationsaufgaben
Anforderungen an die Verantwortung	– Freiheitsgrade – Übertragene Korrekturtätigkeit (Nacharbeit) – Quellen und Arten nutzbarer Rückmeldungen über das Arbeitsergebnis
Lernanreize	– Anzahl konkreter Teiltätigkeiten – Übertragene Wartungstätigkeiten

Abb. 35: Dimensionen des Tätigkeitsbewertungssystems
Quelle: PACK *(2000:417)*

Alles, was unter dem Mindestwert (100 Prozent) liegt, zeigt nicht abgeforderte, also verschenkte Humanressourcen. BULLINGER (zit. nach PACK 2000:417f) hat dies sehr drastisch formuliert: „Das, was unter 100 Prozent ist, ist der Verdummungsfaktor durch Arbeit." Liegen die beobachteten und bewerteten Werte bei 100 Prozent, so bleibt die Qualifikation der Arbeitsplatzinhaber in diesem Arbeitssystem erhalten, liegt der Wert darüber, so kann davon ausgegangen werden, dass die Mitarbeiter ihre Lernfähigkeit erhalten müssen, um sich weiter entwickeln zu können.

Es bedeutet, dass die Tätigkeit einer Arbeitsstelle immer etwas mehr Anforderung an den Stelleninhaber richtet, als dessen Fähigkeiten erreichen können – dadurch steht der Stelleninhaber stets vor einer Herausforderung und kann wachsen. Liegt die Anforderung an den Mitarbeiter unter seinen Fähigkeiten entsteht Frust (Unterforderung, Verdummung), liegt sie aber zu stark darüber, entsteht Angst und Überforderung. Nach CZIKSZENTMIHALYI würde der Mindestwert 100 und leicht darüber, den „Flow" (= bewältigbare Herausforderung) eines Mitarbeiters gewährleisten.

Praxisbeispiel

Am Beispiel einer Fertigungseinheit in der Zylindergehäusefertigung von LKW-Motoren mit Gruppenarbeit findet sich ein positives Beispiel für eine lernförderliche Arbeitssystemgestaltung.

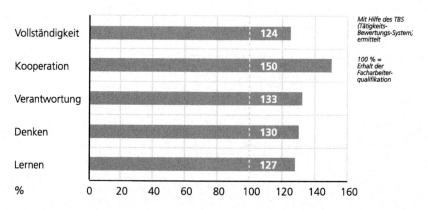

Abb. 36: *Anforderungsniveau Gruppenarbeit LKW-Fertigung*
Quelle: PACK *(2000:420)*

Die lernförderliche Tätigkeit zeigt sich einerseits durch ergonomische Gestaltung des Arbeitsplatzes aber auch durch einen Belastungswechsel, der es ermöglicht, die Tätigkeit auch über die gesamte Lebensarbeitszeit auszuüben. Zusätzliche Überwachungs- und Kontrollfunktionen der Mitarbeiter sorgten für eine alters- und lerngerechte Ausgestaltung und damit für eine permanente Forderungs- und Entwicklungsmöglichkeit.

6.5 Typen von Arbeitsplätzen

Nachfolgend finden sich unterschiedliche Typen von Arbeitsplätzen, die in der Regel den Bedürfnissen und Ressourcen älterer Mitarbeiter entsprechen. Für eine umfassende Arbeitsplatzanalyse empfiehlt es sich, die angeführten typischen Arbeitsplätze im eigenen Unternehmen zu erkunden und diese auf altersbezogene Stärken und Schwächen zu hinterfragen. Die im Folgenden dargestellten Varianten der Arbeitsplatzgestaltung sollen gezielt den jeweiligen Entwicklungsphasen des Arbeitsplatzinhabers angepasst und individuell ausgestaltet werden. Insbesondere die Möglichkeiten eines kurzfristigen und geplanten Arbeitsplatzwechsels (z. B. in besonderen Lebensphasen nach längeren Krankheiten) aber auch das Angebot einer langfristigen Job Rotation als praxisnahe Lernform sollte in jedem Unternehmen mit entsprechender Altersstruktur ihren Platz finden.

6.5.1 Schonarbeitsplätze

Unter Schonarbeitsplätzen werden Stellen verstanden, welche vom Anforderungsprofil her mit leichten körperlichen und mittleren geistigen Fähigkeiten ausgeübt werden können. Typische Beispiele von Schonarbeitsplätzen sind Portier- oder Pförtnerstellen, leichte Tätigkeiten in der Lagerverwaltung oder kurze Außendienste mit wenig körperlicher Belastung. Nach KÖCHLING (vgl. 2002:178) fallen Schonarbeitsplätze oft mit der Verrentung des Stelleninhabers weg bzw. werden aus Kostengründen wegrationalisiert. Unter Berücksichtigung der Alterung der Belegschaften ist jedoch der Ausbau bzw. die Einführung derartig beschaffener Stellen ein wichtiges Instrument zur Sicherung der Arbeitsfähigkeit bzw. Arbeitsbewältigung älterer Mitarbeiter.

6.5.2 Vollwertige Arbeitsplätze

Vollwertige Arbeitsplätze zeichnen sich dadurch aus, dass sie mit den oben genannten Attributen der physischen, physikalischen und psychischen Belastungen ausgestattet und somit für ältere Mitarbeiter nur erschwert zu verrichten sind. Insbesondere ältere Beschäftige, welche unter chronischen Erkrankungen und alterungsbedingten Leistungsbeschränkungen leiden, sind an diesen Arbeitsplätzen fehl am Platz und werden überfordert.

Finden sich bei der Arbeitsplatzanalyse Arbeitsplätze, an denen ältere Mitarbeiter unter vollwertigen Bedingungen arbeiten, sind folgende Handlungsmöglichkeiten gegeben:

- Altersgerechte Gestaltung des Arbeitsplatzes (Ergonomie, Beleuchtung, etc.)
- Mitbestimmung des Mitarbeiters an der Anpassung seines Arbeitsplatzes an seine Bedürfnisse
- Wechsel des Mitarbeiters an einen altersgerechten Arbeitsplatz
- Anbieten einer alternsgerechten Karrieremöglichkeit für den Mitarbeiter

6.5.3 Altersneutrale Arbeitsplätze

Altersneutrale Arbeitsplätze berücksichtigen die alterskritischen Arbeitsanforderungen, wie sie von MORSCHHÄUSER (vgl. 1999) formuliert wurden:

- Vermeidung von körperlich anstrengenden Arbeiten
- Geringe Arbeitsumgebungsbelastungen
- Abwechslungsreiche, selbstgesteuerte Tätigkeiten
- Altersgerechter Arbeitsrhythmus
- Geringe psychische Belastung durch Möglichkeit zur Selbsteinteilung

6.5.4 Vollwertige Nischen-Arbeitsplätze

KÖCHLING (2002:179) definiert Nischen-Arbeitsplätze als Arbeitsplätze, die für funktionseingeschränkte Mitarbeiter Ausgleichsmöglichkeiten beinhalten. Diese Nischen können z. B. aus einer bewussten Planung von Arbeitsabläufen entstehen, bei denen Beschäftigte unterschiedlicher Altersgruppen jeweils individuelle Handlungsspielräume haben, um z. B. die Reihenfolge der Arbeitsaufgaben, Arbeitsmethoden, der Ablaufgeschwindigkeit und auch der Mikropausengestaltung zu regeln.

Eine andere Nischenmöglichkeit ergibt sich auch in der individuellen Absprache zwischen der Führungskraft und dem Mitarbeiter, aber auch zwischen Gruppen- und Teammitgliedern, wo nach persönlichen Stärken und Schwächen aller Beteiligten die Aufgabenverteilung altersgerecht vergeben wird. So können z. B. jüngere Mitarbeiter die körperlich anstrengenden Arbeiten übernehmen, Ältere hingegen eignen sich im Verlauf ihrer Erwerbsbiografie eine Menge an Erfahrungswissen an. Aus diesem Wissen heraus können bestimmte Arbeitsaufgaben durchaus qualitativ hochwertiger aber auch körperschonender (z. B. durch Früherkennung, Routine, etc.) bewältigt werden. Auch dieses Wissen kann bei der Schaffung von Nischen-Arbeitsplätzen für ältere Mitarbeiter hilfreich sein.

6.5.5 Arbeitsplätze zur Wiedereingliederung

Arbeitsplätze, die einen einfachen Bewegungs- und Prozessablauf bei geringer Anfangsbelastung ermöglichen, können gerade bei rekonvaleszenten Mitarbeitern notwendig sein, um eine langsame, stufenweise Eingliederung in der Arbeitsprozess zu ermöglichen. Wie die Krankenstatistiken (vgl. KÖCHLING 2002; ILMARINEN/TEMPEL 2002) älterer Beschäftigter zeigen, ist die Zahl der Krankenstandstage denen der jüngeren Mitarbeiter ungefähr gleich, allerdings unterscheiden sie sich in der Länge der Krankheitsdauer. Arbeitsplätze zur Wiedereingliederung bieten vor allem Beschäftigten mit langer Krankheitsdauer Möglichkeiten eines gezielten und vor allem individuellen Wiedereinstiegs in den Berufsalltag.

6.5.6 Arbeitsplätze mit Nutzung von altersbedingtem Potenzial

Bis Anfang der 1990er Jahre prägte das sog. Defizitmodell des Alterns das Bild vom älteren Mitarbeiter (vgl. ADENAUER 2002:28). Das Altern an sich bzw. die Eigenschaften des Alters werden als Defizit begriffen und mit dem Abbau von Qualifikation und Leistung und dem Verfall körperlicher und geistiger Fähigkeiten gleichgesetzt. Basierend auf der Annahme, dass jeder Mensch auf die gleiche Weise altere, entstand so eine einseitige und negative Betrachtung des Alterns bzw. des Alters.

Auch in der Beurteilung älterer Mitarbeiter finden sich oft überwiegend negative Zuschreibungen. Die Liste der Vorurteile ist lang: Ältere Mitarbeiter

- haben ein veraltetes Wissen und ihre Fähigkeiten passen aufgrund mangelnder bzw. fehlender Weiterbildung nicht mehr zu den Anforderungen des Stellenprofils,
- fehlen häufiger, sind öfter krank und haben ein erhöhtes Krankheitsrisiko,
- sind gesundheitlich eingeschränkt und aufgrund ihres körperlichen Verschleißes weniger leistungsfähig,
- sind nicht flexibel und passen sich Neuerungen ungern an,
- haben generell Angst vor Veränderung und Neuerung,
- sind wenig kreativ und damit nicht innovativ,
- denken konservativ und verhalten sich stur,
- haben wenig bis keine Bereitschaft sich weiterzubilden,
- haben Probleme, Neues zu lernen, lernen generell langsamer und haben Probleme, das Gelernte zu behalten,
- haben aufgrund des Leistungsabbaus mangelndes Selbstvertrauen, weil sie fürchten, unbrauchbar zu sein,
- verursachen höhere Personalkosten als jüngere Mitarbeiter. (vgl. ADENAUER 2002a:26):

Die Ergebnisse neuerer gerontologischer Untersuchungen (vgl. ILMARINEN/TEMPEL 2002) machen jedoch deutlich, dass es eine Diskrepanz zwischen dem noch vorherrschenden negativen Bild und den tatsächlichen Leistungsvoraussetzungen älterer Arbeitnehmer gibt.

Anfang der 1990er Jahre wurde das Defizitmodell des Alters durch das Kompensationsmodell ersetzt. Damit ging ein Perspektivenwechsel einher: die Vorstellungen vom Alter, also den gezählten Lebensjahren, und vom Weg des Älterwerdens wurden differenzierter und individuell gewichtet.

Auch das Kompensationsmodell geht durchwegs davon aus, dass es altersbedingt zu einem Abbau von körperlicher und geistiger Leistungsfähigkeit kommt. Jedoch nicht alle körperlichen und geistigen Funktionen unterliegen zwangsläufig und in gleicher Weise dem Verfall und Abbau. Mit fortschreitendem Alter, so ADENAUER (2002a:29) „können Fähigkeiten – vornehmlich im Bereich der sozialen Kompetenz – stabil bleiben oder auch zunehmen. Der Altersprozess setzt individuell unterschiedlich ein und wirkt sich individuell unterschiedlich aus. Leistungsfähigkeit wird nicht allein von einer Jahreszahl, vom kalendarischen Alter bestimmt; auch andere Einflussfaktoren spielen dabei eine Rolle."

Welche Funktionen bzw. Arbeitsplätze eignen sich nun als Arbeitsplätze mit Nutzung altersbedingter Potenziale?

Folgende Eigenschaften und Fähigkeiten bleiben auch mit zunehmenden Alter unverändert:

- Fähigkeit zur Informationsaufnahme und Informationsverarbeitung
- Sprachkompetenz in Form sprachlicher Gewandtheit und Ausdrucksfähigkeit
- kurze Aufmerksamkeitsspannen
- einfache Reaktionsanforderungen
- Merkfähigkeit im Langzeitgedächtnis
- Reiz-Reaktionsgeschwindigkeit hinsichtlich verbaler Äußerungen
- die Bearbeitung sprach- und wissensgebundener Aufgaben

Folgende Fähigkeiten und Persönlichkeitseigenschaften bilden sich neben der grundlegenden Lebens- und Berufserfahrung (oftmals) erst mit zunehmenden Alter heraus:

- betriebsspezifisches Wissen
- berufliche Routine und Geübtheit

- Verantwortungsbewusstsein
- Pflichtbewusstsein
- Genauigkeit
- Qualitätsbewusstsein
- Zuverlässigkeit
- Gelassenheit
- Fähigkeit zum Perspektivenwechsel (Probleme aus der Sicht des anderen sehen, sich auf andere einstellen)
- Fähigkeit, eigene Grenzen realistisch einzuschätzen
- Beurteilungsvermögen

In Anlehnung an KOLLER und GRUBER (2001) lassen sich folgende beispielhafte Einsatzfelder zur Ausschöpfung der Potenziale von gesunden und leistungsfähigen älteren Mitarbeitern klassifizieren:

1. Leitungsfunktionen erfordern nicht nur Berufs- und Lebenserfahrung, sondern auch die Kenntnis beruflicher und betriebsinterner Zusammenhänge sowie Durchsetzungsvermögen und Qualitätsbewusstsein.
2. Koordinationstätigkeiten nutzen das Erfahrungswissen und Kenntnisse über betriebliche Abläufe der älteren Beschäftigten.
3. Lehr- und Lerntätigkeiten in Form von Ausbilder, Lehrmeister, Mentor, Coach oder Trainer sorgen durch den Wissenstransfer von Alt zu Jung für den optimalen Einsatz altersspezifischer Eigenschaften.
4. Kundenbetreuung erfordert ausgeprägte soziale Kompetenz, Qualitäts- und Verantwortungsbewusstsein und tiefgreifende Kenntnis produkt- und prozessspezifischer Ablaufmuster.
5. Tätigkeiten, die insbesondere Genauigkeit, Vertrauenswürdigkeit und Zuverlässigkeit benötigen. Hierzu zählen unter anderem Buchhaltung, Qualitätsmanagement und -sicherung, Dokumentation, Kontrolltätigkeiten etc.

Das Ziel, für jedes Alter die richtige Arbeit zu finden bzw. zu gestalten, ist auch die Aufgabe eines Submoduls im Rahmen des EU-Projektes EQUAL, welches sich insbesondere mit der Ausgestaltung altersgerechter Arbeitskarrieren von Beschäftigten in Klein- und Mittelunternehmen auseinandersetzt.

6.6 Alternsgerechte Arbeitskarrieren

Das Konzept der alternsgerechten Arbeitskarrieren von ALEXANDER FREVEL (vgl. 2005) versucht den Benachteiligungen, die eine gewandelte Arbeitskapazität für ältere Beschäftige mit sich bringt, durch eine gezielte Gestaltung der Berufsverläufe vorzubeugen. Im Mittelpunkt dabei stehen insbesondere

- ein gezielter Arbeitsplatzwechsel, der ein „Mitaltern" der Arbeitsbedingungen vorsieht, also mit Veränderungen in Belastungs- bzw. Anforderungssituationen einhergeht;
- das Schaffen von Lernmöglichkeiten, damit sich die Beschäftigten an gewandelte Arbeitsbedingungen und -anforderungen anpassen können.

Im Rahmen des EQUAL-Projektes wurden unter Beteiligung von Mitarbeitern und Führungskräften Berufsverlaufsmodelle entworfen, welche die Arbeitstätigkeiten nach Gesundheits- sowie Arbeitsbewältigungskriterien beurteilen. Es werden vier Kategorien von Arbeitsplätzen unterschieden, die entsprechend den individuellen Berufsverläufen bzw. Karrieremustern der älteren Beschäftigten angepasst werden (vgl. GEISSLER-GRUBER 2005:18):

1. Einstiegs-Arbeitsplätze mit relativ kurzer Einarbeitungszeit bei entsprechender Qualifizierung
2. Umstiegs-, Entwicklungs- oder Aufstiegs-Arbeitsplätze zum Belastungswechsel und zur beruflichen Weiterentwicklung
3. Verweil-Arbeitsplätze mit alternsgerechter Anpassbarkeit der Tätigkeit, abwechlungsreichen Aufgaben, bis Regelpensionsalter bewältigbar
4. Ausstiegs-Arbeitsplätze mit höherqualifizierten, erfahrungsgeleiteten Arbeitsaufgaben und altersgerechten Arbeitsbedingungen, als Wahlangebot

Die Zuordnung älterer Beschäftigter zu den Arbeitsplatztypen ist eine entscheidende Voraussetzung dafür, dass individuelle Karrierewege definiert und eingeschlagen werden können.

In einer Fragebogenerhebung (vgl. KUCERA, zit. nach GEISSLER-GRUBER 2005) bei 73 kleinen und mittelgroßen Betrieben bestätigten mehr als 85 Prozent der befragten Führungskräfte, dass gesundes Altern im Betrieb bzw. die Beschäftigung älterer Mitarbeiter ein Anliegen sei. Die Altersstrukturen in den beforschten Betrieben zeigt jedoch eine starke Ausprägung bei den mittleren Altersgruppen, woraus geschlossen werden kann, dass bisher nur geringe Erfahrungen mit der Beschäftigung älterer Mitarbeiter gemacht wurde. Dennoch hielten 9 Prozent der Befragten die Einführung alternsgerechter Arbeitsplatzgestaltung im Unternehmen für sehr realisierbar bzw. 38 Prozent für realisierbar. Als Gründe dafür wurden insbesondere das Profitieren junger Mitarbeiter und die intergenerative Ergänzung der Stärken von Alt und Jung genannt.

Praxisbeispiel

In der ersten Phase des EQUAL-Projektes wird der Betrieb einer kombinierten Belastungs- und Anforderungsanalyse unterzogen und nach

- Arbeitsaufgaben und -inhalten,
- physischen und psychischen Belastungen,
- Ressourcen und Stärken der jeweiligen Arbeitstätigkeit,
- Qualifikations- und Erfahrungshintergrund und
- bisherigen Berufsverläufen des Stelleninhabers (Wünsche und Erwartungen)

gegliedert. Die beiden letzten Kriterien werden auf Basis der Selbstauskunft der Stelleninhaber direkt am Arbeitsplatz erfragt. Die Ergebnisse der ersten Analyseschritte sind die Grundlage für die Einteilung der Arbeitsplätze in die folgenden arbeitsbewältigungsbezogenen Kriterien:

Mit der Einteilung der Arbeitsplätze nach arbeitsbewältigungsbezogenen Kriterien können nun einerseits innerbetrieblich typische Berufsverläufe sichtbar gemacht, andererseits erste Gestaltungsvorschläge eingebracht und entworfen werden.

In der zweiten Phase des Projektes „Alternsgerechte Arbeitskarrieren" werden die betroffenen Mitarbeiter vom unmittelbaren Vorgesetzten zu einem Entwicklungsgespräch eingeladen und über das Angebot der betrieblichen Entwicklungsmöglichkeiten informiert. Die Ergebnisse der Entwicklungsgespräche fließen direkt in die letzte Phase vor der Umsetzung, in das persönliche Arbeitsbewältigungs-Coaching, das mit Hilfe des Arbeitsbewältigungs-Index von Arbeitsmedizinern und Arbeitspsychologen betreut und begleitet wird.

Maßnahmen zur Implementierung „Alter(n)sgerechte Qualifizierung und Arbeitskarriere" im Fallbeispiel

1. *Orientierungsklausur in der Steuerungsgruppe*
   - bestehend aus Personalverantwortliche/r, Belegschaftsvertretung, AbteilungsleieterIn, externe Beratung
   - 3 betriebliche Akteure à 2 Menschenstunden; Moderation und Input über die betrieblichen Handlungsmöglichkeiten durch externe Beratung

2. *Arbeitsanalysen und MitarbeiterInneninterviews zur Arbeitsbewältigung durch externe Beratung*
   - angenommene 3 Arbeitsplatztypen in der und im Umfeld der Schaltwarte à 3 Menschenstunden (= Arbeitsanalyse mit integrierten MitarbeiterInneninterview inkl. Nachbereitung und Erstellung einer Arbeitslandkarte)

3. *Durchführung eines MitarbeiterInnenworkshops*
   - zu möglichen Arbeitskarrieren u. a. nach der Tätigkeit in der Schaltwarte und den möglichen Ausstieg aus der Wechselschicht/Nachtschicht
   - 6 MitarbeiterInnen à 2 Menschenstunden; Moderation, Vor- und Nachbereitung: 4 Menschenstunden der externen Beratung

4. *Steuerungsgruppen-Sitzung zu den Maßnahmenvorschlägen – Entscheidung*
   - 3 betriebliche Akteure à 2 Menschenstunden; Moderation und Input über die betrieblichen Handlungsmöglichkeiten durch externe Beratung

5. *Umsetzung der Fördermaßnahme*
   - (Arbeitsreorganisation zur Einrichtung eines Ausstiegsarbeitsplatzes zur Arbeitsvorbereitung ohne Wechselschicht; Einführung von vierteljährlich wechselnden Assistenzen zur Einschulung in die Tätigkeit)

Umsetzungsmaßnahmen:
1 x pro Jahr MitarbeiterInnengespräche mit Abteilungsleiter zu alternsgerechten Arbeitskarrieren und ggf. Qualifizierungsbedarf (der konkrete Umstieg eines erfahrenen Mitarbeiters auf den Ausstiegsarbeitsplatz war mit keiner Zusatzqualifizierung verbunden).

Abb. 37: Möglicher Projektablauf „Alternsgerechte Arbeitskarriere"
Quelle: GEISSLER-GRUBER *(2006, online)*

Weitere Informationen zum EQUAL-Projekt bzw. zur genauen innerbetrieblichen Umsetzung finden sich online unter www.equal-esf.at

7 Arbeitsfähigkeit

Die heutige Arbeitswelt ist durch die Zunahme von psychischen und physischen Belastungen gekennzeichnet. Immer mehr Beschäftigte erkranken in Folge von arbeitsbedingten Überlastungen an psychosomatischen Störungen. Dazu kommt die in den nächsten Jahren noch weiter fortschreitende Alterung der Erwerbsbevölkerung. All diese Entwicklungen machen es aus arbeitsmedizinischer Sicht notwendig, sich mit der Arbeitsfähigkeit und Gesundheit physisch und psychisch belasteter Berufs- und Altersgruppen auseinander zu setzen.

Wichtig ist aber nicht nur die Erhaltung der Arbeitsfähigkeit, sondern vor allem ihre Entwicklung (vgl. SEIBT 2006). Präventive Arbeitsfähigkeitskonzepte orientieren sich daher nicht nur an den Risiken der Alterung von Belegschaften und Mitarbeitern, sondern auch an den Ressourcen und ihrer Nutzung.

7.1 Definition Arbeitsfähigkeit

Nach ILMARINEN und TEMPEL (vgl. 2002) ist Arbeitsfähigkeit als die Summe von Faktoren definiert, welche eine Person in einer bestimmten beruflichen Situation in die Lage versetzen, gestellte Aufgaben erfolgreich zu bewältigen.

Ausgehend von dieser Definition resultiert Arbeitsfähigkeit nicht allein aus den Voraussetzungen des Beschäftigten, sondern insbesondere aus der Interaktion von Individuum und Arbeit. Die entsprechenden Einflussfaktoren auf die individuelle Arbeitsfähigkeit werden, ähnlich wie bei ILMARINEN im „Haus der Arbeitsfähigkeit" (vgl. Abb. 33), bei SEIBT (vgl. 2006, online) unter dem Fokus der arbeitsphysiologischen-psychologischen Analyse betrachtet und mit der Zielstellung der Erhaltung und Förderung diskutiert.

Um präventive Maßnahmen gezielt aufzeigen und umsetzen zu können, ist zunächst notwendig, die beruflichen und gesundheitlichen Risiken und Ressourcen zu erkennen. SEIBT beschreibt die Methodik der arbeitsphysiologisch-psychologischen Analyse als „multidimensional", weil deren Faktoren vielschichtig und disziplinenübergreifend zu betrachten sind.

```
                        Arbeitsfähigkeit
```

Lebens-gewohn-heiten	Beruf	Objektive Leistungs-fähigkeit, Gesundheit	Subjektive Arbeits-fähigkeit	Persönlich-keit
Interviewleitfaden zu Anamnese, Ernährung, Fitness, Freizeit	Berufs-anamnese, Erwerbs-biografie, Arbeitsplatzanalyse FIT	Vitalitäts-messplatz	Work Ability Index	FABA Burn-out ERI SOC

Multidimensionale arbeitsphysiologisch-psychologische Methodik

Begriffserklärungen: Beim *Vitalitätsmessplatz®* handelt es sich um ein ganzheitliches gesundheitsdiagnostisches Verfahren zum Erkennen funktioneller Auswirkungen des Lifestyles. *FABA* ist ein Fragebogen zur Analyse belastungsrelevanter Anforderungsbewältigung. *ERI* Effort-Reward-Inbalance versucht die Messung der Balance zwischen Aufwand, Nutzen und Anerkennung der beruflichen Tätikeit. *SOC* Sense of Coherence gibt an, ob und wie ein Mensch fähig ist, die allgemeinen Widerstandsressourcen zum Ausbalancieren von gesundheitsbedrohenden Belastungen einzusetzen.

Abb. 38: Methodiken zur Erfassung von Arbeitsfähigkeit
Quelle: SEIBT *(2006, online)*

Einerseits gilt es, die individuellen Lebensgewohnheiten der Beschäftigten in Bezug auf körperliche und geistige Gesundheit, Ernährung und Bewegung zu hinterfragen, andererseits bedarf es präventiver Analysen persönlichkeitsbedingter Faktoren, wie z. B. Burn-out Gefährdung, emotionale Verfassung, um zu einem möglichst ganzheitlichen Bild der persönlichen Verfassung des Mitarbeiters zu gelangen. Wie die Abb. 38 zeigt, stehen dazu die verschiedensten Verfahren (FABA, ERI etc.) zur Verfügung, auf die an dieser Stelle jedoch nicht genauer eingegangen werden kann.

Eine ähnliche Darstellung findet sich bei KARAZMAN (vgl. 1995), der einen nachhaltigen Analyseprozess in folgende Kriterien einteilt:

Kriterium	Dynamik	Wirkung in der Arbeitswelt
Arbeitsbewältigung	„Ich kann!"	Arbeitsfähigkeit
Arbeitsinteresse	„Ich will!"	Sinn-/Selbstverwirklichung
Zusammenarbeit	„Ich darf!"	Einbeziehung

Abb. 39: Kriterien nachhaltiger Arbeitsprozesse
(In Anlehnung an KARAZMAN *1995)*

Wie obiger Darstellung zu entnehmen ist, sind an der Entwicklung bzw. am Erhalt der Arbeitsfähigkeit mehrere Akteure beteiligt, die es gilt, im Prozess der altersgerechten Unternehmensentwicklung mit einzubeziehen:

- das Management (ich darf!), als Rahmengeber der operativen Entscheidungen,
- das Individuum (ich will!), als aktiver und passiver Mit-Gestalter dieses Prozesses und abhängig davon,
- dessen Gesundheit (ich kann!).

Warum ist Arbeitsfähigkeit so wichtig? Die Erhaltung und Entwicklung von Arbeitsfähigkeit erzeugt sowohl individuelle als auch soziale Auswirkungen und ist damit Grundvoraussetzung für persönliches und wirtschaftliches Wohlbefinden: Für Erwerbstätige ist die Arbeitsfähigkeit insofern von großer Relevanz, als sie eine wesentliche Grundlage für deren ganzheitliches Wohlbefinden darstellt.

In den Betrieben entscheidet die Arbeitsfähigkeit der Beschäftigten über Leistung, Produktivität und Innovationsfähigkeit der Unternehmen. Und nicht zuletzt profitiert die Gesellschaft eines Landes bzw. einer Region von positiven Auswirkungen der Wirtschaft auf die Balance der sozialen Sicherungssysteme.

7.2 Alter und Arbeitsfähigkeit

Zentrales Thema der Diskussion rund um den Erhalt der Arbeitsfähigkeit ist nach MAINTZ (vgl. 2004) die Diskrepanz zwischen der objektiv messbaren Leistungsfähigkeit älterer Mitarbeiter und deren subjektivem Arbeitsfähigkeitsempfinden. Wie kann Arbeitsfähigkeit objektiv und valide gemessen werden? Antworten und ein Überblick über verschiedene arbeitsphysiologisch-psychologische Testverfahren finden sich insbesondere bei SEIBT (vgl. 2006, online) bzw. in den Disziplinen der Arbeitsmedizin und Arbeits- und Organisationspsychologie.

Eine weitere Frage wirft die Tatsache auf, dass aufgrund demografischer Entwicklungen die Belegschaften altern. Mit welchen Konsequenzen hinsichtlich der Arbeitsfähigkeit ist hier zu rechnen ist bzw. wie verändert sich die Arbeitsfähigkeit im Alter?

Ergebnisse arbeitsmedizinischer Vorsorgeuntersuchungen zeigen eine deutliche und stetige Zunahme ärztlich dokumentierter Gesundheitsstörungen, insbesondere kardiovaskuläre und muskuloskeletale Störungen, bei arbeitsfähigen Beschäftigten mit zunehmenden Alter (vgl. KUHN 2004:29).

Da liegt der Schluss nahe, dass die Arbeitsfähigkeit generell mit dem Alter abnimmt. Doch um das Phänomen des Älterwerdens, insbesondere seiner Auswirkungen auf die Arbeitsfähigkeit besser zu verstehen, bedarf es einer genaueren Betrachtung des Wandlungsprozesses des Alters, „der sich über die gesamte Lebenszeit erstreckt und zur Ausprägung und Veränderung unterschiedlicher körperlicher, geistiger und sozialer Bereiche in unterschiedlichen Lebensphasen führt." (MAINTZ 2004:114f)

Wie die folgende Abbildung zeigt, wird bei den meisten Funktionen (z. B. körperliche Arbeitsfähigkeit, Mobilität) innerhalb der ersten zwanzig Lebensjahre ein schneller Anstieg erreicht, der nach dem Plateau mit dem Arbeitslebensalter wieder absinkt. Es zeigt sich jedoch auch, dass es eine Reihe von Fähigkeiten wie z. B. Erfahrungswissen, soziales Verantwortungsbewusstsein gibt, die sich erst mit dem Älterwerden entwickeln und lange über das Arbeitsalter hinaus zur Verfügung stehen.

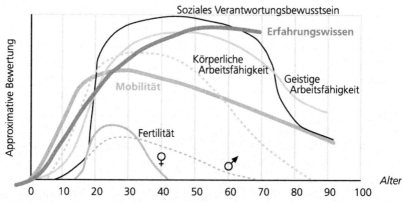

Abb. 40: *Heterochrone biosoziale Dynamik des menschlichen Alterns*
Quelle: MEISSNER-PÖTHIG/MICHALAK (1997:36)

7 Arbeitsfähigkeit

Um die Arbeitsfähigkeit älterer Mitarbeiter zu erhalten bzw. zu fördern, liegt es an den Unternehmen, als Gestalter der Arbeitsprozesse geeignete Bedingungen zu schaffen, die sowohl den alternsbedingten Entwicklungen entgegenkommen, als auch die Potenziale altersspezifischer Eigenschaften nutzbar machen.

MAINTZ (vgl. 2004:117f) schlägt dafür folgende Maßnahmen vor:

- Ausgestaltung von Arbeitsplätzen und Berufsprofilen, in denen Erfahrungswissen gefragt ist
- Individuell gestaltete, flexible Arbeitszeitmodelle mit Selbststeuerungsmöglichkeiten, was Dauer und Intensität betrifft
- Anpassung der Arbeitskriterien an individuelle Leistungsvoraussetzungen
- Bereicherung der Arbeitsatmosphäre durch intergenerative Zusammenarbeit
- Altersgerechte Weiterbildung und Qualifizierung zur Förderung und Erhalt der Arbeitsfähigkeit

Als für ältere Beschäftigte problematisch müssen insbesondere Arbeitsbedingungen gesehen werden, welche physisch überfordernd und psychisch unterfordernd gestaltet werden.

Der älteren Menschen zugeschriebene Verlust an Arbeitsfähigkeit wird auch oft mit der Annahme begründet, dass die Fehlzeiten Älterer bei weitem höher liegen würden als die der Jüngeren. In der europäischen Unfallstatistik (vgl. Eurostat 1998) zeigt sich jedoch, dass Ältere seltener von Unfällen betroffen sind. Doch wenn ein Unfall eintritt, dann sind ältere Beschäftigte (ab 46) von einer längeren Rekonvaleszenz betroffen bzw. haben ein beinahe doppelt so hohes Unfalltod-Risiko. In Summe sind die Fehlzeiten von jüngeren und älteren Beschäftigten gleich hoch.

Die differierenden Zahlen und Fakten finden sich auch in den Statistiken wieder. Während die Dauer der Arbeitsunfähigkeit sich mit dem Alter verlängert (vgl. VETTER et al. 2003), nimmt die Häufigkeit von Arbeitsunfähigkeit mit dem Alter ab. In Summe kann also nicht davon gesprochen werden, dass Ältere im Vergleich zu Jüngeren dem Arbeitsprozess aufgrund von Krankheit in Summe mehr Tage pro Jahr fernbleiben, vielmehr kumuliert sich die Zeit der Rekonvaleszenz auf einen längeren Zeitraum.

Der Lehrstuhl für Arbeits- und Organisationspsychologie der Universität Paderborn hat sich insbesondere mit der psychischen Leistungsfähigkeit im Alter beschäftigt (vgl. SCHAPER 2006, online) und dabei ein „Zwei-Komponenten Modell der Intelligenz" entwickelt, das feststellt, dass sich mit dem Alter spezifische kognitive Fähigkeiten erst herausbilden und zunehmen. Diese Art von Intelligenz wird als „kristalline Intelligenz" (ebd. S. 3) bezeichnet und als kulturelles und pragmatisches Wissen erlebt. Die „fluide Intelligenz" (ebd.), also Intelligenz in Form von (mechanischer) Informationsverarbeitung wie z. B. Lerngeschwindigkeit und Gedächtnisabruf sinkt hingegen bei Nichtstimulierung mit ansteigendem Alter. Wie die Studien zeigen, lassen sich Einbußen der fluiden Intelligenz durch Leistungen der kristallinen Intelligenz kompensieren.

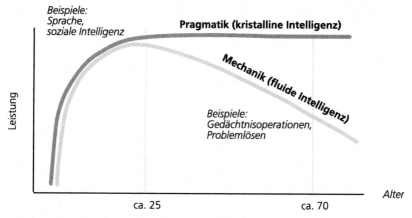

Abb. 41: Zwei-Komponenten-Modell der Intelligenz
Quelle: Deutsches Zentrum für Altersfragen (2006, online)

Generell nehmen folgende psychische Fähigkeiten mit dem Alter ab:

- Sensorische Leistungen (vor allem Sehen und Hören)
- Geschwindigkeit der Informationsaufnahme und -verarbeitung
- Kapazität und Genauigkeit des Arbeitsgedächtnisses

7 Arbeitsfähigkeit

Hingegen prägen sich jene psychischen Fähigkeiten altersbedingt stärker aus:

- Schnelligkeit und Validität des Urteilsvermögens
- Handlungsbezogene Wahrnehmung von kritischen Situationen
- Soziale Kompetenz und Kommunikationsfähigkeit
- Eigenverantwortung und Selbststeuerung
- Zuverlässigkeit
- Automatisierung von Urteils- und Handlungsprozessen

In ihren Langzeitstudien haben MAYR und KLIEGL (1997) das sog. „Testing the Limits"-Verfahren angewendet und damit die Plastizität und Trainierbarkeit elementarer kognitiver Fähigkeiten im Alter erforscht. Das Fazit:

Einerseits hat sich deutlich gezeigt, dass ältere Erwachsene (zwischen 60 und 80 Jahren) in der Lage sind, das Leistungsniveau ihrer fluiden Intelligenz durch Anleitung und Übung beträchtlich zu steigern. Andererseits wurde offensichtlich, dass die Leistungssteigerungen deutlich hinter denen jüngerer Probanden (20 bis 40 Jahre) zurückblieben.

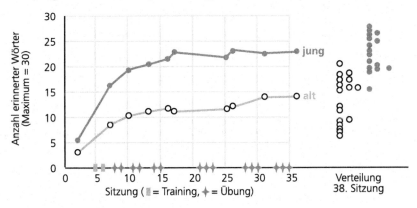

Abb. 42: Trainierbarkeit kognitiver Fähigkeiten im Ater
Quelle: MAYR/KLIEGL *nach* SCHAPER *(2006:5)*

Weitere Metaanalysen zur Beziehung zwischen beruflicher Leistung und Alter (vgl. AVIOLIO/WALDMANN 1990; MCEVOY/CASCIO 1989) zeigen keinen eindeutigen Zusammenhang, vielmehr eine große Variabilität zwischen den Einzelstudien, was den Schluss nahe legt, dass das Alter an sich keine Aussage über die Arbeitsfähigkeit zulässt. Vielmehr ist es die individuelle Entwicklung in Kombination zur beruflichen Verwendung, die den Ausschlag macht. Dies bestätigen auch die Studien von RHODES (1983) und AVIOLIO et al. (1990). Letztere zeigt einen deutlich positiven Effekt der Arbeitserfahrung auf die Leistung.

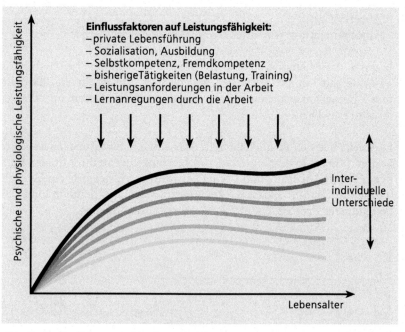

Abb. 43: Einflussfaktoren auf die Leistungsfähigkeit
Quelle: BUCK, *dargestellt in* SCHAPER *(2006:11)*

Ergänzend zu den Kriterien altersgerechter Arbeitsplatzorganisation bzw. Arbeitsplatzgestaltung (Kapitel 6) unterscheidet WARR (1998:67) folgende Aufgabentypen mit unterschiedlicher Beziehung zwischen Alter und Leistung:

- Arbeitsaufgaben (z. B. Führungsaufgaben), die wissensbasierte Urteile ohne Zeitdruck erfordern, zeigen einen positiven Alterstrend.
- Arbeitsaufgaben mit hohen Anforderungen an kontinuierliche und schnelle Informationsverarbeitungsleistungen, bei denen Erfahrungen nur eine sehr geringe Rolle spielen, zeigen einen negativen Alterstrend.

- Arbeitsaufgaben, bei denen nachlassende physische Fähigkeiten durch Strategien und Wissen (z. B. Handwerk) kompensiert werden können, zeigen keinen Zusammenhang.
- Altersaufgaben, in denen Arbeitsroutinen vorherrschen und die Anforderungen nicht so hoch sind, zeigen ebenfalls keinen Zusammenhang zwischen Arbeitsleistung und Alter.

7.3 Die Messung von Arbeitsfähigkeit

Im betrieblichen Alltag besteht ein allgemein großes Interesse an einem Untersuchungsinstrument, welches das Potenzial eines Menschen in einem bestimmten Alter hinsichtlich bestimmter Arbeitsanforderungen beschreiben kann. Um Praxisnähe der Ergebnisse sowie eine gute Handhabbarkeit zu ermöglichen, stellen ILMARINEN und TEMPEL (vgl. 2000: 123f) folgende Anforderungen an ein solches Erhebungsinstrument:

- einfache Benutzung
- für den Probanden verständlich
- kultur- und bildungsunabhängig einsetzbar
- subjektive und objektive Daten vergleichbar machen
- Einzel- als auch Kollektivbewertungen ermöglichen
- zeitlich und inhaltlich wenig aufwendig
- wissenschaftlich fortführbar

Basierend auf diesen Anforderungen und unter Zugrundelegung folgender Fragestellungen:

- Wie beurteilen Mitarbeiter ihre Arbeitsbewältigungsfähigkeit?
- Wie wird diese von Arbeitsmedizinern und Experten bewertet?
- Wie früh können beginnende oder entwickelnde Einschränkungen erkannt werden?,

entwickelten sie in Kooperation mit dem Finnish Institute of Occupational Health (FIOH) bereits in den 1980er Jahren den Arbeitsbewältigungsindex (ABI bzw. WAI Work Ability Index) als Instrument zur Erfassung des Mitarbeiterpotenzials. Beim Arbeitsbewältigungsindex handelt es sich um einen Fragebogen, der entweder vom Befragten selbst oder z. B. durch den Betriebsarzt ausgefüllt wird. Ziel der Erhebung ist es erstens, den Arbeitsfähigkeitsstatus eines Unternehmens bzw. der Beschäftigten festzustellen, und zweitens, Maßnahmen zur Erhöhung der Arbeitsfähigkeit zu fördern und zu evaluieren.

Der Arbeitsbewältigungsindex (ABI) setzt sich aus folgenden Fragenkomplexen zusammen:

Fragenkomplex	Punkteanzahl
Arbeitsbewältigungsfähigkeit im Vergleich mit der besten jemals erreichten	0 bis 10 Punkte
Arbeitsbewältigungsfähigkeit im Verhältnis zu den Anforderungen der Arbeit	2 bis 10 Punkte
Anzahl der aktuellen Krankheiten, die von einem Arzt diagnostiziert wurden	1 bis 7 Punkte
Geschätzte Behinderung bei der Arbeit als Folge dieser Erkrankungen	1 bis 6 Punkte
Krankenstand während des letzten Kalenderjahres (12 Monate)	1 bis 5 Punkte
Eigene Vorhersage über die Arbeitsbewältigungsfähigkeit ab jetzt für die nächsten zwei Jahre	1, 4 und 7 Punkte
Mentale Ressourcen und Befindlichkeiten	1 bis 4 Punkte

Abb. 44 Arbeitsbewältigungsindex (ABI)
(In Anlehnung an ILMARINEN/TEMPEL *2002:170)*

Den Arbeitsbewältigungsindex erhält man durch Addition der erreichten Punkte (Höchstpunktzahl 49 Punkte, Mindestpunktzahl 7 Punkte). Das Ergebnis spiegelt wider, wie ein Mitarbeiter seine Fähigkeit zur Arbeitsbewältigung beurteilt. In der Literatur (vgl. TUOMI/ILMARINEN et al. 2001) werden folgende Einstufungen unterschieden:

Punkteanzahl	Arbeitsfähigkeit	Notwendige Maßnahmen
7 bis 27	schlecht	Arbeitsfähigkeit wieder herstellen
28 bis 36	mäßig	Arbeitsfähigkeit verbessern
37 bis 43	gut	Arbeitsfähigkeit unterstützen
44 bis 49	sehr gut	Arbeitsfähigkeit erhalten

Abb. 45: Bewertung des Arbeitsbewältigungsindex
(In Anlehnung an ILMARINEN *2005:9)*

In einer elf Jahre dauernden Längsschnittstudie in finnischen Unternehmen konnte nachgewiesen werden, dass eine genau geführte Einstufung hinsichtlich der Fragenkomplexe auch eine gute Vorhersage zukünftiger Berufs- bzw. Erwerbsunfähigkeit liefern konnte. Weiters ließ sich auch nachweisen, dass die Durchschnittswerte des Arbeitsbewältigungsindex mit steigendem Alter sinken. So beträgt der durchschnittliche Index in der Altersgruppe 45 bis 51 Jahre fast vierzig Punkte und sinkt bis zur Altersgruppe 55 bis 61 Jahre auf weniger als sechsunddreißig Punkte ab (ILMARINEN 2005:17).

Im Verlauf der Studie zeigte sich auch, dass die Veränderungen für Männer und Frauen gleich waren, einzig die Geschwindigkeit der Veränderung ist bei Männern schneller als bei Frauen. Interessant scheint auch die Tatsache, dass der ABI in Abhängigkeit mit physisch belastenden Arbeiten abnimmt, während er hingegen bei geistigen Arbeiten gleich bleibt.

Wie kann der ABI nun angewendet werden?

- *In der betriebsärztlichen Betreuung*

    Der ABI eignet sich besonders als Evaluierungsinstrument bei betriebsärztlichen Untersuchungen, um die Einschätzungen der Beschäftigten über ihre Arbeitsfähigkeit samt ihren Stärken und Schwächen abzubilden.

    Wichtig erscheint insbesondere das gemeinsame Gespräch über die einzelnen Aspekte des ABI, der letztlich erarbeitete Punktwert dient vor allem der Klärung, was Beschäftigte und Unternehmen tun können, um die Arbeitsfähigkeit nachhaltig zu sichern.

    Aus Erfahrung lässt sich sagen, dass gerade der Erhalt und die Förderung der Arbeitsfähigkeit ein besonderes und geschätztes Anliegen der Beschäftigten ist und damit von zentraler Bedeutung im betriebsärztlichen Gespräch ist. Alle Einzelheiten der betriebsärztlichen Untersuchung, vor allem die Ergebnisse des ABI unterliegen der ärztlichen Schweigepflicht.

- *Bei betrieblichen Erhebungen*

    Auf betrieblicher Ebene durchgeführt erfasst der Arbeitsbewältigungsindex die gesamte Arbeitsfähigkeit eines Unternehmens und damit einen Leistungsfaktor, der über gegenwärtige und zukünftig zu erwartende Leistungsfähigkeit eines Unternehmens Aufschlüsse geben kann.

In vielen Fällen wird der Arbeitsbewältigungsindex in Kombination mit weiteren Instrumenten und ergänzenden Untersuchungen (z. B. Führungs- und Unternehmenskultur) angewendet. So können nicht nur gegenwärtige und zukünftige Stärken und Schwächen in der Arbeitsfähigkeit erhoben, sondern auch mögliche Risikofaktoren identifiziert und behoben werden.

Eine weitere Funktion der ABI auf betrieblicher Ebene ist die Evaluierung von durchgeführten betrieblichen Gesundheitsförderprogrammen, die Aufschluss über mögliche Entwicklungs- bzw. Fortschritte der geplanten Maßnahmen gibt.

Da der ABI bereits in mehr als fünfundzwanzig Sprachen übersetzt wurde und in vielen Unternehmungen bereits verwendet wird, besteht sein großer Vorteil auch darin, dass Vergleiche zu anderen Unternehmungen ähnlicher Betriebsgrößen oder Branchen möglich sind.

Wird in einem Betrieb eine insgesamt niedrige Arbeitsfähigkeit festgestellt, ist es sinnvoll, auf Seiten der Beschäftigten mit Angeboten an Sport-, Ernährungs- und Förderprogrammen anzusetzen, und auf betrieblicher Ebene in den Bereichen Arbeitsplatzgestaltung bzw. Arbeitsorganisation Modifikationen vorzunehmen. Wiederholte Befragungen haben über Jahrzehnte gezeigt, dass Arbeitsfähigkeit entwickelt und gefördert werden kann.

Betriebliche Erhebungen, insbesondere die des ABI, sollten grundsätzlich nur mit Zustimmung von Arbeitnehmern bzw. deren Arbeitnehmervertretungen durchgeführt werden. Um auch den Datenschutz und damit die Anonymität der Ergebnisse zu gewährleisten, werden als ausführende Stelle der Erhebung der Betriebsarzt bzw. ähnlich neutrale Personen empfohlen.

- *Zur Evaluierung von Maßnahmen der individuellen und betrieblichen Gesundheitsförderung*

- *Als Basis für wissenschaftliche Erhebungen*

Als wissenschaftliches Erhebungsinstrument dient der ABI der Untersuchung der Entwicklung von Arbeits- und Leistungsfähigkeit und kann in Kombination mit anderen Messzahlen bzw. Instrumenten auch folgende Fragestellungen erarbeiten:

1. Welche Arbeitsfaktoren (z. B. Licht, Hitze, manuelle Tätigkeiten etc.) haben welche Auswirkungen auf die Arbeitsfähigkeit?
2. Welche Konsequenzen erfährt ein Unternehmen, wenn die Arbeitsfähigkeit der Belegschaft abnimmt?

Nach ILMARINEN (vgl. 2005:23) kann in beiden Fragestellungen die Arbeitsfähigkeit in Bezug zu psychosozialen, physiologischen, arbeitsorganisatorischen und wirtschaftlichen Aspekten gesetzt werden und schließt damit die Erfassung von Präventions- und Interventionseffekten mit ein.

Die anschließende Vergleichbarkeit der Ergebnisse kann im Rahmen des ABI mit folgenden Werten geführt werden: Abteilungen innerhalb des Betriebes, zwischen Betrieben gleicher Branchen, zwischen unterschiedlichen Alters- und Berufsgruppen, oder wie z. B. im Rahmen der NEXT Studie (vgl. www.arbeitsfaehigkeit.net) zwischen einzelnen Ländern.

Wie oft wird der ABI gemessen?

Abhängig von den ersten Messergebnissen schlägt ILMARINEN (2005:28) vor, die Häufigkeit der Folgemessungen anhand dieser Parameter zu festzulegen:

1. nach dem Alter (mit 25, mit 30, ... jeweils in Fünfjahresschritten)
2. bei 40 bis 50-Jährigen jedes dritte Jahr
3. bei 50 bis 60-Jährigen jedes zweite Jahr
4. ab 60 Jahren jedes Jahr
5. vor und nach geplanten Gesundheitsförderungsmaßnahmen
6. je nach Bedarf für Reha-Maßnahmen

Wichtig ist in jedem Falle die Information der Beschäftigten, was mit dem Arbeitsbewältigungsindex gemessen, warum gemessen bzw. was mit den erhaltenen Daten gemacht wird. Anonymität der Ergebnisse muss in jedem Fall zugesichert werden, dabei ist die Unterstützung durch fachlich versiertes und ebenso anerkanntes Personal (wie z. B. Betriebsarzt, Krankenpfleger bzw. Arbeitsmediziner) unerlässlich.

Die in den letzten fünfundzwanzig Jahren am FIOH durchgeführten Studien konnten in allen Fällen von einer Verbesserung der gemessenen Kriterien berichten. Im Speziellen haben sich nach erfolgreicher Durchführung des ABI mit anschließenden präventiven Maßnahmen

- Gesundheit und Leistungsfähigkeit (stark),
- Kompetenz der Mitarbeiter (sehr gut),
- Arbeitsplatzgestaltung und Arbeitsumgebung (sehr gut),
- Arbeitsorganisation (sehr gut),
- Führungsverhalten (sehr gut),
- Werte, Einstellungen und Motivation (gut)

an die demografischen Entwicklungen innerhalb von Unternehmen anpassen und entwickeln lassen.

Alle internen sowie externen Einflussfaktoren auf die Arbeitsfähigkeit von Mitarbeitern und Unternehmen lassen sich grafisch wie folgt zusammenfassen:

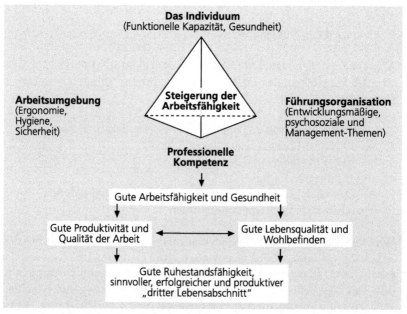

Abb. 46: Einflussfaktoren der Arbeitsfähigkeit
Quelle: Ilmarinen (1999:190)

7.4 Arbeitsbewältigungsindex (ABI) – Fragebogen

1. Derzeitige Arbeitsfähigkeit im Vergleich zu der besten je erreichten Arbeitsfähigkeit

Wenn Sie Ihre beste je erreichte Arbeitsfähigkeit mit 10 Punkten bewerten: Wie viele Punkte würden Sie dann für Ihre derzeitige Arbeitsfähigkeit geben (0 bedeutet, dass Sie derzeit arbeitsunfähig sind)?

0	1	2	3	4	5	6	7	8	9	10
völlig arbeitsunfähig										die beste Arbeitsfähigkeit

Gesamtsumme 1: _____

2. Arbeitsfähigkeit in Bezug zu den Anforderungen der momentanen Arbeit

Wie schätzen Sie Ihre derzeitige Arbeitsfähigkeit in Bezug auf die körperlichen Anforderungen Ihres Arbeitsplatzes ein?

sehr gut	5
eher gut	4
mittelmäßig	3
eher schlecht	2
sehr schlecht	1

Wie schätzen Sie Ihre derzeitige Arbeitsfähigkeit in Bezug auf die psychischen Arbeitsanforderungen ein?

sehr gut	5
eher gut	4
mittelmäßig	3
eher schlecht	2
sehr schlecht	1

Gesamtsumme 2: _____

3. Anzahl der aktuellen vom Arzt diagnostizierten Krankheiten

Kreuzen Sie in der folgenden Liste Ihre Krankheiten oder Verletzungen an. Bitte geben Sie auch an, ob ein Arzt diese Krankheiten diagnostiziert bzw. behandelt hat. Für jede Krankheit können Sie dafür 2 (eigene Diagnose), 1 (Diagnose durch einen Arzt) bzw. gar nicht ankreuzen.

	Eigene Diagnose	Diagnose durch einen Arzt
Unfallverletzungen		
01 Rücken	0	1
02 Arm/Hand	0	1
03 Bein/Fuß	0	1
04 anderer Körperteil (Art der Verletzung) _____	0	1

	Eigene Diagnose	Diagnose durch einen Arzt
Erkrankungen des Muskel- und Skelettsystems		
05 oberer Bereich des Rückens oder der Halswirbelsäule, wiederholte Schmerzen	0	1
06 Beschwerden im unteren Bereich des Rückens, wiederholte Schmerzen	0	1
07 vom Rücken in das Bein ausstrahlender Schmerz, Ischias	0	1
08 Muskel-Skelett Beschwerden der Gliedmaßen (Hand, Fuß), wiederholte Schmerzen	0	1
09 rheumatische Gelenkbeschwerden	0	1
10 andere Erkrankungen des Muskel-Skelett-Systems, welche? _____	0	1
Herz-Kreislauf Erkrankungen		
11 Hypertonie (Bluthochdruck)	0	1
12 koronare Herzkrankheit, Brustschmerzen bei körperlicher Anstrengung (Angina pectoris)	0	1
13 Herzinfarkt	0	1
14 Herzleistungsschwäche	0	1
15 andere Herz-Kreislauferkrankungen, welche? _____	0	1
Atemwegserkrankungen		
16 wiederholte Atemwegsinfektionen (auch Mandel-, Nasennebenhöhlenentzündung, Bronchitis)	0	1
17 chronische Bronchitis	0	1
18 chronische Nasennebenhöhlenentzündung	0	1
19 Bronchialasthma	0	1
20 Lungenemphysem	0	1
21 Lungentuberkulose	0	1
22 andere Atemwegserkrankungen, welche? _____	0	1
Psychische Erkrankungen		
23 schwere psychische Erkrankungen (z. B. Depressionen, Psychosen, Verwirrtheit, Halluzinationen, etc.)	0	1
24 leichte psychische Störungen oder Probleme (Angespanntheit, Angstzustände, Schlaflosigkeit etc.)	0	1
Neurologische und sensorische Erkrankungen		
25 Schwerhörigkeit oder Hörschaden	0	1
26 Erkrankungen oder Verletzungen der Augen	0	1
27 neurologische Krankheiten (z. B. Schlaganfall, Neuralgie, Migräne, Epilepsie etc.)	0	1
28 andere neurologische oder sensorische Krankheiten, welche? _____	0	1
Erkrankungen des Verdauungssystems		
29 Erkrankungen der Galle, Gallensteine	0	1
30 Leber- und Bauchspeicheldrüsenerkrankungen	0	1
31 Magen- oder Zwölffingerdarmgeschwür	0	1
32 Gastritis oder Zwölffingerdarmreizung	0	1
33 Dickdarmreizung, Colitis	0	1
34 andere Krankheiten des Verdauungssystems, welche? _____	0	1

7 Arbeitsfähigkeit

	Eigene Diagnose	Diagnose durch einen Arzt
Geschlechts- und Harnwegserkrankungen		
35 Harnwegserkrankungen	0	1
36 Nierenleiden	0	1
37 Krankheit der Geschlechtsorgane (z. B. Eileiterinfektion, Prostatainfektion)	0	1
38 andere Geschlechts- oder Harnwegserkrankungen, welche? _____	0	1
Hautkrankheiten		
39 allergischer Hautausschlag, Ekzeme	0	1
40 anderer Hautausschlag, welcher Art? _____	0	1
41 andere Hautinfektion, welcher Art? _____	0	1
Tumore		
42 gutartiger Tumor _____	0	1
43 bösartiger Tumor (Krebs), welcher? _____	0	1
Hormon- und Stoffwechselerkrankungen		
44 Übergewicht	0	1
45 Diabetes (Zucker)	0	1
46 Kropf oder Schilddrüsenerkrankungen	0	1
47 andere Hormon- und Stoffwechselkrankungen, welche? _____	0	1
Blutkrankheiten		
48 Anämie	0	1
49 andere Blutkrankheiten, welche? _____	0	1
Geburtsfehler		
50 Geburtsfehler, welche? _____	0	1
Andere Leiden oder Krankheiten		
51 welche? _____	0	1

Gesamtsumme 3 geteilt durch 7: _____

4. Geschätzte Beeinträchtigung der Arbeitsleistung durch die Krankheiten

Behindert Sie derzeit eine Erkrankung oder Verletzung bei der Ausübung Ihrer beruflichen Tätigkeit? Wenn ja, dann kreuzen Sie bitte das Ausmaß der Beeinträchtigung an (1, 2, 3, 4 oder 5), wenn nein, kreuzen Sie bitte „keine Beeinträchtigung" an (6).

- Keine Beeinträchtigung, ich habe keine Erkrankung. 6
- Ich kann meine Arbeit ausführen, aber sie verursacht mir Beschwerden. 5
- Ich bin manchmal gezwungen, langsamer zu arbeiten oder meine Arbeitsmethoden zu ändern. 4
- Ich bin oft gezwungen, langsamer zu arbeiten oder meine Arbeitsmethoden zu ändern. 3
- Wegen meiner Krankheit bin ich nur in der Lage, Teilzeitarbeit zu verrichten. 2
- Meiner Meinung nach bin ich völlig arbeitsunfähig. 1

Gesamtsumme 4: _____

5. Krankenstand in den letzten 12 Monaten

Wie viele ganze Tage blieben Sie aufgrund von gesundheitlichen Problemen (Krankheit, Gesundheitsvorsorge oder Untersuchungen) in den letzten 12 Monaten der Arbeit fern?

überhaupt keinen	5
höchstens 9 Tage	4
10 bis 24 Tage	3
25 bis 99 Tage	2
100 bis 365 Tage	1

Gesamtsumme 5: _____

6. Einschätzung der eigenen Arbeitsfähigkeit in zwei Jahren

Glauben Sie, dass Sie ausgehend von Ihrem jetzigen Gesundheitszustand, Ihre derzeitige Arbeit auch in den nächsten zwei Jahren qualitativ und quantitativ gleich gut ausüben können?

unwahrscheinlich	1
nicht sicher	4
ziemlich sicher	7

Gesamtsumme 6: _____

7. Allgemeine psychische Leistungsreserven

Haben Sie in der letzten Zeit Ihre täglichen Aufgaben mit Freude erledigt?
häufig	4
eher häufig	3
manchmal	2
eher selten	1
niemals	0

Waren Sie in der letzten Zeit aktiv und rege?
immer	4
eher häufig	3
manchmal	2
eher selten	1
niemals	0

Waren Sie in der letzten Zeit zuversichtlich, was die Zukunft betrifft?
ständig	4
eher häufig	3
manchmal	2
eher selten	1
niemals	0

8. Arbeitsanforderungen und Arbeitsorganisation

Wie schätzen Sie Ihre derzeitige Arbeitsfähigkeit in Bezug auf die sozialen Arbeitsanforderungen ein?
sehr gut	4
eher gut	3

7 Arbeitsfähigkeit

mittelmäßig	2
eher schlecht	1
sehr schlecht	0

Wie beurteilen Sie die eigenen körperlichen Belastungen bzw. den körperlichen Stress an Ihrem Arbeitsplatz?

hoch	1
mittel	2
niedrig	3
weiß nicht	4

Wie beurteilen Sie die eigenen psychischen Belastungen bzw. den psychischen Stress an Ihrem Arbeitsplatz?

hoch	1
mittel	2
niedrig	3
weiß nicht	4

Wie zufrieden sind Sie mit Ihrer Bezahlung?

sehr zufrieden	1
eher zufrieden	2
eher unzufrieden	3
sehr unzufrieden	4

Wie zufrieden sind Sie mit dem Betriebsklima?

sehr zufrieden	1
eher zufrieden	2
eher unzufrieden	3
sehr unzufrieden	4

Wie zufrieden sind Sie mit den betrieblichen Sozialleistungen?

sehr zufrieden	1
eher zufrieden	2
eher unzufrieden	3
sehr unzufrieden	4

Wie zufrieden sind Sie mit Ihren Vorgesetzten?

sehr zufrieden	1
eher zufrieden	2
eher unzufrieden	3
sehr unzufrieden	4

Bei der Bewältigung meiner Arbeit hilft mir insbesondere der Rückhalt von

	sehr stark	eher stark	teils/ teils	eher nicht	gar nicht
Familie	4	3	2	1	0
Lebenspartner	4	3	2	1	0
Freunden	4	3	2	1	0
Arbeitskollegen	4	3	2	1	0
Vorgesetzten	4	3	2	1	0

Ich erlebe die allgemeine Lage als förderlich für meine Arbeitsfähigkeit

	sehr stark	eher stark	teils/ teils	eher nicht	gar nicht
	4	3	2	1	0

Gesamtsumme 7 + 8 geteilt durch 12: ___

Auswertung des Arbeitsbewältigungsindex (ABI)

Gesamtsumme 1 (0 bis 10 Pkt.) ─────────────
Gesamtsumme 2 (2 bis 10 Pkt.) ─────────────
Gesamtsumme 3 (1 bis 7 Pkt.) ─────────────
Gesamtsumme 4 (1 bis 6 Pkt.) ─────────────
Gesamtsumme 5 (1 bis 5 Pkt.) ─────────────
Gesamtsumme 6 (1, 4, 7 Pkt.) ─────────────
Gesamtsumme 7+ 8 (1 bis 4 Pkt.) ─────────────

Gesamtsumme ABI ─────────────

7.5 Arbeitsfähigkeit als Thema im Mitarbeitergespräch

Im betrieblichen Alltag stellt sich die Frage, wie die aus demografischer Perspektive notwendigen Handlungsfelder praktisch umzusetzen sind. Am Beispiel des klassischen Mitarbeitergesprächs soll nun gezeigt werden, inwieweit durch Fragen aus dem Bereich der Arbeitsfähigkeit auch wichtige Kriterien für eine altersgerechte Gestaltung des Mitarbeitergesprächs abgeleitet werden können.

Nach LANGHOFF (2005:26) gehören folgende Themen zum konventionell geführten Mitarbeitergespräch:

- Arbeitssituation: Betriebsklima im Arbeitsbereich, Arbeitsbedingungen, Arbeitszufriedenheit, Konflikte/Highlights
- Führung und Zusammenarbeit: Aufgaben und Ziele des Arbeitsbereichs, Rolle/Funktion des Mitarbeiters, Informationsfluss, Unterstützung
- Bilanzierung der geleisteten Arbeit: Mitarbeiter- und Vorgesetztenbeurteilung
- Perspektiven und Zielvereinbarungen: Qualifizierung, Entwicklungsmöglichkeiten

In Anlehnung an ILMARINENS „Haus der Arbeitsfähigkeit" (2002:339) können Sie auch alters- und alternsspezifische Themenbereiche in den Gesprächsprozess integrieren und damit aufschlussreiche Informationen für eine weitere, altersgerechte Gestaltung betrieblicher Arbeitsprozesse geben. Folgende Gesprächsthemen unterstützen die Führungskraft im individuellen Eingehen auf ältere Beschäftigte, deren vorhandener Stärken und Schwächen:

- Kompetenz: Extrafunktionale Kompetenzen, beherrschte Tätigkeiten, Qualifizierungsbedarf, Erfahrungswissen
- Gesundheit: Krankenstand, Erholungsfähigkeit, Tätigkeiten mit begrenzter Dauer
- Motivation: Arbeitszufriedenheit, Vorgesetztenverhalten, Betriebsklima, Kundenforderungen, Balancierung von Unternehmenszielen und privaten Zielen, Work Life Balance
- Aufgabeninhalte: schwere körperliche Arbeit, geistige Anforderungen
- Arbeitsorganisation: Aufgabenwechsel, Teamarbeit
- Arbeitszeit: Rufbereitschaft, Schichtarbeit
- Arbeitsumgebung: Gefahrstoffe, Lärm, Klima

Wie die Auflistung der Themen zeigt, setzt ein altersgerechtes Mitarbeitergespräch voraus, dass zwischen der Führungskraft und dem älteren Beschäftigten Vertrauen besteht und dass beide aufeinander zu gehen. Dies ist wiederum von der Unternehmenskultur und dem daraus resultierenden Umgang mit älteren Beschäftigten abhängig. Kurz gesagt: Kümmert sich ein Unternehmen ohnehin nie um seine Mitarbeiter, wird nicht zu erwarten sein, dass obige Fragen ehrlich und nutzbringend beantwortet werden – was im Übrigen aber auch bei konventionellen Mitarbeitergesprächen der Fall ist.

8 Betriebliche Gesundheitsförderung

Betriebliche Gesundheitsförderung ist ein wichtiger Bestandteil einer modernen und vorausblickenden Unternehmensstrategie und beruht auf einer fach- und berufsübergreifenden Zusammenarbeit zwischen innerbetrieblichen Schlüsselpersonen und externen Fachexperten.

Die sozialen und wirtschaftlichen Rahmenbedingungen für Beschäftigte und Unternehmen und deren Märkte unterliegen einer ständigen Veränderung (siehe Kapitel 2). Die wichtigste Grundlage für einen nachhaltigen wirtschaftlichen bzw. beruflichen Erfolg aller Akteure besteht in der Fähigkeit, die drohenden Veränderungen zu erkennen und ihnen mit optimalen Maßnahmen zu begegnen.

Die demografische Entwicklung hat gezeigt, dass der Altersdurchschnitt der Belegschaften im Lauf der nächsten Jahrzehnte nach oben hin verschieben wird. Damit stellt sich auch die Frage, inwieweit die Alterung der Belegschaften sich wohl in Fehlzeiten und verringerter Produktivität niederschlagen wird. Das Thema Gesundheit wird folglich immer bedeutender.

Die Forderung nach einer „betrieblichen Gesundheitspolitik" (ROSENBROCK 2004:59) ist eines der zentralen Handlungsfelder von Unternehmen im demografischen Wandel. Doch wie wird Gesundheit allgemeingültig definiert?

„Gesundheitsförderung ist ein Prozess, der Menschen dazu in die Lage versetzen soll, mehr Einfluss auf ihren Gesundheitszustand zu entwickeln und ihre Gesundheit aktiv zu verbessern. Ziel ist die Erreichung eines Zustandes vollständigen körperlichen, geistigen und sozialen Wohlbefindens", der dadurch erreicht werden soll, dass Individuen und Gruppen unterstützt werden, eigene Wünsche wahrzunehmen und zu realisieren, Bedürfnisse zu befriedigen, sowie die Umgebung zu verändern oder sich an diese anzupassen. Gesundheit ist ein positives Konzept, das sowohl soziale und individuelle Ressourcen als auch körperliche Fähigkeiten betont. Aus diesem Grund ist Gesundheitsförderung nicht nur im Kompetenzbereich des Gesundheitssektors anzusiedeln, sondern Gesundheitsförderung geht weiter als ein gesunder Lebensstil zum Wohlbefinden." (WHO, 1986:34)

Der Medizinsoziologe PARSON (zit. nach HOOSHMANDI-ROBIA 2004:36) definiert Gesundheit als einen „Zustand optimaler Leistungsfähigkeit eines Individuums für die wirksame Erfüllung der Rollen und Aufgaben, für die er sozialisiert (Sozialisation = Einordnungsprozess in die Gesellschaft, Normen- und Wertübernahme) worden ist."

Betriebliche Gesundheitsförderung nach MÜLLER (vgl. 2005:13ff) verfolgt grundlegend zwei zukunftsweisende Zielsetzungen:

- die Gesundheit und damit auch die Arbeitsfähigkeit (vgl. Kapitel 7) bis ins hohe Alter, über die Pensionierung hinaus zu erhalten,
- Lösungen für die gesundheitliche Beeinträchtigung von Beschäftigten durch den Arbeitsprozess zu finden.

ILMARINEN und TEMPEL (2002:284f) beschreiben in ihrem „Modell der physischen Leistungsfähigkeit" das Dilemma oben angeführter Zielsetzung betrieblichen Gesundheitsmanagements. Während die physische Leistungsfähigkeit mit steigendem Alter abnimmt, bleiben im betrieblichen Alltag die Arbeitsanforderungen an ältere Beschäftigte gleich. „Irgendwann kommt, individuell nach Konstitution verschieden, der Punkt, wo keine Reservekapazität mehr vorhanden ist und Gesundheitsgefährdung droht." (HOOSHMANDI-ROBIA 2004:37)

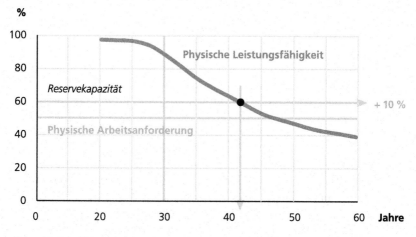

Abb. 47: *Physische Leistungsfähigkeit*
Quelle: ILMARINEN/TEMPEL *(2002:284)*

8 Betriebliche Gesundheitsförderung

Um jedoch die Leistungsfähigkeit älterer Mitarbeiter zu erhalten, muss das Verhältnis der Arbeitsanforderungen gegenüber der physischen Leistungsfähigkeit gleich bleiben, nur so kann die gehaltene Reserve eine Gefährdung der Gesundheit verhindern.

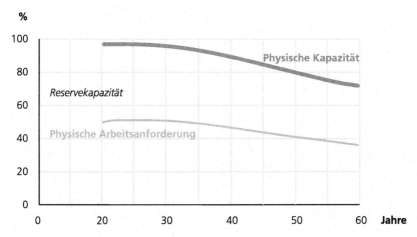

Abb. 48: Physische Kapazität
Quelle: ILMARINEN/TEMPEL (2002:285)

Wie obige Grafiken zeigen, bedarf es mit zunehmender Alterung der Belegschaften besonderer Interventionsfelder zur Gestaltung einer gesundheitsförderlichen Arbeitssituation. Nach ROSENBROCK (2004:63) muss auf folgenden betrieblichen Handlungsfeldern interveniert werden:

Arbeitsmittel und Arbeitsumgebung
Hier geht es vor allem um eine alternsgerechte Gestaltung der Arbeit, insbesondere der ergonomischen und altersgerechten Arbeitsplatzgestaltung.

Arbeitsorganisation
z. B. Schaffung von Transparenz der Arbeitsabläufe, Eröffnung und Erweiterung der Handlungs- und Entscheidungsfreiräume, Vermeidung störender Arbeitsunterbrechungen, Einfluss auf Arbeitszeit, Pausenzeit und Gestaltung von Freiräumen, Möglichkeiten der Mitbestimmung in Bezug auf Dauer und Intensität der Belastungen.

Sozialbeziehungen
z. B. offene und flache Kommunikationswege zu Mitarbeitern und Vorgesetzten, intergenerative Gruppenarbeiten, transparente Entlohnungs- und Anreizsysteme, soziale Anerkennung, möglichst geringe Kontroll- und Führungsspannen, Mitbestimmung und Möglichkeiten zur Selbstbestimmung, Abbau von Vorurteilen gegenüber dem Alter.

Individuelle Anpassung und Förderung
z. B. individuelle Karriereplanung und -entwicklung, altersgerechtes Training und Qualifizierung.

Gesundheit bzw. Umgang mit Krankheit
Beschwerden annehmen und ernst nehmen, Work Life Balance, Unterstützung in schwierigen Lebenssituationen, Soziale Dienste, individuelle Gesundheitsförderung, Gesundheitsprogramme.

8.1 Gründe für betriebliche Gesundheitsförderung

Gesunde, motivierte und gut ausgebildete Mitarbeiter bilden für jedes Unternehmen das notwendige Fundament, um den Erfolg des Unternehmens zu sichern und zu verbessern. Je mehr ein Unternehmen die Gesundheit seiner Mitarbeiterinnen und Mitarbeiter wichtig nimmt und unterstützt, desto mehr eröffnen sich Chancen zur Förderung von Wohlbefinden und Gesundheit auf der einen und wirtschaftlicher Produktivität auf der anderen Seite. Investitionen in Gesundheit kommen dem Einzelnen genauso zugute wie dem Betrieb.

Viele Studien belegen, dass ein schlechtes Betriebsklima, überfordernde oder auch unterfordernde Arbeitsaufgaben, unzureichende Informationen und Transparenz von Betriebsabläufen und Betriebsentscheidungen, falsche Arbeitsorganisation, schwelende, unausgesprochene Konflikte unter Beschäftigten sowie führungsschwache Vorgesetzte beeinträchtigende Auswirkungen auf die Gesundheit der Beschäftigten haben (vgl. HOOSHMANDI-ROBIA 2004:38f).

Hohe Krankenstandstage und wenig motivierte Mitarbeiterinnen und Mitarbeiter sind Warnzeichen für betriebliche Missstände. Nach einer Umfrage des deutschen Bundesverbandes der Betriebskrankenkassen (zit. nach SCHRÖER/SOCHERT 1997:56) können „Betriebe von positiven Effekten betrieblicher Gesundheitsförderungsaktionen profitieren:

- Rückgang des Krankenstandes,
- Rückgang der Fluktuation,
- Erhöhung der Produktion,
- Verbesserung der Produkt- bzw. Dienstleistungsqualität,
- Verbesserung der innerbetrieblichen Kooperation,
- Verbesserung der Corporate Identity,
- Verbesserung des Unternehmensimages (Employer Branding).

Aus Sicht der Beschäftigten kann dieser Untersuchung zufolge Gesundheitsförderung folgende Pluspunkte bringen:

- Verringerung von Arbeitsbelastungen,
- Verringerung gesundheitlicher Beschwerden,
- Steigerung des Wohlbefindens,
- Verbesserung der Beziehung zu Kollegen und Vorgesetzten, mehr Freude bei der Arbeit,
- Verbesserung des Wissens und praktischer Fähigkeiten zu gesundem Verhalten in Betrieb und Freizeit."

8.2 Instrumente der betrieblichen Gesundheitsförderung

Die betriebliche Gesundheitsförderung umfasst eine Vielfalt gemeinsamer Maßnahmen von Arbeitgebern, Arbeitnehmern und externen Experten zur Verbesserung von Gesundheit und Wohlbefinden am Arbeitsplatz. Dieses Ziel kann durch den Einsatz folgender Instrumente erreicht werden:

- Analyse des Arbeitsplatzes hinsichtlich der Belastungen, resultierend aus den Arbeitsplatzanforderungen, der Arbeitsumgebung, entsprechenden Leistungsvorgaben und psychischen Forderungen.
- Analyse der Arbeitsorganisation hinsichtlich bestehender Hindernisse und Barrieren für ältere Mitarbeiter.
- Analyse der Arbeitsfähigkeit mit Hilfe des Work Ability Index (WAI) bzw. des Arbeitsbewältigungsindex (ABI) zur Erkennung von Arbeitsfähigkeitsverschlechterungen und deren instrumenteller Behebung.

- Durchführung eines Gesundheitszirkels
  Das Konzept des sog. „Gesundheitszirkels" (SOCHERT 2006:1) beruht auf dem Düsseldorfer Modell, welches am Institut für Medizinische Soziologie an der Universität Düsseldorf unter der Leitung von Prof. von FERBER und Prof. SLESINA entwickelt wurde.

Im Rahmen einer fachlich und hierarchisch übergreifenden Kleingruppe von Mitarbeitern, Führungskräften, Betriebsräten und anderen Fachexperten werden über einen begrenzten Zeitraum in regelmäßigen Abständen unter Leitung eines geschulten Moderators die Arbeitsanforderungen im Arbeitsbereich, welche die Beschäftigten beeinträchtigen, gesammelt und wird an Lösungsansätzen gearbeitet.

Nach SOCHERT (2006:2) lässt sich der Ablauf eines Gesundheitszirkels in folgende Analysephasen einteilen:

Akquisition und Projektsteuerung	Arbeitskreis Gesundheit	
	Auftrag	ca. 3
Arbeitsunfähigkeits-Analyse	Gesundheitsbericht	Monate
	Auswahl des Interventionsbereiches	
Belastungs- und	Mitarbeiterbefragung	
Beanspruchungsanalyse	Input	ca. 6
Tätigkeitsanalyse	Gesundheitszirkel	Monate
Entwicklung von Verbesserungs-	Präsentation und Entscheidung	
vorschlägen	über Umsetzung	
Verbesserung gesundheits-	Umsetzung der	ca. 6
relevanter Arbeitsbedingungen	Verbesserungsvorschläge	Monate
Wirkungsanalyse	Evaluation	

Abb. 49: Analysephasen des Gesundheitszirkels
Quelle: SOCHERT (2006:2)

Beginnend mit einer Analysephase (Gesundheitsbericht und Mitarbeiterbefragung) werden die Ergebnisse der Arbeitsunfähigkeitsanalyse aufgrund der Krankenstandsdaten mit den Ergebnissen einer intern durchgeführten Mitarbeiterbefragung (z. B. mit dem Work Ability Index, Arbeitsplatzanalysen, Arbeitsorganisationsanalyse) verglichen und daraus die betrieblichen Brennpunkte erarbeitet.

Im Anschluss daran werden gesundheitsbezogene Interventionen für die jeweiligen Problembereiche erarbeitet, strukturiert und methodisch aufbereitet und damit zur Umsetzung frei gegeben. In der Evaluationsphase werden anhand von Wirkungsanalysen die gesetzten Interventionen auf deren Wirkung hinterfragt und im Bedarfsfall nachjustiert bzw. an externe Fachexperten (Arbeitsmedizin, Arbeitssicherheitsexperten, Betriebsarzt, Krankenkasse etc.) zur weiteren Umsetzung delegiert.

- *Arbeitsplatzprogramme*

Arbeitsplatzprogramme sollen die Mitarbeiter eines Unternehmens für Gesundheitsthemen sensibilisieren und sie dabei unterstützen, stärker auf ihre Gesundheit Acht zu geben. Dabei werden ergonomische Aspekte, Pausengestaltung sowie das eigene Ernährungs- und Bewegungsverhalten besonders beobachtet und reflektiert.

Ein Arbeitsplatzprogramm gliedert sich in drei Phasen: Die erste dient der Vermittlung von Basisinformationen in Form von Impulsreferaten wie z. B. Aufbau und Funktion der Wirbelsäule, Belastung und Beanspruchung, Belastungswirkung aber auch Trink- und Essverhalten während den Pausen. Die zweite und dritte Phase bestehen aus individuellen Beratungen (Fachcoachings bzw. Mentoring) am Arbeitsplatz über einen längeren Zeitraum.

Als positive Effekte sind intendiert: Arbeitsplatzmängel werden aufgedeckt, die Arbeitsplatzgestaltung wird den Anforderungen angepasst, wirbelsäulenschonendes Verhalten wird erlernt und beibehalten, gesundheitsrelevante Wissenslücken werden geschlossen, Gesundheit wird in Zusammenhang mit Leistungsfähigkeit höher bewertet, Ressourcen werden besser überblickt, ausgebaut und effektiver eingesetzt, Gesundheit wird eigenverantwortlich gefördert, Arbeitsbelastungen werden besser ausgehalten und ausgeglichen, Arbeitszufriedenheit und Lebensqualität werden verbessert.

- *Stärkung von persönlichen Möglichkeiten, auf Gesundheit zu achten*

Gesundheitsfördernde Aktivitäten (vgl. GKB Bergbau GmbH. 2001: 9ff) können mit kleinen Schritten beginnen: Ein „Tag der Gesundheit" im Betrieb, eine Woche „gesunde und schmackhafte Ernährung" in der

Kantine, Rückengymnastik am Arbeitsplatz, Kursangebote zum Thema Stressabbau und Work Life Balance können am Anfang stehen, um der Gesundheitsförderung im Betrieb einen wichtigen Stellenwert zu geben.

Betriebliche Gesundheitsförderung, die sich an den folgenden vier Leitlinien der Luxemburger Deklaration von 1997 ausrichtet, verspricht nach den heutigen Erkenntnissen den größtmöglichen Erfolg:

1. *Beteiligung:* Die gesamte Belegschaft wird einbezogen und kann sich direkt zu Wort melden, wenn es um die Analyse gesundheitlicher Probleme und die Entwicklung konkreter Verbesserungsvorschläge geht.
2. *Integration:* Der Aspekt der Gesundheitsförderung sollte bei allen wichtigen Entscheidungen und in allen Unternehmensbereichen berücksichtigt werden.
3. *Projektmanagement:* Alle Maßnahmen und Programme sollten systematisch durchgeführt werden: Bedarfsanalyse, Prioritätensetzung, Planung, Ausführung, kontinuierliche Kontrolle und Bewertung der Ergebnisse
4. *Ganzheitlichkeit:* Betriebliche Gesundheitsförderung umfasst sowohl verhaltens- als auch verhältnisorientierte Maßnahmen. Sie verbindet den Ansatz der Risikoreduktion mit dem des Ausbaus von Schutzfaktoren und Gesundheitspotenzialen. Mitarbeiter zu befähigen, sich gesundheitsverträglich zu verhalten, ist ebenso Ziel wie gesundheitsfördernde Arbeitsbedingungen zu schaffen, die ein gesundheitsgerechtes Verhalten ermöglichen.

8.3 Betriebliche Gesundheitsförderung in Großbetrieben

Nach MÜLLER (2005:9f) wird „gesunde Arbeit in gesunden Organisationen [...] durch Zusammenarbeit von

- Betrieben,
- Sozialpartnern und dem
- Staat"

gewährleistet. Für die Betriebe wird es dabei zur Hauptaufgabe, das Wohlbefinden und die Produktivität ihrer Mitarbeiter zu fördern.

8 Betriebliche Gesundheitsförderung

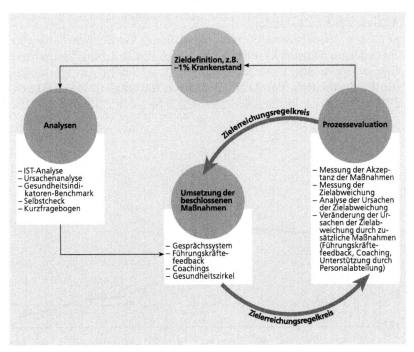

*Abb. 50: Umsetzung der betrieblichen Gesundheitsförderung
(In Anlehnung an MÜLLER 2005:15)*

Bevor betriebliche Gesundheitsförderung im Unternehmen gestartet werden kann, gilt es, eine Steuergruppe als organisatorisches Steuerelement des Prozesses zu bestimmen.

Einrichtung einer Steuergruppe
Die Steuergruppe besteht aus Mitgliedern der Geschäftsleitung, Betriebsrat, Betriebsarzt, Entsandte der Mitarbeiter etc. und sie begleitet den Prozess von Anfang bis zum Ende. Der erste Schritt der Umsetzung betrieblicher Gesundheitsförderung besteht in der Analyse des Ist-Zustandes bezüglich bestimmter, im Vorfeld definierter Kriterien (Fehlzeiten, Work Ability Index, Arbeitsplatzanalysen etc.), sowie deren Auswirkungen auf Mitarbeiter, Unternehmen und Produktivität.

Analyse des Ist-Zustandes

In der sog. Ursachenanalyse werden bestimmte Gesundheitsindikatoren entweder im Selbstcheck oder im Vergleich mit Benchmarks analysiert. Es gibt verschiedene Ansätze und Kriterien, um den Ist-Zustand als Basis für die Erarbeitung von Lösungsansätzen festzuhalten (vgl. HERNOLD 2005). Drei der folgenden Beispiele finden Sie auch grafisch aufbereitet.

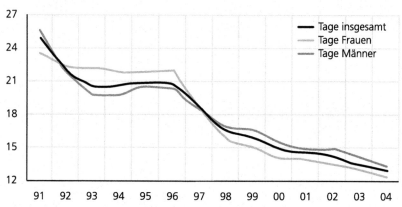

Abb. 51: Arbeitsunfähigkeit in Tagen pro Jahr
Quelle: HERNOLD (2005:11)

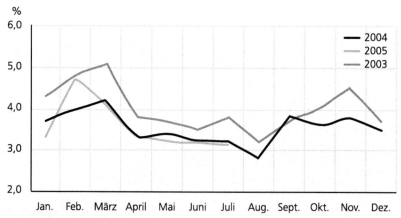

Abb. 52: Aktuelle Krankenstände
Quelle: HERNOLD (2005:12)

8 Betriebliche Gesundheitsförderung

- Arbeitsunfähigkeit in Tagen pro Jahr (Abb. 51)
- Aktuelle Krankenstände in Prozent pro Monat (Abb. 52)
- Häufigste Krankheitsarten nach Tagen
- Krankheitsarten in Prozent nach Altersgruppen
- Arbeitsunfähigkeit nach Dauer der Fehlzeit
- Arbeitsunfähigkeit in Prozent und durchschnittlicher Falldauer nach Altersgruppen (Abb. 53)

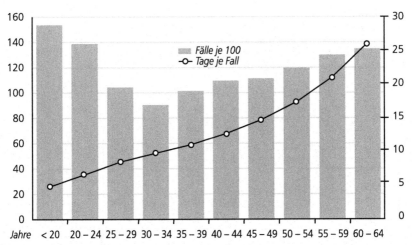

Abb. 53: *Arbeitsunfähigkeit nach Altersgruppen*
Quelle: HERNOLD (2005:21)

Zieldefinition des betrieblichen Gesundheitsprojektes
Nach Auswahl und Erhebung der unternehmensrelevanten Gesundheitsindikatoren ist der nächste Schritt, die Zielsetzungen für die Verbesserung der Gesundheitsperformance des Unternehmens zu formen und in Zieldefinitionen umzuwandeln. Im Anschluss daran werden die erhobenen Daten analysiert und für den zukünftigen betrieblichen Umgang mit dem Thema Gesundheit diskutiert.

Diskussion der Ergebnisse und Identifikation von Handlungsfeldern
Im Mittelpunkt dieser Phase steht die Sichtung und Diskussion der Ergebnisse im Projektsteuerkreis. Da sollten unternehmensinterne und ex-

terne Ressourcen berücksichtigt werden. Dies geschieht in einem Brainstorming, von wem welche Tätigkeiten in welchem Umfang bis wann gesetzt werden müssen, um die erarbeiteten Zielstellungen des Projektes zu erreichen.

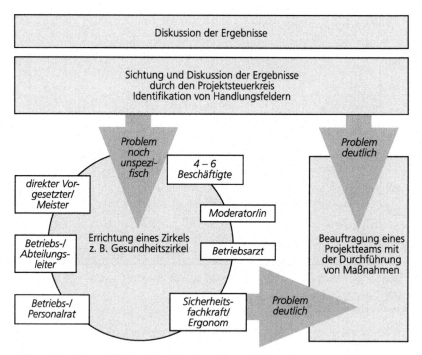

Abb. 54: *Handlungsfelder betrieblicher Gesundheitsförderung*
Quelle: JOUSSEN (2005:7)

Umsetzung der beschlossenen Maßnahmen
Das Projektsteuerteam delegiert nun das Erreichen der zuvor gesetzten Unternehmensziele an die verantwortlichen Akteure, betreut und evaluiert jedoch gleichzeitig die gesetzten Aktionen und Maßnahmen. Sind die Projektziele umfassend erfüllt, wird das Projektteam nach abschließender Evaluation verabschiedet. Möglicherweise entsteht eine neue Aufgabe für das Team.

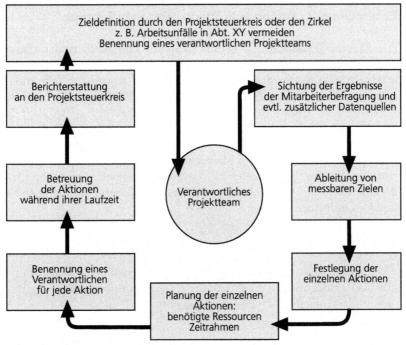

Abb. 55: Umsetzung und Aktionsplan
Quelle: JOUSSEN (2005:8)

8.4 Betriebliche Gesundheitsförderung in Kleinbetrieben

Für kleine Betriebe gelten andere Regeln. Nach KRIENER et al. (2004:91) brauchen „kleine Betriebe maßgeschneiderte Angebote der betrieblichen Gesundheitsförderung des Altersmanagements. Eine 1:1 Übertragung von in größeren Unternehmen erfolgreichen Konzepten und Instrumenten auf KMUs ist nicht ohne Weiteres möglich."

Um den Anforderungen von Klein- und Kleinstunternehmen und ihren personalpolitischen und unternehmensindividuellen Rahmenbedingungen gerecht zu werden, empfehle ich für die Umsetzung bzw. Initiierung einer zukunfts- und alternsorientierten betrieblichen Gesundheitsförderung in KMUs einen Unternehmerworkshop.

Unternehmerworkshop zum Thema „Gesunde Führung"

Die Arbeitsorganisation ist gerade in Klein- und Kleinstunternehmen vom Inhaber geprägt. Daher ist es zielführend, „am persönlichen Gesundheitsbewusstsein des Unternehmers sowie an seinem Verständnis von Gesundheit im Unternehmen anzusetzen." (KRIENER et al. 2004:92)

Das Ziel des Unternehmerworkshops ist es, den Betriebsinhaber und seine Mitarbeiter für das Thema Gesundheit und ihre Entstehungsbedingungen zu sensibilisieren. Im Mittelpunkt der Maßnahme steht die Motivation aller Beteiligten zu einer aktiven betrieblichen Gesundheitsförderung sowie die Vermittlung grundlegender Kenntnisse über Lebens- und Gesundheitsgestaltung.

Praxisbeispiel

In einem Zeitrahmen von ca. zwei Tagen (aufgeteilt in Halbtage, stundenweise oder auf Abende) kann der Unternehmerworkshop angeboten und in folgenden Phasen durchgeführt werden:

Abb. 56: *Ablauf Unternehmerworkshop*
Quelle: KRIENER (2005:92)

- Information des Unternehmens (Angebotspräsentation)
- Konkretes Angebot für Unternehmen (Gesundheitscheck, Lebensstilberatung auf Basis festgelegter Checklisten)
- Durchführung des Workshops (Information und Sensibilisierung zu Gesundheit im Betrieb, alternsgerechtes Arbeiten, Arbeitsplatzgestaltung, Führen von Mitarbeitergesprächen, individuelle Umsetzungspläne für die Mitarbeiter etc.)
- Erfahrungsaustausch nach ca. zwei Monaten (Evaluierung der Maßnahmen, weiterer Bedarf)

Für die Durchführung dieses Unternehmerworkshops bedarf es ausgebildeter und entsprechend erfahrener Trainer, die aus dem Workshop heraus ein nachhaltiges Umsetzungskonzept mit den Teilnehmern erarbeiten.

9 Gestaltung der Lebensarbeitszeit

Wie die bisherigen Problemfelder des demografischen Wandels und deren Lösungsstrategien gezeigt haben, erfordert die Integration älterer Arbeitnehmer in den Betrieb eine aktive und vorausschauende Personalpolitik und Arbeits(re)organisation. Nach KRÄMER (vgl. 2002:11) lassen sich im Umgang mit produktivem Altern folgende vier zentrale Handlungsansätze finden:

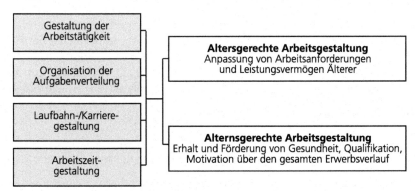

Abb. 57: *Altersintegrative Arbeitsgestaltung*
Quelle: MORSCHHÄUSER, zit. *nach* KRÄMER *(2002:11)*

Wie die Anforderungen des Arbeitsplatzes an das Leistungsvermögen älterer Beschäftigter angepasst werden können, wurde ausführlich in Kapitel 5 dargestellt. Im Folgenden möchte ich darauf eingehen, wie Sie den Arbeitsprozess in Form von Arbeitszeitmodellen und Laufbahn- bzw. Karrieregestaltung alternsgerecht gestalten.

Die Unterscheidung von alters- und alternsgerechter Arbeitsgestaltung entsteht aufgrund unterschiedlichster Definitionen des Begriffs „Alter" (vgl. DMS Consulting 2003:8). Neben der bekanntesten Definition, dem chronologischen Alter (Jahrgang), finden sich weitere, in der Literatur verwendete Definitionen:

- Biologisches Alter (maßgeblich ist dabei die biologische Uhr; z. B. Kinder kriegen),
- Psychologisches Alter (Einstellungen, Werte, Lebensstile; z. B. Mode),
- Funktionales Alter (gemessen an Leistungskriterien; ein Fußballprofi ist z. B. mit 30 Jahren alt),
- Organisationales Alter (Zugehörigkeitsdauer)
- Subjektives Alter (wie man sich fühlt).

Während bestimmte betriebliche Anpassungen aufgrund psychologischer und physiologischer Veränderungen altersgerecht vorgenommen werden müssen (z. B. Ergonomie am Arbeitsplatz, Änderungen der Arbeitsorganisation etc.), bestehen gerade in der Karriereplanung bzw. der Arbeitszeitregelung sehr individuelle (subjektive) Unterschiede, auf die im Rahmen persönlicher Entwicklungsgespräche altersgerecht eingegangen werden muss.

9.1 Arbeitszeitgestaltung

Die Potenziale der Arbeitszeitgestaltung zur Vereinbarung von Alter und Arbeitsaufkommen sind sehr vielfältig. Nach KRÄMER (2002:11) „können sich im Zuge der Einführung und Veränderung von Arbeitszeitmodellen auch Arbeitstätigkeit und Leistungsanforderungen wandeln". Das bedeutet, dass den typischen altersspezifischen Beschäftigungsrisiken präventiv und kompensatorisch begegnet werden kann, wenn man personalpolitische Interventionen wie z. B. Arbeitszeitgestaltung und Arbeitsorganisation kombiniert einsetzt. Wie bereits ILMARINEN und TEMPEL (vgl. 2002) angeführt haben, bergen Arbeitszeitregelungen wie z. B. Nacht- oder Schichtarbeit, Wochenenddienst und zahlreiche Überstunden vielfältige alterskritische Risiken und sind im Sinne einer altersgerechten Arbeitszeitgestaltung so weit wie möglich zu verringern. Bisherige Arbeitszeitmodelle wie Altersteilzeit oder Teilrente (vgl. ZIMMERMANN et al. 1999) werden allerdings von älteren Beschäftigten häufig kritisch gesehen. WOLFF et. al (vgl. 2001) haben folgende kritische Einwände gegen rein altersspezifische Arbeitszeitmodelle zusammengetragen:

- Ältere weigern sich, ihren Arbeitsplatz mit Jüngeren zu teilen
- Ältere Beschäftigte sehen keinen Sinn in der Inspruchnahme altersgerechter Arbeitszeitmodelle, da sie sich als leistungsfähig erleben
- Ältere Arbeitnehmer kommen aufgrund eines gewohnten Arbeitszeitrhythmus mit veränderten, reduzierten und flexibilisierten Arbeitszeiten nicht zurecht
- Ein Umstieg auf Teilzeitarbeit wird als Statusverlust und Abwertung der Arbeit erlebt
- Altersspezifische Sonderregelungen vermitteln Älteren das Gefühl, eine Problemgruppe darzustellen

Deshalb gewinnt angesichts dieser Erfahrungen die Ausgestaltung der persönlichen Lebensarbeitszeit über den Lebensverlauf zunehmend an Bedeutung (vgl. auch NAEGELE und FRERICHS 2001).

Der Begriff „Lebensarbeitszeit"

KRÄMER (2002:13) versteht „Lebensarbeitszeit" als „eine innovative Idee einer zukunftsorientierten Arbeitszeitgestaltung, die konzeptionell die Zeitspanne vom Eintritt in den Beruf bis zum Berufsaustritt umfasst. GRAF (zit. nach DMS Consulting 2003:13) beschreibt im Rahmen ihrer lebenszyklusorientierten Personalentwicklung (vgl. 2002) die Lebensarbeitszeit als „beruflichen Lebenszyklus". In Anlehnung an den Produktlebenszyklus aus dem Marketing unterscheidet GRAF folgende relevante Lebenszyklen:

- Biosozialer Lebenszyklus (als Verlauf der Persönlichkeitsentwicklung vom Geburt bis zum Tod des Menschen, unter Einwirkung von Sozialisation, Erziehung, Werte und Normen)
- Familiärer Lebenszyklus (Gründung einer eigenen Familie, Ehe bzw. Partnerschaft, mit der großen Herausforderung des Work Life Balance)
- Beruflicher Lebenszyklus (dieser umfasst die Entwicklung eines Menschen von der Berufswahl ausgehend bis hin zum Austritt aus dem Erwerbsleben)
- Betrieblicher und stellenbezogener Lebenszyklus (vom Eintritt in ein Unternehmen bis hin zum Austritt, setzt sich dieser Lebenszyklus in Kombination mit anderen Lebenszyklen zusammen)

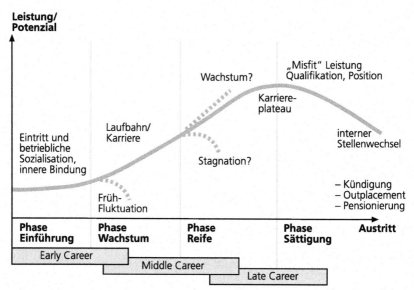

Abb. 58: Betrieblicher Lebenszyklus
Quelle: GRAF, *zit. in DMS Consulting (2003:15)*

Eine ähnliche Darstellung findet sich auch bei REGNET (vgl. 2004:88), bei der mit dem Konzept der Lebensarbeitszeitgestaltung mittels „flexibilisierter Verteilungsmuster von Arbeitszeit wie Wahlarbeitszeiten, bedürfnisorientierte Teilzeitarbeit, Arbeitszeitkonten, Ansparmodelle, Sabbaticals etc. eine Ausrichtung an den individuell unterschiedlichen Zeitbedürfnissen und -präferenzen des Beschäftigten, die je nach Lebensphase und Lebenslage variieren, erreicht werden soll. Dabei orientiert sich die Gestaltung der Lebensarbeitszeit weniger an einem standardisierten Lebensverlauf mit aufeinanderfolgenden Bildungs-, Erwerbstätigkeits- und Ruhestandsphasen, sondern an einer bestmöglichen Integration von Bildung, Erwerbstätigkeit sowie Erholungsphasen in dieser Zeit." (KRÄMER 2002:13)

9 Gestaltung der Lebensarbeitszeit

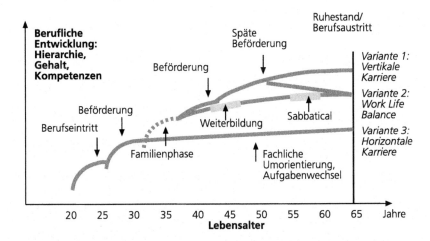

Abb. 59: Neue Modelle im Berufsleben
Quelle: REGNET *(2004:88)*

Variante 1: die vertikale Karriere
Die in obiger Abbildung dargestellte Variante 1 zeigt die klassische Aufstiegsvariante in Form der vertikalen Karriere, d. h. der bisherige Beförderungsweg bricht nicht im mittleren Lebensalter (35 bis 40) ab, sondern erhält über neue herausfordernde Aufgaben und Tätigkeiten (Übernahme einer Führungsfunktion, Wechsel ins Ausland, neue Qualifizierungsmöglichkeiten, etc.) einen weiteren Karriereschub.

Variante 2: Work Life Balance
Variante 2 zeigt ein Karriereplateau, in dem der Beschäftigte die Gelegenheit erhält, „über Phasen einer längeren, grundlegenden Weiterbildung oder auch Sabbaticals der sukzessiven Dequalifizierung oder dem Burn-out vorzubeugen. Auf diese Weise lässt sich bei manchen Beschäftigtengruppen (z. B. in Projektarbeit) der Leistungsabbau von älter werdenden MitarbeiterInnen verhindern oder verzögern." (BUCK 2005:96)

Variante 3: die horizontale Karriere
Die Wahl der horizontalen Karriere zeigt eine neue Form von beruflicher Entwicklung: „Der Betreffende entscheidet sich, kürzer zu treten – dies kann bei demselben Arbeitgeber eine weniger anspruchsvolle und weniger stressige Tätigkeit sein. Zum Beispiel kann dies bedeuten: Rückzug aus einer Führungsverantwortung, Übernahme eines Bereichs mit geringerer Budget- und Umsatzverantwortung. Dies kann aber auch der Schritt in eine andere Tätigkeit sein, sei es im Rahmen eines Interimsmanagements, der Arbeit für Gremien, für eine Non-Profit Organisation oder die Lehrtätigkeit an einer Hochschule." (REGNET 2004:89) Bei dieser Variante handelt es sich zweifellos um eine Abkehr vom traditionellen Karriereverlauf, der durchaus eine Erhöhung des Planungsaufwands auf Seiten der Unternehmen mit sich bringt, gleichzeitig wird aber auch Motivation, die zusätzliche Flexibilität und damit auch die Bindung der Mitarbeiter an das Unternehmen erhöht. (vgl. SZEBEL-HABIG 2004)

„Zudem zeigen diese drei Varianten Möglichkeiten, wie es gelingen kann, eine verlängerte Lebensarbeitszeit produktiv zu gestalten:

- Die einen entwickeln sich kontinuierlich weiter, bleiben hoch leistungs- und belastungsfähig und übernehmen auch im fortgeschrittenen Alter immer wieder anspruchsvolle Tätigkeiten (Variante 1).
- Die anderen unterbrechen für ein Sabbatical und kommen mit neuer Energie zurück, statt Routine am Arbeitsplatz legen sie ihren Schwerpunkt auf interessante Tätigkeiten in und außerhalb des Jobs sowie auf ein befriedigendes Freizeit- und Familienleben (Variante 2).
- Die dritten leisten einige Zeit sehr viel, um dann bewusst kürzer zu treten und sich dann zu einem späteren Zeitpunkt wieder stärker ins Berufsleben einzubringen. Dies erfolgt auf einem etwas niedrigeren Niveau als zu Beginn ihrer beruflichen Tätigkeit, um die oben dargestellte sinnvolle Belastungsreduzierung zu erreichen (Variante 3)."
(REGNET 2004:90)

Wer managt die Lebensarbeitszeit?

Altersgerechte Lebensarbeitszeit erfordert nicht nur von den älteren Beschäftigten ein hohes Ausmaß an Flexibilität und Mut zu Neuem (vgl. ZIMMERMANN 1999; WOLFF et al. 2001), sondern insbesondere von den Personalverantwortlichen einen hohen Planungsaufwand. Es liegt „an den Personalverantwortlichen, die Lebensentwürfe und tatsächlichen Lebensverläufe der Beschäftigten aufmerksamer zu betrachten. Denn nur so können die sich verändernden Flexibilitäts- und beruflichen Entwicklungsbedarfe der Beschäftigten über den Erwerbsverlauf hinweg aufgegriffen werden und im Rahmen der betrieblichen Arbeitszeitpraxis und des Personalmanagements auch Berücksichtigung finden." (KRÄMER 2002:13). Für BARKHOLDT (vgl. 1998) besteht erst durch die Vereinbarkeit von Arbeit und Privatleben im Rahmen der Lebensarbeitszeit die Voraussetzung für die Vereinbarkeit von Alter und Erwerbstätigkeit.

Um den Erhalt der beruflichen Leistungsfähigkeit und die Motivation der Beschäftigten bis ins Alter zu erhalten und zu fördern, bedarf es einer vorausschauenden Planung, die je nach Lebensphase mehr Zeit für Regeneration, Weiterbildung, familiäre Anforderungen (z. B. Pflege der Eltern oder des Lebenspartners), ehrenamtliche Tätigkeiten etc. und damit unterschiedliche Wege zur Neuorganisation der Lebensarbeitszeit ermöglicht.

Vorteile des Modells der Lebensarbeitszeit

Wie die wirtschaftlichen, technologischen und gesellschaftlichen Veränderungen (vgl. Kapitel 2) zeigen, zeichnet sich die Arbeitswelt von heute durch besonders hohe Anforderungen an Flexibilität, Individualität und Bedarfs- bzw. Bedürfnisorientierung der Leistungserbringung aus. „Hierzu bietet die Lebensarbeitszeitgestaltung und der mit ihr beabsichtigte Wandel betrieblicher Zeitkultur wichtige Anknüpfungspunkte, um den veränderten konzeptionellen und organisatorischen Anforderungen zunehmend gerecht zu werden." (KRÄMER 2002:17)

Die Vorteile für Betriebe und Beschäftigte bestehen darin (vgl. ebd.):

- Verbesserung der Arbeitsbedingungen und Reduzierung der Arbeitsbelastungen im Lebensverlauf (durch flexible Lebensarbeitszeitgestaltung können arbeitszeitliche Belastungen wie z. B. Schichtarbeit reduziert und gesundheitserhaltende Maßnahmen zunehmend gefördert werden).
- Verlängerung der Berufsverweildauer (beruflicher und betrieblicher Lebenszyklus können durch entsprechende Maßnahmen verlängert und befriedigender gestaltet werden, was einerseits zur Erhöhung der

Attraktivität dieses Berufs führt, andererseits auch die Arbeitszufriedenheit, Fehlzeiten und Fluktuation positiv beeinflusst).
- Frauen- und familienfreundliche Gestaltung des Arbeitslebens (die Flexibilität des Arbeitszeitkonzeptes kommt auch den Bedürfnissen des familiären Lebenszyklus und seinen Anforderungen an Flexibilität und mehr Spielraum entgegen).
- Verbesserung der Rückkehrbedingungen in die Erwerbsarbeit (insbesondere für die Erwerbstätigkeit von Frauen kann die Lebensarbeitszeitgestaltung Sicherheit und Kontinuität schaffen, indem lebensphasenspezifische Arbeitszeitlösungen z. B. längere und dabei materiell und sozialrechtlich abgesicherte Berufsunterbrechungen erlauben).
- Optimale Ausschöpfung vorhandener Personalressourcen (um zunehmenden Qualitäts- und Kostenaspekten gerecht zu werden, sind Betriebe mehr denn je gefordert, bestehende Strukturen wie Arbeitsabläufe, Zeitstrukturen und Ressourceneinsatz zu hinterfragen und zu optimieren. In diesem Kontext könnte die Lebensarbeitszeit dazu beitragen, die Arbeitsproduktivität und Ergebnisqualität bzw. die Arbeitszeitökonomie im Gesamten positiv zu beeinflussen).

9.2 Ansätze zur Gestaltung der Lebensarbeitszeit

Das Modell der Lebensarbeitszeit gilt als Gesamtkonzept einer zukunftsorientierten Arbeitszeitgestaltung, das einerseits die gesamte Zeitspanne vom Berufseintritt bis hin zum Austritt aus dem Erwerbsleben umfasst, andererseits sich an den individuellen Bedürfnisse der einzelnen Mitarbeiter orientiert. „Mittels flexibilisierter Verteilungsmuster von Arbeitszeit, Freizeit und Familien- sowie Weiterbildungsphasen soll eine Ausrichtung an lebenszyklisch individuell unterschiedlichen Zeitbedürfnissen und -präferenzen der Beschäftigten erreicht werden." (BUCK et al. 2002:81) In Anlehnung an ZIMMERMANN (vgl. 1998) ergeben sich daraus drei zentrale Ansätze zur Ausgestaltung der Lebensarbeitszeit:

- *Lebensarbeitszeitlicher Ansatz*
  „Zu diesem Gestaltungsbereich zählen berufs- und erwerbsbiografische Maßnahmen, die verändernd auf die Dauer des Berufslebens wirken und/oder für die Entwicklung der individuellen Berufslaufbahn der Beschäftigten von Bedeutung sind." (KRÄMER 2002:19) Dazu zäh-

len im Besonderen arbeitszeitliche Maßnahmen, die z. B. aus Gründen der beruflichen Weiterbildung, Qualifizierung, des Belastungsabbaus aber auch zur individuellen Gestaltung des Übergangs in den Ruhestand dienen. Als Beispiele für Maßnahmen aus dem lebensarbeitszeitlichen Ansatz gelten unter anderem Arbeitszeitmodelle mit Langzeitarbeitszeitkonten.

- *Lebensphasenorientierter Ansatz*
  Zum lebensphasenorientierten Ansatz gehören insbesondere Maßnahmen, mit denen vorübergehende Veränderungen und Ereignisse aus privaten Lebenszusammenhängen durch vorübergehende Veränderungen in der Arbeitszeit aufgefangen werden können. Dazu zählen z. B. Teilzeitoptionen, die Erwerbsarbeit und Kinderbetreuung in Einklang bringen, aber auch Blockfreizeiten, die die Begleitung und Betreuung temporärer familiärer Ereignisse (z. B. Kinderbetreuung in Ferienzeiten) unterstützen.

Nach LEVINSON (vgl. 1979) besteht das gesamte Leben aus einer Abfolge von Epochen mit Teilphasen, die jeweils etwa 25 Jahre dauern und von entsprechenden Übergangskrisen begleitet sind. Aufgabe einer lebensphasenorientierten Arbeitszeitgestaltung ist insbesondere, die auftauchenden Lebenskrisen zeitlich zu berücksichtigen.

Alter in Jahren	Phase	(widersprüchliche) Hauptaufgaben
Frühes Erwachsenenalter		
17 – 22	Übergang ins frühe Erwachsenenalter (Grenzbereich zwischen Jugend und Erwachsenenalter)	– Beendigung der Vor-Erwachsenenzeit: bestehende Beziehungen zu Personen, Gruppen, Institutionen abschwächen oder neu bewerten; eigenen Platz in der Welt in Frage stellen – Einleitung der frühen Erwachsenenjahre: Erkundung eigener Möglichkeiten, Aufbau einer ersten Erwachsenenidentität, vorläufige Entscheidungen und Testen
22 – 28	Eintritt in die Erwachsenenwelt	– Erkunden der Möglichkeiten, aber auch – Aufbau stabiler Lebensstrukturen (Übernahme von Verantwortung und „etwas aus seinem Leben machen")
28 – 33	Übergang in die 30er Jahre	– Möglichkeit zur Modifikation früherer Entscheidungen – Charakter des Vorläufigen wird zurückgedrängt oder Bekräftigen des Bisherigen

Alter in Jahren	Phase	(widersprüchliche) Hauptaufgaben
Frühes Erwachsenenalter		
33 – 40	Sesshaft-Werden	– Einen Platz in der Gesellschaft erringen – Vorwärtskommen, „es zu schaffen", dazu Schlüsselentscheidungen (beruflich wie privat), solide Struktur schaffen
36/37 – 40/41	Spätphase des Sesshaft-Werdens, das Selbstständig-Werden	– Unabhängigkeit – Bestätigung duch die Gesellschaft – Erstes Gefühl körperlichen Verfalls, Ansporn zu erhöhter Anstrengung – Auflösung von Mentor-Verhältnissen, Selbstübernahme einer Mentorenrolle
Mittleres Erwachsenenalter		
40 – 45	Übergang zur Lebensmitte	– Abschluss der vorangegangenen Epoche (Überprüfung seines Lebens und Bewertung des Erreichten, Desillusionierung) – Zukunftsorientierung, Bildung einer neuen bzw. Abwandlung der Lebensstruktur, Veränderung in innerlichen und äußerlichen Aspekten (z. B. Werte) – Individuationsprozess, Ich-Entwicklung, meist unter heftigen Kämpfen
45 – 50	Eintritt ins mittlere Erwachsenenalter	– Entscheidung zum Aufbau einer neuen Lebensstruktur – Zum Teil einschneidende Ereignisse (Scheidung, Arbeitsplatzwechsel, etc.)
50 – 55	Übergang in die 50er Jahre	– Bessere Ausgewogenheit zwischen den Bedürfnissen des Selbst und jenen der Gesellschaft – Nochmalige Überprüfung, gegebenenfalls Modifikation der Lebensstruktur
55 – 65	Höhepunkt des mittleren Erwachsenenlebens	– Aufbau einer Lebensstruktur für das mittlere Erwachsenenalter
Späte Erwachsenenjahre		
60 – 65	Übergang ins späte Erwachsenenleben	– Anstrengungen der mittleren Erwachsenenjahre abschließen – Vorbereitung der kommenden Epoche

Abb. 60: Entwicklungsphasen und Aufgaben nach LEVINSON *(1979:99)*

- *Zeitsouveräner Ansatz*
  „Zu diesem Gestaltungsbereich zählen Maßnahmen, die den individuellen Präferenzen in der Lebensführung der Beschäftigten gerecht werden und die eine Teilhabe am sozialen Leben in Form eines politischen oder ehrenamtlichen Engagements ermöglichen. Charakteristisch für diesen Bereich sind Arbeitsoptionen, die den Arbeitnehmerinnen und Arbeitnehmern individuelle Freiheitsgrade in puncto Arbeitseinsatz gewähren und mittels derer sich ihr Zeitwohlstand mehren lässt." (KRÄMER 2004:19) Zu den Maßnahmen des zeitsouveränen Ansatzes zählen insbesondere Jahresarbeitszeitmodelle mit Zeitkonten, Ampelphasen, zeitautonomen Gruppen sowie individuelle Zeitbudgets.

Wie die Darstellung der verschiedenen Ansätze zeigt, gibt es die einzig richtige und passende Lösung nicht, vielmehr geht es darum, aus der Vielfalt der unterschiedlichen Formen der Arbeitszeitgestaltung jene auszuwählen, die den individuellen Bedürfnissen eines Betriebes und dessen Mitarbeitern am besten gerecht wird.

9.3 Formen der Arbeitszeitgestaltung

In der praktischen Anwendung finden sich zahlreiche flexible Instrumente zur Gestaltung der Arbeitszeit. Nach dem nordrhein-westfälischen Arbeitsministerium (vgl. MASQT 2000) sind bei der Gestaltung der Arbeitszeit jeweils die Dauer, Lage und Verteilung der Arbeitszeit zu beachten. Dabei bezeichnet die Dauer der Arbeitszeit die vertraglich vereinbarte Arbeitszeit, kann also für alle Beschäftigten gleich groß, aber auch individuell verschieden sein. Die Lage der Arbeitszeit gibt jeweils Beginn und Ende der zu leistenden Arbeitszeit an, während die Verteilung der Arbeitszeit die gleichmäßige oder ungleichmäßige Verteilung auf einzelne Tage, Wochen oder Monate beschreibt.

In der folgenden Abbildung finden sich alle Grundformen der Arbeitszeitgestaltung dargestellt:

Dauer der Arbeitszeit	Verteilung der Arbeitszeit	
	Lage der täglichen Arbeitszeit	Verteilung der Arbeitszeit im Ausgleichszeitraum
Die Arbeitszeitdauer bezeichnet die vertraglich vereinbarte Arbeitszeit. Sie kann im Rahmen gesetzlicher & tarifrechtlicher Regelungen erstmalig festgelegt werden bzw. verkürzt oder verlängert werden. Sie kann für alle Beschäftigten gleich groß oder verschieden sein.	Die Arbeitszeitlage gibt den Beginn und das Ende der zu leistenden Arbeitszeit an.	Die vertraglich vereinbarte Arbeitszeitdauer kann gleichmäßig oder ungleichmäßig flexibel auf einzelne Tage, Wochen oder Monate verteilt werden.
Mögliche Varianten sind: Teilzeit, Altersteilzeit, Job-Sharing, Mehrarbeit/Überstunden, Kurzarbeit	**Mögliche Varianten sind:** Schichtsysteme, versetzte Arbeitszeiten, Springerlösungen, Mehrfachbesetzungssysteme, Gleitzeit und Funktionzeit	Jahresarbeitszeit, Wahlarbeitszeit, Korridormodelle, Vertrauensarbeitzeit, Telearbeitszeit

Abb. 61: Formen der Arbeitszeitgestaltung
Quelle: MASQT, zit. nach KRÄMER *(2004:20)*

Für eine optimale Gestaltung der Lebensarbeitszeit ist es sinnvoll, die Mitarbeiter in den Entscheidungsprozess einzubeziehen und die Entscheidungen in Form von betrieblichen Vereinbarungen und Kontrakten (wie z. B. dem Arbeitsvertrag) zu implementieren. Nach Krämer wird das lebensarbeitszeitliche Gestaltungspotenzial derartiger Arbeitsformen „von den konkreten Rahmenbedingungen der jeweiligen Arbeit abhängig sein sowie von

- den tätigkeitsbezogenen Qualifikationsanforderungen und Belastungsstrukturen,
- den individuellen, sozio-ökonomischen Merkmalen wie Alter, Geschlecht, Familienstand etc.,
- dem potenziellen und tatsächlichen Auftreten von Ereignissen in der Erwerbsbiografie (familienbezogene Aufgaben und Unterbrechungen, Pflegebedarf, Krankheiten usw.),
- den jeweiligen Präferenzen biografischer Lebensphasen (Familiengründungsphase, Erholungsphase, Qualifizierungsphase für berufliche (Wieder-)Ein, Um- oder Aufstiege, Familienpflegephase) in Verbindung mit schon vorhandenen arbeitszeitlichen Gestaltungsmöglichkeiten." (KRÄMER 2004:21)

9 Gestaltung der Lebensarbeitszeit

LEVINSON (1979:100) weist zu Recht darauf hin, dass es nicht möglich ist, „die mittleren Erwachsenenjahre hinter sich zu bringen, ohne zumindest eine leichte Krise zu erleben, entweder im Übergang zur Lebensmitte oder im Übergang in die Fünfzigerjahre." Aus Sicht der Personalentwicklung ergibt sich daher zwangsläufig eine besondere Berücksichtigung der Lebensphasen. Vielfältige Formen und Angebote zur Gestaltung der Lebensarbeitszeit stehen dabei zur Verfügung:

Teilzeitarbeit

Ein Arbeitnehmer ist dann teilzeitbeschäftigt, wenn die regelmäßige wöchentliche Arbeitszeit kürzer ist als die regelmäßig wöchentliche Arbeitszeit vergleichbarer vollbeschäftigter Arbeitnehmer. Dabei liegen Teilzeitarbeitsverhältnisse „immer häufiger auch über der Stundenanzahl einer halben Stelle. [...] Praktisch kann Teilzeitarbeit sehr unterschiedlich und entsprechend der Anliegen der Mitarbeiterinnen und Mitarbeiter über Wochenarbeitstage, Arbeitswochen, Monate und das Jahr verteilt werden, so dass insbesondere die bedürfnisgerechte Teilzeitarbeit deutliche lebensarbeitszeitliche Gestaltungspotenziale beinhaltet." (KRÄMER 2002:21) So kann z. B. Teilzeitarbeit als individuelle Arbeitszeitreduzierung aufgrund familiärer oder persönlicher Lebensanforderungen zu einer besseren Vereinbarkeit von Erwerbs- und Familienleben führen.

„Je nach Arbeitsplatzprofil und Erfordernis von Anwesenheitszeiten kann es sinnvoll sein, dass zwei Arbeitnehmer in Teilzeit einen Arbeitsplatz teilen und wechselnd besetzen (Job-Splitting, Job-Sharing). Eine solche Teilung ist schließlich auch mit mehreren Arbeitsplätzen möglich (Job-Pool), z. B. werden drei Arbeitsplätze von vier oder mehreren Mitarbeitern im Rahmen eines monatlichen Arbeitsplanes besetzt." (MORSCHHÄUSER et al. 2005:126)

Eine im Zusammenhang mit der demografisch bedingten Alterung betrieblicher Belegschaftsstrukturen noch nicht so gebräuchliche Teilzeitarbeit ist die Altersteilzeit.

Altersteilzeit

Mit Altersteilzeit kann für Mitarbeiter, welche das 55. Lebensjahr vollendet haben, die bisherige Arbeitszeit verkürzt, in manchen Fällen sogar bis auf die Hälfte reduziert werden. Im Gegensatz zur Teilzeitarbeit führt Altersteilzeit bei einer garantierten Entlohnung von 70 Prozent des bisherigen Nettoarbeitsentgelts (vgl. KRÄMER 2004:22) nicht zur vollen, der Arbeitzeitreduktion entsprechenden Reduktion des Einkommens.

Nach BUCK et al. (vgl. 2002) können aus der Perspektive der Lebensarbeitszeitgestaltung durch betriebliche und persönliche Inanspruchnahme der Altersteilzeitregelung folgende erwerbsbiografische Ziele erreicht (vgl. KRÄMER 2004:22) werden:

- die Reduktion der Arbeitsbelastung durch Verringerung der Arbeitszeit ermöglicht einen längeren Verbleib in der Erwerbsarbeit und
- der allmähliche Einstieg in den Ruhestand wird unter Altersteilzeitarbeit stufenweise als Vorbereitung auf den neuen Lebensabschnitt ermöglicht.

Wahlarbeitszeit

Bei der Wahlarbeitszeit können Beschäftigte innerhalb eines festgelegten Rahmens (z. B. 30 bis 40 Stunden pro Woche) ihre jährliche, individuelle und vertraglich fixierte Wunscharbeitszeit wählen, wobei für beide Seiten eine Härtefallregelung, d. h. Zeitkorrektur in bestimmten Fällen, möglich ist. „Diese Option gewinnt angesichts der Tatsache an Bedeutung, dass Differenzen zwischen gewünschter Arbeitszeit und tatsächlicher Arbeitszeit existieren." (KRÄMER 2004:22) So wollen z. B. Teilzeitkräfte häufig ihr Arbeitsvolumen erhöhen, während hingegen Vollzeitkräfte ihre Stundenanzahl reduzieren möchten.

Nach BOSCH und WAGNER (2001:297f) erfordern „die Arbeitszeitwünsche der befragten Beschäftigten und Nichtbeschäftigten in den untersuchten [europäischen] Ländern einen unterschiedlichen Mix makroökonomischer [arbeitszeitgestaltender] Maßnahmen, da die Auswirkungen dieser Wünsche auf das Beschäftigungs- und Arbeitsvolumen höchst unterschiedlich sind. Folgende Unterschiede lassen sich zeigen:

- In Frankreich, Griechenland, Italien und Spanien wird sowohl eine – zum Teil sehr starke – Zunahme des Arbeitsvolumens als auch der Beschäftigungsquote angestrebt. In diesen Ländern kann man nicht nur das bestehende Arbeitsvolumen anders verteilen, sondern muss es durch wirtschaftliches Wachstum stark vermehren, will man den Wünschen entgegenkommen.
- In Deutschland, Finnland und Irland wird eine starke Zunahme der Beschäftigungsquote bei annähernd konstantem Arbeitsvolumen angestrebt, so dass Arbeitszeit sehr stark von den schon Erwerbstätigen auf die noch nicht Beschäftigten umverteilt werden muss.
- In Österreich, Dänemark, Luxemburg, Norwegen und dem Vereinigten Königreich (Wunsch nach Abnahme des Arbeitsvolumens) und Belgien, den Niederlanden, Portugal und Schweden (annähernd stagnierendes Arbeitsvolumen) muss Arbeitszeit vor allem zwischen den schon Beschäftigten umverteilt werden."

Für die Veränderung der Arbeitszeiten bedeutet dies, dass diese auch an die veränderten Arbeitsanforderungen angepasst werden müssen. Wie KRÄMER (vgl. 2004:22) beschreibt, haben Wahlarbeitszeiten dann lebensarbeitszeitliche Gestaltungspotenziale, wenn

- die Möglichkeit besteht, von der vertraglich festgelegten Arbeitszeit nach oben oder unten abzuweichen;
- wenn die Arbeitszeit mittelfristig bis kurzfristig wählbar ist;
- wenn sie reversibel ist, d. h. wenn das Recht besteht, wieder zu seiner vorherigen Arbeitszeit zurückzukehren;
- wenn sie eine Differenz zwischen bezahlter und geleisteter Arbeitszeit zum Aufbau von Arbeitszeitkonten zulässt."

Die Einführung von Wahlarbeitszeiten eignet sich dann besonders gut, wenn Beschäftigte Zeitguthaben aufbauen möchten, allerdings dabei ihr Arbeitsvolumen gleich halten bzw. nur geringfügig erhöhen wollen.

Jahresarbeitszeit

Die Jahresarbeitszeit regelt ein festgeschriebenes, im Laufe eines Jahres zu leistendes Arbeitszeitvolumen, das vom Beschäftigten in Anspruch genommen werden kann. In der Regel werden Jahresarbeitszeitmodelle mit dem Modell der Arbeitszeitkonten kombiniert. Für den Beschäftigten besteht der Vorteil dieses Arbeitszeitgestaltung vor allem im Hinblick auf die Ausweitung des Zeitwohlstandes (vgl. KRÄMER 2004:23), was bedeutet, dass nach Absolvierung der festgelegten Arbeitszeit vor Jahresfrist der Arbeitnehmer bei fortlaufendem Entgelt vom Unternehmen freigestellt wird, oder unter neu zu regelnden Bedingungen zusätzliche Arbeitseinheiten erbringt.

Arbeitszeitkonten

Arbeitszeitkonten ermöglichen dem Beschäftigten, arbeitsfreie Zeiträume anzusparen, aus dem Arbeitskontor ergeben sich somit Freizeitphasen. Für Betriebe ergibt sich durch die Gestaltung von Arbeitszeitkonten eine höhere Flexibilität im Personaleinsatz, die z. B. bei saisonalen Schwankungen ausgleichend wirken kann. Grundsätzlich wird zwischen Kurzzeitkonten und Langzeitkonten unterschieden.

Nach KRÄMER (2004:23) dienen Kurzzeitkonten „der Verbuchung der Differenz zwischen tatsächlich geleisteter Arbeitszeit von der planmäßigen, vertraglichen Sollarbeitszeit. Die Sollarbeitszeit ist der Maßstab für Abweichungen. Auf dem Arbeitszeitkonto werden Zeitguthaben oder Zeitschulden (in der Regel in einem festgelegten Umfang) saldiert. Die monatliche Vergütung richtet sich nicht nach der tatsächlichen Arbeitsleistung, sondern folgt dem Prinzip einer monatlichen Durchschnittsentlohnung. D. h. Zeitschulden führen nicht zu einem Abzug beim monatlichen Lohn und Guthaben nicht zu einer Anhebung des Monatslohns. Plusstunden werden nicht wie beispielsweise in Gleitsystemen gestrichen."

Im sogenannten Jahresarbeitskonto werden die Schwankungen rund um die Soll-Jahresarbeitszeit (Jahresarbeitsvolumen) innerhalb eines festgelegten Korridors von z. B. +/- 100 Stunden festgelegt und mit Hilfe des Ampelkontos gesteuert: Je nach Abweichung von der Soll-Jahresarbeitszeit werden die Steuermöglichkeiten des Arbeitszeitkontos durch den Beschäftigten geregelt. In der grünen Phase, z. B. bei einer Abweichung von +/- 20 Stunden zum Sollwert, kann der Mitarbeiter seine Arbeitszeit eigenverantwortlich steuern. Tritt der Saldo seines Kontos in den gelben Bereich (z. B. +/- 25 bis 50 Stunden) erfolgt die Steuerung der Arbeitszeit in Absprache mit der Abteilung oder dem jeweiligen Projektteam. In der roten Ampelphase wird die Steuerung des Zeitkontos aktiv von der Führungskraft übernommen und so wieder dem Ziel des Ausgleichs zugeführt.

Anders als beim Zeitkonto werden beim Langzeitkonto konkrete betriebliche Zielsetzungen festgelegt, die, verteilt über einen längerfristigen Zeitablauf bis über die gesamte Erwerbsphase (Lebensarbeitskonto) zu einer Ansparung von Zeitwerten führen und damit wiederum Zeitguthaben bezwecken. Bei HOFF und WEIDINGER (vgl. 2003) finden sich folgende verschiedene Zwecke für die Anwendung von Langzeitkonten:

- zur Bewältigung längerfristiger Auslastungsschwankungen (saisonale Schwankungen, Produktlebenszyklen, Projektarbeiten, etc.), wobei die Rolle des Langzeitkontos als Puffer bei vorübergehenden Unterauslastungen herangezogen werden kann
- als attraktives Angebot für die Beschäftigten, ihre Lebensarbeitszeit flexibler zu gestalten (z. B. für Langzeiturlaube, Weiterbildungszwecke, etc.)
- zur Dehnung der betrieblich verfügbaren Personalkapazität, besonders in Zeiten personeller Engpässe
- zur Erhaltung der Leistungs- und Arbeitsfähigkeit der Mitarbeiter (im Besonderen bei Gefahr des Burn-outs)
- zur Verjüngung der Belegschaftsstruktur durch Förderung in den frühzeitigen Ruhestand (im Sinne der Altersteilzeit)

Die Anhäufung von Zeitguthaben ermöglichen den Beschäftigten temporäre Arbeitszeitreduktionen für familiäre oder persönliche Lebensanforderungen, lassen sich aber auch für mehrmonatige, sozial abgesicherte Freizeitblöcke, so genannte Sabbaticals mit unterschiedlichen Verwendungsmöglichkeiten nutzen.

Sabbaticals

KRÄMER (2004:24) definiert Sabbaticals als „Blockfreizeiten unterschiedlicher Dauer (Vierteljahr, halbes Jahr oder Jahr)", welche durch die Erbringung einer Arbeitsleistung über einen längeren Zeitraum angespart und, da nicht ausbezahlt, auf einem Langzeitkonto verbucht wurde. Verzichtet ein Vollbeschäftigter beispielsweise auf die Ausbezahlung eines Fünftels seines Arbeitsentgelts, so wird dieser Teil in Form von

Zeiteinheiten angelegt und kann auf Wunsch des Beschäftigten nach Ablauf von fünf Jahren als einjährige Blockfreizeit in Anspruch genommen werden. Damit ist der Arbeitnehmer im Zeitraum des Sabbaticals zwar von der Arbeitspflicht befreit, jedoch ist weiterhin seine sozialversicherungsrechtliche Absicherung gegeben.

9.4 Umsetzung der Lebensarbeitszeitgestaltung

Ähnlich wie beim Konzept der betrieblichen Gesundheitsförderung (vgl. Kapitel 8) hat sich zur Entwicklung und Einführung von Ansätzen zur Gestaltung der persönlichen Lebensarbeitszeit die Einrichtung von Arbeitszeitzirkeln bewährt, bei denen unter Einbindung aller Betroffener Maßnahmen der betrieblichen und individuellen Umsetzung erarbeitet werden.

Ein betrieblicher Arbeitszeitzirkel ähnelt in seiner Konzeption und Durchführung dem Qualitätszirkel und widmet sich den Fragestellungen innerbetrieblicher Arbeitszeitgestaltung. In einer auf Dauer angelegten Kleingruppe, bestehend aus Mitarbeitern der betroffenen Arbeitsbereiche sowie der Belegschaftsvertretung und den verantwortlichen Führungskräften, werden unter Anleitung eines geschulten Moderators betriebsspezifische Möglichkeiten der Lebensarbeitszeitgestaltung entwickelt, präsentiert und für die Umsetzung vorbereitet. Nach KRÄMER (2004:26) ist eine hohe Mitarbeiterbeteiligung am Arbeitszeitzirkel maßgeblich, „denn

- Mitarbeiter verfügen über ein hohes Maß an Gestaltungskompetenz,
- Mitarbeiter wünschen freiwillig an der Lösung ‚eigener' Probleme mitwirken zu können und
- Mitarbeiter akzeptieren Neuerungen durch Partizipation und Erfahrungsaustausch eher."

Für die Durchführung eines betrieblichen Arbeitszeitzirkels kann in der Regel (vgl. ebd.) von acht bis zehn zweistündigen Arbeitssitzungen ausgegangen werden. Im Mittelpunkt des Arbeitszeitzirkels sollten in jedem Fall folgende Inhalte und Aufgaben stehen:

9 Gestaltung der Lebensarbeitszeit

Phase	zu behandelnde Themen und Inhalte
1	Analyse und Bewertung aktueller Arbeitszeiten
2	Informationen über rechtliche, gesundheitsförderliche und sozialverträgliche Aspekte der Arbeitszeitgestaltung
3	Identifizierung persönlicher lebensarbeitszeitlicher Gestaltungsbedarfe
4	Definition der Ziele für ein betriebliches Lebensarbeitszeitkonzept
5	Information über innovative flexible Arbeitszeitformen
6	Präsentation von Praxisbeispielen; Diskussion der Übertragbarkeit auf den Nutzen von Beschäftigten und Unternehmen
7	Klärung von Bausteinen für die betriebliche Lebensarbeitszeitgestaltung
8	Entwicklung eines Konzeptvorschlags „Lebensarbeitszeitgestaltung" sowie Formulierung eines Vereinbarungsentwurfs

Abb. 62: Ablauf eines betrieblichen Arbeitszeitzirkels
In Anlehnung an KRÄMER *(2004:27)*

Bisherig durchgeführte Arbeitszeitzirkel (vgl. KRÄMER 2004; MORSCHHÄUSER et al. 2005; FRERICHS et al. 2006) haben gezeigt, dass sich die Beschäftigten primär für die Modelle einer zeitsouveränen Arbeitszeitgestaltung interessieren, was dem Bedarf einer Balance zwischen Erwerbsleben und Privatleben/Freizeit aber auch dem Wunsch nach mehr Freiraum in der individuellen, arbeitszeitlichen Gestaltung gleichkommt. Besonders bei Mitarbeitern der mittleren und älteren Altersgruppen werden Möglichkeiten der Verkürzung des Erwerbslebens bzw. der Gestaltung individueller Übergänge in den Ruhestand sowie Altersteilzeit als besonders notwendig erachtet. Für Beschäftigte der jüngeren Altersgruppen scheint eine Beschäftigung mit dem Thema noch etwas zu früh zu sein (vgl. FRERICHS et al. 2006). Eine generelle Zustimmung bei Alt und Jung findet sich im Gestaltungselement der Arbeitszeitkonten, „durch Arbeitszeitkonten erwarten die Beschäftigten eine zeitsouveräne Arbeitsgestaltung, planbare Blockfreizeiten als Fort- und Weiterbildungszeiten, mehr Optionen zur besseren Vereinbarkeit von Privatem und Beruf sowie individuelle Wege zur Verkürzung der Lebensarbeitszeit." (KRÄMER 2004:29)

10 Weiterbildung älterer Beschäftigter

In der betrieblichen Praxis besteht breiter Konsens darüber, dass lebensbegleitendes Lernen aufgrund des Wandels in Wirtschaft und Gesellschaft notwendig ist. Betrachtet man jedoch die Weiterbildungsbeteiligung aller Beschäftigten über den Verlauf der verschiedenen Lebensphasen, so nimmt diese vor allem nach dem fünfzigsten Lebensjahr stark ab. Gründe für den Rückgang der Weiterbildungsbeteiligung liegen möglicherweise darin, dass die Angebote nicht den Lernbedürfnissen und Lerngewohnheiten erfahrener Erwerbstätiger entsprechen.

Außerdem scheint sich in den letzten Jahren auch ein Einstellungswandel in Hinblick auf den aktuellen Qualifizierungsbedarf bzw. auf die Potenziale älterer Beschäftigter zu vollziehen. Vor allem im Kontext des demografischen Wandels gerät die Gruppe älterer Erwerbstätiger immer stärker in den Fokus von Bildungsträgern und Weiterbildungsverantwortlichen. Im Einzelnen ergeben sich aus diesen Entwicklungstendenzen folgende Fragestellungen, denen in diesem Kapitel nachgegangen werden soll:

- Wo wird aus betrieblicher Sicht der Weiterbildungsbedarf für ältere Arbeitnehmer gesehen? Unter welchen Bedingungen und bezogen auf welche Themenbereiche gestalten sich spezifische Weiterbildungsangebote für ältere Arbeitnehmer bzw. inwiefern wird bei der Gestaltung betrieblicher Weiterbildungsangebote auf die Bedürfnisse und Lerngewohnheiten älterer Arbeitnehmer eingegangen?
- Inwieweit findet eine lernförderliche Gestaltung des Arbeitsplatzes bzw. des Arbeitsumfeldes Eingang in betriebliche Weiterbildungskonzepte?
- Wo genau sehen älteren Arbeitnehmer ihren persönlichen Weiterbildungsbedarf? Welche Weiterbildungsangebote in der betrieblichen Praxis wurden bisher wahrgenommen und welche individuellen Qualifizierungsperspektiven ergeben sich daraus? Welche Anforderungen stellen ältere Beschäftigte an Weiterbildungsinstitute, deren Bildungsangebote bzw. deren ausübenden Erwachsenenbildner?
- Welche betrieblichen Weiterbildungsangebote sind entweder direkt an ältere Arbeitnehmer gerichtet oder berücksichtigen die Kompetenzen und Lernbedürfnisse älterer Arbeitnehmer? Was sind die wesentlichen Merkmale dieser Weiterbildungsangebote?

- Inwieweit lassen sich diese Weiterbildungskonzepte in die gängigen Konzepte lebensbegleitenden Lernens bzw. in die Konzepte von Personal- und Organisationsentwicklung eingliedern? Inwieweit sind sie verbunden mit Elementen informellen Lernens und lernförderlicher Arbeitsgestaltung? Gibt es Angebote zum Wissens- und Erfahrungstransfer zwischen Alt und Jung?
- Wie muss betriebliche Weiterbildung für ältere Arbeitnehmer gestaltet sein, damit sich ihre Kompetenzen zur Bewältigung neuer Anforderungen weiterentwickeln?

Die Qualifikation von Arbeitnehmern wird damit aus betrieblicher Perspektive zur Schlüsselaufgabe effektiver Personalentwicklung. Angesichts des technologischen Wandels werden die in der Ausbildung vermittelten Kenntnisse in vielen Berufen mehr oder weniger schnell obsolet (vgl. MERTENS 1974). Wird jedoch der individuelle Wissensstand eines Beschäftigten im Verlauf seiner Erwerbsbiografie nicht ständig aktualisiert, entstehen Leistungs- und Qualifikationsdefizite, die für die Erhaltung der individuellen Leistungsfähigkeit, aber auch der Innovationsfähigkeit der Unternehmung zur Bedrohung werden.

Nach BARKHOLDT et al. (vgl. 1995:427f) bestehen bei älteren Mitarbeitern vier entscheidende Qualifizierungsrisiken:

- *Dequalifizierungsprozesse.* Der Einsatz neuer Technologien, der ökonomische Strukturwandel etc. entwerten die sog. personengebundenen Qualifikationen, aber auch Ausbildung und Arbeitserfahrungen älterer Mitarbeiter. Diese Gefahr droht jedoch nicht nur Älteren, denn „auch Jüngere lernen dann nur noch für eine äußerst kurze Zeitspanne." (LEHR 1990:103)
- *Betriebsspezifische Einengungen der Qualifikation.* Arbeitsplatzspezifische, einseitige Tätigkeitsausrichtungen führen zu beruflicher und qualitativer Unterforderung und damit zum Abbau bereits erworbenen Wissens und Vermögens.
- *Intergenerative Qualifikationsunterschiede.* Unterschiede, die einerseits tatsächlich z. B. aufgrund aktueller Ausbildung bestehen, andererseits sozial konstruiert wirken, verschaffen jüngeren Arbeitnehmern am Arbeitsmarkt (noch) entscheidende Wettbewerbsvorteile gegenüber älteren Arbeitnehmern.

- *Leistungswandel.* Durch den tatsächlichen Abbau an Leistungsfähigkeit im Alter findet ein Leistungswandel statt, der jedoch vom Unternehmen ignoriert und nicht entsprechend durch Prävention oder Förderung kompensiert wird.

Einen möglichen Ausweg aus der Gefahr von Dequalifikation stellt die von der Europäischen Union initiierte und in den Mitgliedstaaten umgesetzte Maßnahme des „Lebenslangen Lernens" (vgl. Europäischer Rat 2000: Lissabon-, Bologna- und Kopenhagen-Prozess) in Form von kontinuierlicher beruflicher und persönlicher Weiterbildung dar. Der Kern dieses Konzeptes besteht in der Zusammenführung zweier bildungszentraler Strategien, nämlich der „Integration von Qualifizierungsprozessen in die Arbeitsorganisation über lernförderliche Arbeitsprozesse und Arbeitsmittel sowie [der] Integration von Weiterbildung über die gesamte Zeitdauer der Erwerbstätigkeit durch geeignete Arbeitszeitmodelle." (BARKHOLDT et al. 1995:429)

Die erste Kernstrategie des lebenslangen Lernens berücksichtigt die Qualifizierung am Arbeitsplatz „stärker als bisher als ein zu aktivierendes Lernpotenzial" und sorgt dafür, dass „das Lernen tendenziell wieder an den Arbeitsplatz zurückkehren kann." (ebd.) Die kontinuierliche berufliche Weiterbildung unterstützt die Employability des Arbeitnehmers und damit auch die Anpassungsfähigkeit an die Änderung betrieblicher Arbeitsaufgaben und stellt somit sicher, dass den Dequalifizierungsprozessen „präventiv, d. h. früher und effektiver begegnet werden kann." (ebd.)

Die bisherige berufliche Weiterbildungspraxis in Bezug auf ältere Arbeitnehmer zeigt jedoch, wie restriktiv und selektiv die betriebliche Weiterbildung und Qualifizierung der älteren Beschäftigten betrieben wurde: Ältere Beschäftigte nehmen nur in geringerem Maß an Qualifizierungs- und Personalentwicklungsmaßnahmen teil als jüngere Beschäftigte (vgl. WACHTLER, FRANZKE & BALCKE 1997). Des Weiteren existieren auch gruppenspezifische Unterschiede hinsichtlich der Teilnahme an beruflicher Weiterbildung.

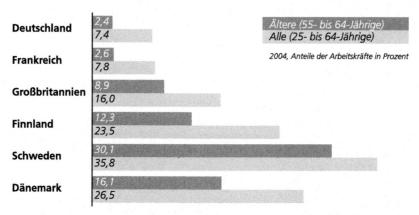

Anmerkung: Weiterbildung umfasst sämtliche Aus- und Erstausbildungen, (ständige) Weiterbildung, betriebliche Ausbildung, Lehre, Ausbildung am Arbeitsplatz, Seminare, Fernunterricht, Abendschule usw. sowie allgemein bildende Kurse.
Quelle: Eurostat European Labour Force Survey (eigene Berechnungen).

Abb. 63: *Weiterbildungsbeteiligung nach Altersgruppen*
Quelle: Eurostat, zit. nach IAB (2006)

10.1 Die Weiterbildungsbeteiligung älterer Mitarbeiter

Als Grund für die vergleichsweise geringere Teilnahme Älterer an Weiterbildungsmaßnahmen beschreiben LANGHOFF und ISRAEL (1993:89), „dass bei Qualifizierungsmaßnahmen eine Selektion der Mitarbeiter stattfindet, die als problembehaftet geltende Arbeitnehmergruppen, wie z. B. Ältere [...] ausschließt" und dass „Weiterbildungskonzepte, die den besonderen Bedürfnissen Älterer entgegenkommen, [...] kaum entwickelt und realisiert" (ebd.) werden.

Einhellig, so WACHTLER (1997:56) „wird festgestellt, dass die Weiterbildung älterer Beschäftigter, sofern sie stattfindet, überwiegend im Bereich der Anpassungsfortbildung erfolgt." Damit entziehen sich die bisherigen Strategien der Weiterbildung Älterer dem Aspekt der selbstbestimmten und individuellen Weiterentwicklung zugunsten betrieblich optimierter Amortisation, die, das belegen zumindest die Studien (vgl. FRITSCH 1994; SEVERING 1993) bei tätigkeitsübergreifender Weiterbildung (also nicht auf Qualifikationsanpassung ausgerichtet) nicht gegeben sein soll.

Eine weitere Begründung in der Bildungsbenachteiligung älterer Beschäftigter findet sich im bereits diskutierten Defizitmodell, dass davon ausgeht, dass mit zunehmenden Alter auch ein zunehmender Abbau körperlicher und geistiger Fähigkeiten einhergeht. „Häufig ist dieses Vorurteil jedoch sogar bei den Betroffenen selbst bereits so internalisiert, dass es im Sinne einer selbsterfüllenden Prophezeiung dazu führt, dass diese sich häufig selbst für eher weiterbildungs-ungeeignet und sogar für tendenziell lernunfähig halten." (KLASSEN-KLUGER 1998:19)

Dies führt dazu, dass ältere Beschäftigte zunehmend skeptisch neuen Weiterbildungsangeboten gegenüber stehen und diese als etwas Negatives, durchaus Fremdes und nicht unbedingt Notwendiges erachten. So darf es nicht verwundern, wenn der Wunsch nach beruflicher Weiterbildung nicht unmittelbar von den Betroffenen selbst kommt.

KRUSE (vgl. 1997) fasst die Ursachen für geringe Teilnahmequoten älterer Mitarbeiter an Weiterbildungs- und Qualifizierungsmaßnahmen mit der Kategorisierung in „externe" und „interne Barrieren" zusammen:

Externe Barrieren für mangelnde Weiterbildung älterer Mitarbeiter:

- Fehlende Bildungsangebote für ältere Mitarbeiter
- Negative Altersbilder in Unternehmen bezüglich ihrer Belastbarkeit und des Umstellungsverhaltens
- Betriebliche Tendenzen, ältere Mitarbeiter frühzeitig frei zu setzen

Interne Barrieren für mangelnde Weiterbildung älterer Mitarbeiter:

- Fehlende oder zu lange zurückliegende Lernerfahrungen
- Identifikation mit den negativen Altersbildern

10.2 Lernbedürfnisse und Lerngewohnheiten älterer Mitarbeiter

In einer Metaanalyse zum Zusammenhang von Leistungen in tätigkeitsbezogenen Trainings und dem Lebensalter konnten KUBECK et al. (1996) feststellen, dass ältere Beschäftigte nicht schlechter, sondern anders als

Jüngere lernen. Dies zeigt sich insbesondere darin, dass das Lernpensum konzentrierter erlernt wird, jedoch auch mehr Zeit in Anspruch nimmt, als dies bei Jüngeren der Fall ist.

Nach FORTEZA und PRIETO (vgl. 1989) empfiehlt sich für die Gestaltung von Weiterbildungsmaßnahmen für ältere Menschen insbesondere

- eine langsame Vermittlung der Lerninhalte unter Einplanung ausreichender Pausen und Feedbackschleifen zur Wiederholung und Festigung des erarbeiteten Wissens,
- selbsterklärende Lehrunterlagen, die in direktem Zusammenhang vernetzbar mit anderen Lerninhalten sind,
- aktives, explorierendes und kooperatives Lernen sowie selbstorganisierte und selbstgesteuerte Lernformen, bei denen Lerntempo und Reihenfolge der Lerninhalte selbst bestimmt werden können,
- eingehende Beratungen der älteren Teilnehmer im Vorfeld der Bildungsmaßnahme, bezugnehmend auf Ziel, Inhalt und Methodik des Seminars,
- Durchführung der Weiterbildung im Umfeld des bisherigen Tätigkeitsbereichs (near the job, on the job),
- hohe Anteile an beruflicher Praxis dienen insbesondere der Vermittlung relevanten Wissens bzw. nützlicher Fähig- und Fertigkeiten, wenn sie auf altersgerechte Weise eine Verknüpfung zwischen den betrieblichen Berufserfahrungen und den neuen Qualifizierungsinhalten herstellen,
- Integration und Verwertung von bisherigen Berufserfahrungen älterer Teilnehmer.

Damit Qualifizierungsmaßnahmen für ältere Beschäftigte erfolgreich sind, stellt das eben angeführte Kriterium der Integration und Verwertung bisheriger Berufserfahrungen eine der wichtigsten Voraussetzungen für das Gelingen betrieblicher Weiterbildung dar. WENKE (1996:55) hat den Begriff des „stillen Wissens" geprägt, dessen Verbalisierung als Hauptaufgabe von Weiterbildung gesehen werden kann.

„Sie müssen den Teilnehmerinnen und Teilnehmern zunächst einmal deren stilles Wissen bewusst machen. Ihnen muss vermittelt werden, dass sie bereits über Wissen, Erkenntnisse und Erfahrungen verfügen, die situationsabhängig sind und im Bedarfsfall sozusagen intuitiv abgerufen werden, die aber oftmals nicht bewusst sind und sprachlich vielleicht nie kodiert wurden und dennoch für die jeweilige Person von Bedeutung sind." (KLASSEN-KLUGER 1998:37)

Einen wichtigen Schritt dabei stellt das sog. „Partizipationsmodell" (HOOSHMANDI-ROBIA 2004:18) dar. Dieses plädiert für die Aufweichung der klassisch, hierarchischen Rollenverteilung in Bildungsmaßnahmen von Lehrer und Lernenden, hin zu einem partnerschaftlichen, gleichberechtigten Lernmodell, dass die am Lernprozess beteiligten Akteure auf einen gemeinsamen Wachstumsprozess zielen lässt:

„Die Weiterbildner/-innen sind auf die fachliche und soziale Kompetenz, vor allem auch auf den reichhaltigen Erfahrungshintergrund der Teilnehmerinnen und Teilnehmer angewiesen, um erfolgreiche Weiterbildung durchführen zu können. [...] Die Teilnehmerinnen und Teilnehmer wiederum sind auf die fachliche und soziale Kompetenz ihrer Weiterbildner/-innen angewiesen, um fachliche und fächerübergreifende, vor allem auch pädagogische und didaktisch-methodische Komponenten bei der Gestaltung von betrieblichen Lern- und Entwicklungsprozessen mit einbinden zu können. Beide Seiten – Teilnehmerinnen und Teilnehmer einerseits, Multiplikatoren andererseits – müssen die Vorteile des eigenständigen, in Selbstverantwortung gestalteten Lernens und des sozial kompetenten Umgangs (zunächst) in praxisnahen Lernsituationen selbst erfahren, um (anschließend) das Gelernte am Arbeitsplatz selbst praktizieren bzw. anderen vermitteln zu können." (KLASSEN-KLUGER 1998:38f)

Die spezifischen Charakteristika älterer Arbeitnehmer in der Weiterbildung sind auch aus methodisch-didaktischer Perspektive zu berücksichtigen (vgl. FAULSTICH, BAYER & KROHN 1998; WENKE 1996). Dies bedeutet nicht nur, die Lernmerkmale älterer Arbeitnehmer zu berücksichtigen (aufgaben- und fallbezogener Lernstil, Praxisbezug, Anschaulichkeit sowie sozialer Kontext- und Statusbezug), sondern auch die Methodik handlungsorientiert jedoch mit Rückbezug auf die theoretische Fundierung des Stoffs zu gestalten.

Den (meist jüngeren) Dozenten kommt in der beruflichen Weiterbildung mit älteren Arbeitnehmern eine äußerst wichtige Rolle zu: Nicht der traditionelle Frontalunterricht ist gefordert, sondern auch die Fähigkeit, als Moderator zu agieren und damit den Unterricht auf die vorhandenen Qualifikationen und Erfahrungen der Teilnehmer abzustimmen. Gerade die Aktivierung und Motivierung der älteren Teilnehmer ist wichtig, da sonst die Gefahr bestehen könnte, dass Weiterbildungsmaßnahmen als stigmatisierend erlebt werden. Um dies zu vermeiden, sind besonders altersheterogene Lerngruppen sinnvoll, wobei sich jedoch in altersgemischten Gruppen auch das Problem unterschiedlicher Lerngeschwindigkeiten stellen kann.

Obwohl z. B. ILMARINEN (1999:222) meint „older workers prefer learning among their equals", plädieren viele Praktiker (vgl. KLASSEN-KLUGER 1998) für altersgemischte Gruppen, um damit den Wissens-Austausch zwischen Jung und Alt zu gestalten.

10.3 Lernförderliche Arbeitsgestaltung und arbeitsnahe Qualifizierung

Die oben angeführten Kriterien alternsgerechter Weiterbildung zeigen sehr deutlich, dass die bisherigen Methoden nicht mehr adäquat erscheinen. Weg von geschützten Laborsituationen „off the job" geht der Trend wieder in Richtung Training „near the job" bzw. „on the job", verbunden mit dem Ziel, das bisher erworbene Erfahrungswissen einzubinden. Die bestehenden Organisationsformen betrieblicher Weiterbildung am Arbeitsplatz bzw. in Arbeitsplatznähe erfahren dabei geradezu eine Renaissance in altersgerechter Form.

Wie die Diskussion um die Ausgestaltung betrieblicher Weiterbildung (vgl. BECKER 1997) gezeigt hat, existieren in der betrieblichen Bildungsarbeit aufgrund unterschiedlicher Ausgangspunkte und Ziele der handelnden Akteure unterschiedliche Interessenslagen: Unternehmen planen ihre Personalentwicklungsstrategien aufgrund vorgegebener Unternehmensstrategien, Mitarbeiter haben individuelle und persönliche Ziele für ihre zukünftige (Karriere-)Entwicklung. BECKER (1997:9) sieht eine mögliche Bearbeitung dieser Problematik in der Einführung einer „adressatengerechten Weiterbildung", die es ermöglicht, die Qualifizierungsmaßnahmen entsprechend der persönlichen Bildungsbiografie individuell zu planen und zu realisieren.

Abb. 64: Individuelle und betriebliche Bildungsinteressenslagen
Quelle: DIETTRICH/GILLEN (2005:4)

In der Vermittlung zwischen den Interessenslagen von Beschäftigten und den Unternehmen bestimmen folgende zentrale Begriffe die betriebspädagogische Debatte (vgl. DEHNBOSTEL/PÄTZOLD 2004; ARNOLD 1995; GEISSLER 2000):

- Entwicklung von Schlüsselkompetenzen (vgl. MERTENS 1974)
- Verbindung von Arbeiten und Lernen (vgl. MORSCHHÄUSER 2002)
- Selbstgesteuertes Lernen und Selbstorganisation (vgl. BRINKMANN 2000)
- Implizites und explizites Erfahrungswissen
- Altersgerechte Methodik und Didaktik

10.3.1 Entwicklung von Schlüsselkompetenzen

Im Mittelpunkt altersgerechter Organisation von Lernformen steht die kontinuierliche Kompetenzentwicklung als unternehmenskritischer Erfolgsfaktor. Neben dem ständigen Aktualisieren und Aneignen von neuem Fachwissen soll die lernförderliche Ausgestaltung der Arbeitsplatzorganisation auch zu einer Erhöhung sog. „Schlüsselqualifikationen" (vgl. MERTENS 1974) führen.

Der Begriff „Schlüsselqualifikationen" wurde Anfang der 70er Jahre von DIETER MERTENS, dem damaligen Leiter des Instituts für Arbeitsmarkt- und Berufsforschung, zum ersten Mal erwähnt. Ausgangspunkt seiner Definition war es, einen übergreifenden Qualifikationsbegriff zu prägen, welcher sich nicht an den unmittelbaren Anforderungen eines „unscharfen Arbeitsmarktes" (vgl. MERTENS 1973) orientiert, sondern bewusst die Anpassungsfähigkeit an nicht Prognostizierbares als Ausgangspunkt wählt.

„Schlüsselqualifikationen sind demnach solche Kenntnisse, Fähigkeiten und Fertigkeiten, welche nicht unmittelbaren und begrenzten Bezug zu bestimmten, disparaten praktischen Tätigkeiten erbringen, sondern vielmehr

(a) die Eignung für eine große Zahl von Positionen und Funktionen als alternative Optionen zum gleichen Zeitpunkt und

(b) die Eignung für die Bewältigung einer Sequenz von (meist unvorhersehbaren) Änderungen von Anforderungen im Laufe des Lebens". (MERTENS 1988:40)

Den Begriff „Schlüsselqualifikationen" wählte Mertens deshalb, weil er die Qualifikationen als „Schlüssel zur raschen und reibungslosen Erschließung von wechselndem Spezialwissen" (MERTENS 1974:40) betrachtete.

Gerade eine gesellschaftliche und wirtschaftliche Entwicklung, in der inhaltliche Qualifikationen nicht mehr prognostizierbar sind, braucht die Ausbildung adäquater, vor allem formaler Fähigkeiten und Fertigkeiten: eben die der Schlüsselqualifikationen. Im Rahmen des „Employability Managements" (vgl. RAG Bildung 2006, online) sorgen folgende Kompetenzen für Erhalt und Förderung der Beschäftigungsfähigkeit von Mitarbeitern:

- Fachkompetenzen, Know-how auf dem neuesten Stand
- Persönliche Kompetenzen für einen reflexiven, eigenverantwortlichen Umgang mit sich selbst, den eigenen Ressourcen und den Anforderungen des Aufgabenprofils
- Soziale Kompetenzen für die Effizienzsteigerung in der Ausübung der beruflichen Tätigkeit, aber auch in Teamprozessen
- Unternehmerische Kompetenzen erlauben die flexible Reaktion und die Anpassung auf unternehmerische Entscheidungen, aber auch die eigenverantwortliche, selbständige Mit- und Ausgestaltung betrieblicher Rahmenbedingungen

- Interkulturelle Kompetenzen erleichtern einerseits die Zusammenarbeit in kulturell gemischten Teams, fördern aber auch die Bewältigung der Globalisierungstendenzen
- Methodenkompetenzen, Lösungskompetenz in Problemsituationen und kritischen Entscheidungen
- Kompetenzen der Mitarbeiterführung verhelfen den Beschäftigten, Führungsaufgaben im Dialog kooperativ und ergebnisorientiert auszuüben

Kompetenzentwicklung „lässt sich als lebensbegleitender Prozess ansehen. Sie findet im beruflichen Kontext durch die Auseinandersetzung mit Arbeit und die Arbeitsaufgaben statt und wird durch sie veranlasst. Reflexion kann als ein wesentliches Medium der Kompetenzentwicklung angesehen werden. Kompetenz stellt die zentrale Kategorie von Kompetenzentwicklung dar. Sie ist an das Individuum gebunden und kann nur von ihm selbst entwickelt werden." (DIETTRICH/GILLEN 2005:6)

Daraus ergeben sich für das betriebliche Bildungswesen zwei wichtige Erkenntnisse:

Das Unternehmen muss den (Arbeits-)Rahmen schaffen, innerhalb dessen individuelles Lernen nicht nur möglich, sondern auch gefördert wird. Im Unternehmen muss eine Wertehaltung bestehen, die Mitarbeiter darin fördert und motiviert, selbst den Drang zu kontinuierlicher Weiterentwicklung zu entwickeln.

Gerade was ältere Mitarbeiter betrifft, ist eine arbeitsplatznahe Gestaltung von Lernen nicht nur wünschenswert, sondern besonders notwendig, insbesondere dann, wenn dadurch die individuelle Reflexionsfähigkeit erhöht werden kann.

Am Beispiel des Kasseler Kompetenzrasters möchte ich Ihnen zeigen, wie Kompetenzentwicklung individuell gemessen und im betrieblichen Rahmen angewendet und durchgeführt werden kann.

Praxisbeispiel

Das Kasseler-Kompetenz-Raster (KKR)

Eine wissenschaftliche Studie der Universität Gesamthochschule Kassel hat erstmals einen Kompetenzraster entwickelt, mit dem anhand von objektiven Verhaltensdaten individuelle Kompetenzen untersucht und unternehmensübergreifend verglichen werden.

Während der viereinhalb Jahre dauernden Studie wurde nicht nur das Kasseler-Kompetenz-Raster entwickelt, sondern auch die Kompetenz und Flexibilität von insgesamt 400 Mitarbeitern und Mitarbeiterinnen aus den Produktions- und Planungsbereichen von zwanzig Unternehmen in Deutschland erhoben. Prof. Dr. EKKEHART FRIELING, Dr. SIMONE KAUFFELD und Dipl. Psych. SVEN GROTE belegen, dass beispielsweise die Sozialkompetenz zur Bewältigung von Optimierungsaufgaben bisher völlig überschätzt wurde. Zudem zeigte sich, dass auch Führungskräfte eigene Entscheidungsspielräume nicht nutzen.

In der Diskussion um neue, innovative Managementkonzepte nehmen der Zugriff auf das Leistungs- und Problemlösevermögen (vgl. BIBB 2000), das Engagement, die Flexibilität und die Selbststeuerungsfähigkeiten der Mitarbeiter eine zentrale Rolle ein. Kompetenzentwicklung und Mitarbeiterflexibilität werden als Wettbewerbsfaktoren hoch gehandelt. Bisher wurde jedoch nicht darüber diskutiert, wie genau diese Kompetenz und Flexibilität erfasst, bewertet und gefördert werden kann.

Dies war die Ausgangsfragestellung des Forschungsprojektes, in dem sowohl objektive Verhaltens- als auch subjektive Fragebogendaten berücksichtigt wurden. Im Fortgang des Forschungsprozesses kamen die Kasseler Arbeitswissenschaftler nicht nur zu einer Bestandserhebung in Sachen Flexibilität und Kompetenz in deutschen Unternehmen, sondern konnten auch mit den von ihnen entwickelten Methoden Vorschläge zur Kompetenzentwicklung beisteuern. Einige wesentliche Ergebnisse sollen thesenartig zusammengefasst werden:

**Kompetenzen lassen sich messen:
Das Kasseler-Kompetenz-Raster (KKR).**

Das Verfahren des KKRs basiert – im Gegensatz zu anderen Diagnoseinstrumenten auf objektiven Verhaltensdaten. Neben den Kompetenzfacetten Fach-, Methoden- und Sozialkompetenz wird auch die Selbstkompetenz, die bislang in vielen Verfahren unberücksichtigt blieb, einer direkten Beobachtung zugänglich gemacht. Dazu werden Gruppendiskussionen von jeweils fünf bis sieben Mitarbeitern eines Unternehmens, die über Arbeitszusammenhänge miteinander verbunden sind und eine aktuelle, unternehmens- und mitarbeiterrelevante Optimierungsaufgabe bearbeiten, auf Video aufgezeichnet. Sämtliche Aussagen der Mitarbeiter im Rahmen der insgesamt 60 ca. eineinhalbstündigen Diskussionen wurden transkribiert und dann anhand der fünfzig Kriterien des Kasseler-Kompetenz-Rasters ausgewertet. Dieser bislang einmalige Datensatz diente als Grundlage für die Beantwortung der Fragestellungen des Forschungsprojektes.

Kompetenz und Persönlichkeit sind unabhängig

Persönlichkeitseigenschaften, die per Definition als zeitlich überdauernd gelten, haben nach KAUFFELD (vgl. 2000) kaum etwas mit den beruflichen Handlungskompetenzen der Mitarbeiter zu tun.

Die Rolle der Sozialkompetenz: Mit viel Gefühl am Thema vorbei?

Der Sozialkompetenz wird in der aktuellen Managementliteratur eine bedeutende Rolle zugewiesen. Die Ergebnisse des Kasseler Instituts indes belegen, dass die Bedeutung der Sozialkompetenz für das Problemlösen in Gruppen überschätzt wird. Obwohl die Mitarbeiter geraume Zeit mit dem Austausch sozial wertender Äußerungen verbringen, befähigen soziale Kompetenzen im Kontext von Gruppendiskussionen nicht zum Generieren von (guten) Lösungen.

Vielmehr bergen sowohl positiv wie negativ wertende Äußerungen gegenüber Personen und ihren Handlungen die Gefahr, eine Sitzung zur kontinuierlichen Verbesserung in einen „Stammtisch" zu verwandeln. Effektive Gruppen bewähren sich durch Fach-, Methoden- und Selbstkompetenz, jedoch kaum durch Sozialkompetenz.

Organisationales Wissen ist Chance und Ballast

Die Ergebnisse der Kasseler Studie legen nahe, dass Wissen um die Organisation und Äußerungen zum Wissensmanagement zwar einen Beitrag zur Lösungsfindung leisten, jedoch keine Bedeutung haben, wenn es um die Qualität von Lösungen geht.

Nach KAUFFELD (vgl. 2000) reicht Wissen allein nicht aus, um Innovationen zu schaffen. Vielmehr können veraltete Kenntnisse und Fertigkeiten gekoppelt mit der Historisierung von Problemen und Lösungen bei Nichtbeachtung veränderter Rahmenbedingungen auch als Ballast mitgeschleppt werden. Innovatives zu generieren, heißt unter Umständen auch, Altes aufzugeben, fallen zu lassen und zu vergessen. Die dosierte, zielorientierte Anwendung von organisationalem Wissen muss gelernt und mit geeigneten Methoden wie z. B. Moderations- und Visualisierungstechniken, kombiniert werden.

Flexible Unternehmen fordern und fördern ihre Mitarbeiter

Durch flexible Tätigkeitsstrukturen in der Fertigung, in der Verwaltung sowie Qualitätszirkel und Projektgruppen im Unternehmen werden gute Rahmenbedingungen für selbständige Problemlösungsprozesse auf Mitarbeiterebene geschaffen. Auf der Gestaltungsebene des eigenen Arbeitsplatzes zeigt sich die dauerhafte Aufgabenerweiterung (Job Enlargement) im direkten Vergleich mit Job-Rotation-Maßnahmen als überlegen. Die Ergebnisse weisen eindeutig auf die Notwendigkeit arbeitsintegrierter Maßnahmen bei der Betrachtung von Lernprozessen hin.

Gruppenarbeit macht kompetent, insbesondere fachkompetent

Eine zentrale Größe in der Diskussion um arbeitsintegrierte Kompetenzentwicklung wird immer wieder durch Gruppenarbeit gestellt: Der Kenntnishorizont der Mitarbeiter über Abläufe, Maschinen, Personen und Probleme in der Organisation erweitert sich in Gruppenarbeit. Dies spiegelt sich in der differenzierten und vernetzten Lösungsorientierung in den Gruppendiskussionen wider. Insbesondere regelmäßige Gruppengespräche, kontinuierliche Verbesserungsprozesse und ein hohes Maß an Partizipation und Autonomie der Gruppen, die in den Gruppenarbeitskonzepten oft vernachlässigt werden, erweisen sich als kompetenzförderlich.

Investitionen in fachübergreifende Weiterbildung lohnen sich

In der Untersuchung erweisen sich fachübergreifende Schulungen wie Team- und Moderationstrainings als ausgesprochen sinnvoll: Neben positiven Effekten auf die Methoden- und Sozialkompetenz sind vor allem positive Auswirkungen auf die Fach- und die – insbesondere für innovative Aufgaben wichtige – Selbstkompetenz eindeutig belegbar. Persönlichkeitstrainings bleiben den Nachweis ihrer Wirksamkeit hingegen schuldig.

Fazit: Potenziale im Unternehmen bleiben ungenutzt, da zu wenig in kompetenzförderliche fachübergreifende Weiterbildung investiert wird.

Kompetenzpotenziale müssen erkannt und ausgeschöpft werden

Das Kasseler-Kompetenz-Raster gibt Antworten auf die Frage, wie Kompetenzen richtig erkannt, richtig entwickelt und gefördert werden können. Die Kompetenzen bei der Bewältigung einer Optimierungsaufgabe können mitarbeiter-, gruppen-, organisations- und branchenspezifisch ausgewertet werden und mit Benchmarks verglichen werden. Diskrepanzen zu den Vergleichswerten und spezifische Kombinationen der Kriterien der Fach-, Methoden-, Sozial- und Selbstkompetenz zeigen Kompetenzentwicklungsbedarf auf und geben Hinweise auf geeignete Kompetenzentwicklungsmaßnahmen.

Fachkompetenz	Methodenkompetenz	Sozialkompetenz	Selbstkompetenz
Differenziertheit Probleme **Problem (P)** (Teil-)Problem benennen **Problemerläuterung (PE)** Problem veranschaulichen	**Positiv (Strukturierung)** **Zielorientierung (Z)** auf Thema verweisen bzw. zurückführen **Klärung/Konkretisierung (K)** Beitrag auf den Punkt bringen, klären **Verfahrensvorschlag (VV)** das weitere Vorgehen vorschlagen **Verfahrensfrage (VF)** Frage zum weiteren Vorgehen **Priorisieren (PRIO)** Schwerpunkte setzen **Zeitmanagement (ZT)** auf Zeit verweisen **Aufgabenverteilung (A)** Aufgaben in der Diskussion delegieren/übernehmen **Visualisierung (VIS)** Benutzen von Flipchart und Metaplan o.ä. **Kosten-Nutzen-Abwägung (KN)** wirtschaftliches Denken **Zusammenfassung (ZSF)** Ergebnisse zusammenfassen	**Positiv (Interaktion)** **Ermunternde Ansprache (BA)** z. B. Stillere ansprechen **Unterstützung (Bzust)** Vorschlägen, Ideen etc. zustimmen **Aktives Zuhören (BAZ)** Interesse signalisieren („mmh", „ja") **Ablehnung (Abl)** sachlich widersprechen **Rückmeldung (RM)** z. B. signalisieren, ob etwas angekommen, neu, bekannt ist **Atmosphärische Auflockerung (Batm)** z. B. Späße **Trennung von Meinung und Tatsache (IB)** eigene Meinung als solche kennzeichnen **Gefühle (G)** Gefühle wie Ärger, Freude ansprechen **Lob (BL)** z. B. positive Äußerungen über andere Personen	**Positiv (Mitwirkung)** **Interesse an Veränderungen (IN)** Interesse signalisieren **Eigenverantwortung (EV)** Verantwortung übernehmen **Maßnahmenplanung (MP)** Aufgaben zur Umsetzung vereinbaren **Negativ (Mitwirkung)** **Kein Interesse an Veränderungen (KI)** z. B. Leugnen von Optimierungsmöglichkeiten **Jammern (J)** Betonung des negativen Ist-Zustandes, Schwarzmalerei auch Killerphrasen **Allgemeinplatz (AL)** inhaltsloses Gerede, Worthülse **Schuldigsuche (S)** Probleme personalisieren **Betonung autoritärer Elemente (AE)** auf Hierarchien und Zuständigkeiten verweisen **Abbruch (E)** Diskussion vorzeitig beenden (wollen)
Vernetztheit Probleme **Verknüpfung bei der Problemanalyse (V)** z. B. Ursachen und Folgen aufzeigen			
Differenziertheit Lösungen **Sollentwurf (SL)** Visionen, Anforderungen beschreiben **Lösungsvorschlag (L)** (Teil-)Lösung benennen **Lösungserläuterung (LE)** Lösung veranschaulichen			
Vernetztheit Lösungen **Problem zu Lösung (PL)** Einwände gegen Lösung **Verknüpfung mit Lösung (VL)** z. B. Vorteile einer Lösung benennen	**Negativ (Strukturierung)** **Themen springen (TS)** neues Thema ohne Bezug zu Vorangegangenem **Verlieren in Details und Beispielen (DB)** nicht zielführende Beispiele, Monologe	**Negativ (Interaktion)** **Tadel/Abwertung (BT)** Abwertung von anderen, „kleine Spitzen" **Unterbrechung (BU)** Wort abschneiden **Seitengespräch (BS)** Seitengespräche beginnen oder sich darin verwickeln lassen **Reputation (R)** Verweis auf Diensterfahrung, Betriebszugehörigkeit etc.	
Äußerungen zu Organisation **Organisationales Wissen (WO)** Wissen über Organisation und Abläufe			
Äußerungen zum Wissensmanagement **Wissen wer (WW)** Verweis auf Spezialisten **Frage (F)** Frage nach Meinung, Inhalt, Erfahrung			

(KKR; Kauffeld, 2000)

Abb. 65: Das Kasseler-Kompetenz-Raster
Quelle: KAUFFELD (2000:8)

10.3.2 Arbeiten und Lernen

Eine zentrale Stellung in der Weiterbildung älterer Beschäftigter nimmt die Verbindung von Arbeit und Lernen sowie ihre jeweilige Schwerpunktsetzung in einzelnen Situationen des betrieblichen Alltags ein. In der Betriebspädagogik wird zwischen „Lernformen" und „Arbeitsformen" unterschieden.

„Lernformen wie z. B. Qualitätszirkel, Lernstatt, Lerninsel und Lernstationen zeichnen sich dadurch aus, dass sie gezielt formelles bzw. organisiertes Lernen einbeziehen und mit Erfahrungslernen in der Arbeit verbinden. Ihnen ist gemeinsam, dass Arbeitsplätze und Arbeitsprozesse unter lernsystematischen und arbeitspädagogischen Gesichtspunkten erweitert und angereichert werden." (DIETTRICH/GILLEN 2005:7)

Die Schaffung eines bewusst unter organisationalen, personalen und didaktisch-methodischen Gesichtspunkten ausgestalteten Rahmens unterstützt das Lernen, vernetzt das Wissen der Beteiligten und fordert bzw. fördert die persönliche und fachliche Weiterentwicklung.

Anders hingegen gestalten „Arbeitsformen" das betriebliche Lernen: Moderne Arbeitsformen wie z. B. Gruppenarbeiten, Job Rotation, Projektarbeiten aber auch strategische Netzwerke fördern informelles Lernen bzw. Erfahrungslernen. Organisiertes Lernen findet bei diesen Arbeitsformen nur in beschränktem Ausmaß statt. „Das Lernen über und mit Erfahrungen erfolgt u. a. in der Aufgabenbearbeitung, in der Kommunikation am Arbeitsplatz, in der Qualitätssicherung und dem Qualitätsmanagement sowie bei kontinuierlichen Verbesserungs- und Optimierungsprozessen. Dieses Lernen kann zwar als informell bezeichnet werden, es wird in seinen Wirkungen jedoch eingeplant, und zwar vorwiegend aus Gründen betriebswirtschaftlicher Effizienz und Optimierung, weil es mit formalisierten Formen betrieblicher Weiterbildung nicht erreicht werden kann" (DIETTRICH/GILLEN 2005:8).

Von einer ganzheitlichen betrieblichen Weiterbildung kann erst dann gesprochen werden, wenn es gelingt, in diesen Lern- und Arbeitsformen gezielt das informelle bzw. Erfahrungslernen mit formellen, organisiertem Lernen zu verbinden. Erst durch die Verbindung der herkömmlichen Facharbeit mit Elementen arbeitsnahen Lernens wie z. B. Gruppenarbeiten, kontinuierlichen Verbesserungsprozessen oder Programmen der Geschäftsprozessoptimierung, können individuelle Handlungskompetenzen und lebenslanges Lernen der Beschäftigten mit betrieblichen Weiterbildungsplänen in Einklang gebracht werden.

Was wird nun unter formellen und informellen Lernen verstanden?

Definitorisch ist das betriebliche Lernen grundsätzlich in die Lernarten des formellen Lernens und des informellen Lernens unterteilt. (vgl. DEHNBOSTEL 2001:72ff). Formelles Lernen ist auf die Vermittlung festgelegter Lerninhalte und Lernziele in organisierter Form ausgerichtet, während informelles Lernen auch als Lernen aus und über Erfahrungen bezeichnet werden, kann, also kein vorgegebenes Lernziel mit bestimmten Methoden verfolgt, sondern direkt aus dem Arbeitsprozess entsteht.

	Formelles Lernen	Informelles Lernen
Lernort	institutionalisierter Lernort (Seminar, Unterricht, Lehrgang)	natürliche Lernumgebung (am Arbeitsplatz, im privaten Umfeld)
Form	vorwiegend fremdorganisiert	vorwiegend selbstgesteuert
Organisation	vorgeplante Struktur was und wie gelernt wird	Lernen wird durch Erfahrungen in bestimmten Lernsituationen ausgelöst und reflektiert
Ziel	Inhalte aufnehmen und wiedergeben können	Lernen lernen, Lernstrukturen entwickeln
Sozialer Kontext	künstlich zusammengesetzte Seminargruppen	Lerngruppen, Arbeitsteams, realitätsnahe Gruppenarbeiten

Abb. 66: Formelles und informelles Lernen

10.3.3 Modelle arbeitsbezogenen Lernens

Die Kompetenzentwicklung und der Erwerb beruflicher Handlungskompetenzen finden sich in unterschiedlichen Modellen von Lernen wieder. Jedoch zeigt die am BIBB (1994) durchgeführte FORCE-Erhebung, dass sich die praktische Implementierung arbeitsbezogener Weiterbildungsformen bis heute auf die Einarbeitung und das Training repetitiver Teilaufgaben im industriellen Produktionsprozess beschränkt. Innovative Methoden wie z. B. Qualitätszirkel, Austauschprogramme, Job Rotation oder Lernstätten werden in nur zwei bis fünf Prozent der befragten Unternehmen angewendet. Unterweisungen durch Vorgesetzte und betriebliche Einarbeitung spielen die mit Abstand größte Rolle.

Gerade hinsichtlich des demografischen Wandels zeigt sich (vgl. KÖCHLING 2002:108ff), dass die Verknüpfung der Weiterbildung mit dem Arbeitsalltag einen besonderen Stellenwert in der Qualifizierung älterer Mitarbeiter einnimmt. Unternehmen mit alternden Belegschaften müssen danach streben, Arbeitsplätze in Zukunft so zu gestalten, dass funktionales Lernen während der Arbeitszeit nicht nur ermöglicht, sondern auch unterstützt wird. Bei der Gestaltung lernförderlicher Arbeitsplätze gilt es jedoch zu berücksichtigen, dass neben einer fundierten Bildungsbedarfsanalyse (z. B. anhand des Kasseler-Kompetenz-Rasters) gemeinsam mit den betroffenen Mitarbeitern ein Bildungsplan erarbeitet und Schritt für Schritt auch funktional unter pädagogischer Anleitung umgesetzt wird. Konzepte des Coachings oder der Supervision können bei der Umsetzung auch für die notwendige Steigerung der strukturellen als auch persönlichen Reflexivität dienen und damit selbstgesteuertes und selbstorganisiertes Lernen fördern.

Die Vorteile des arbeitsnahen Lernens bestehen darin, dass

- Arbeitsaufgaben und -abläufe dem Arbeitenden so präsentiert werden, dass ein verstehender Zugang möglich ist, und
- direkt am Arbeitsplatz mediale, methodische, organisatorische und kommunikative Hilfsmittel des Lernens bereit stehen.

Folgende Abbildung gibt Ihnen einen Überblick über die wichtigsten arbeitsnahen Lernformen für betriebliche Weiterbildung.

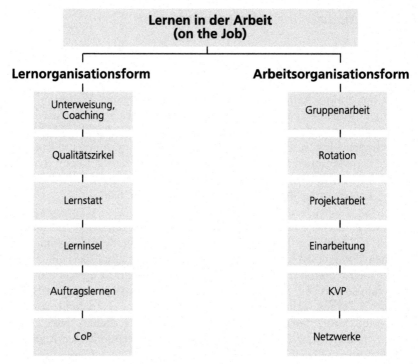

Abb 67: Arbeitsnahe Lernformen
Quelle: DEHNBOSTEL *(2005:7)*

Unterweisung, Einarbeitung und Coaching

Da ältere Mitarbeiter auf ein breites und vielfältiges Erfahrungswissen zurückgreifen können, empfiehlt sich die Methode des Coachings „on the job" oder „near the job" besonders zur Aktivierung bereits vorhandener Ressourcen. Anstelle der bisher üblichen Unterweisung stehen Fragetechniken im Vordergrund, die den Mitarbeiter selbst in die Proaktivität des Tuns leiten. Dadurch kommen Handlungsimpulse von innen, die gemeinsam mit dem Coach reflektiert werden. Das Coaching ist im Vergleich zur Unterweisung prozessorientiert und versucht, die bisher erworbenen Kompetenzen und Erfahrungen älterer Beschäftigter mittels Fragetechniken zu verbalisieren und damit das „stille Wissen" zu aktivieren.

Diese arbeitsnahe Lernform stützt die Initiative, Vorgesetzte als Coaches auszubilden und ihre Mitarbeiter, insbesondere die Älteren, individueller führen und beim Lernen begleiten zu können. Voraussetzung für die Implementierung von Coaching als arbeitsnahe Lernform ist wiederum die Eingliederung von Prozessbegleitung in die Unternehmenskultur, vor allem aber in die Führungskultur. Vorgesetzte, die als Coach ihre Mitarbeiter beim Lernprozess begleiten, benötigen nicht nur eine prozessorientierte und methodenvielfältige Ausbildung, sondern auch Basiswissen um die Lern- und Lebensbedürfnisse älterer Menschen.

Qualitätszirkel und KVP

In Qualitätszirkeln treffen sich Mitarbeiter zumeist der unteren Hierarchieebenen regelmäßig auf freiwilliger Basis, um spezielle Probleme ihres Arbeitsbereichs zu diskutieren (vgl. ANTONI 1994:30). Weitere Merkmale von Qualitätszirkeln sind die Moderation der Gruppe bzw. das Vorhandensein einer Steuergruppe. Als positive Effekte sind u. a. zu nennen: eine erhöhte Mitarbeitermotivation und Mitarbeiterzufriedenheit durch die gewährten Freiräume, eine verbesserte Arbeitseinstellung und positivere Identifikation mit dem Betrieb sowie direkte und indirekte Lerneffekte, die die Kommunikation und Zusammenarbeit verbessern und zu einer höheren Produkt- und Prozessqualität führen (vgl. BUNGARD 1991; SEVERING 1994). Qualitätszirkel bieten besonders älteren Mitarbeitern eine individuelle und altersgerechte Mitbestimmung am Arbeitsplatz.

Lernstatt

Die ersten Lernstätten entstanden Anfang der 1970er Jahre bei der Hoechst AG und der BMW AG. Die Zielsetzung dieser Form des arbeitsnahen Lernens lag in der Förderung von fachlicher und sozialer Kompetenz sowie in der sprachlichen Qualifizierung und betriebliche Integration von ausländischen Mitarbeitern. (vgl. SEVERING 1994:134). Bei der betrieblichen Umsetzung gingen einige Lernstatt-Konzeptionen von einer temporären Lernausrichtung aus, während anderenorts die Kontinuität der Lernstätten als konstitutives Merkmal betont wurde. Dem Erfahrungslernen sowie dem Voneinander-Lernen wird in jedem Fall ein hoher Stellenwert eingeräumt (vgl. SEVERING 1994:129).

Die begriffliche Zusammensetzung der Bezeichnung „Lernstatt" aus dem Begriff „Lernen" und dem der „Werkstatt" verweist auf die Doppeldeutigkeit von Weiterbildung: Diese soll in direktem Bezug zu konkreten Arbeitsplatzanforderungen stehen. SEVERING (1994) beschreibt insbesondere regelmäßige (zumeist von Mitarbeitern) moderierte Treffen, teilweise Prozessbegleitung durch Experten und zentrale Anleitung und Organisation als konzeptionelle Kennzeichen von Lernstätten.

Ähnlich wie bei Qualitätszirkeln liegen wesentliche Ziele der Weiterbildungsmaßnahme in einer höheren Motivation und Qualifikation aller Beteiligten, aber auch in der verbesserten Zusammenarbeit und höheren Produktqualität. In der betrieblichen Praxis ist der Verbreitungsgrad von Lernstätten relativ gering: Nach der oben erwähnten FORCE-Erhebung sind sie mit einem Verbreitungsgrad von zwei Prozent die seltenste Form arbeitsplatznaher Weiterbildung, obwohl ihr Einsatzschwerpunkt vor allem in Großunternehmen des ersten und zweiten Sektors liegt.

Lerninseln

Zur Vorbereitung auf veränderte Arbeitsformen wie Gruppen- oder Qualitätszirkelarbeit wurden weitere neue Lern- und Ausbildungskonzepte benötigt. Mit Beginn der 1990er Jahre wurden in den Fertigungsbereichen von Produktionsunternehmen im Rahmen von Modellprojekten so genannte Lerninseln für Auszubildende eingerichtet.

Bei Lerninseln wird eine „Arbeitsinfrastruktur" (also Arbeitsmittel, Aufgaben und Anforderungen etc.) an eine „Lerninfrastruktur" (Lernziele, Inhalte, Methoden, etc.) gekoppelt, wodurch Erfahrungslernen mit nachhaltigen Lernprozessen verknüpft werden soll (vgl. DEHNBOSTEL 1998:278).

Die Auszubildenden, die jeweils ca. einen halben bis mehrere Monate auf der Lerninsel verweilen, bearbeiten in der Gruppe zumeist innerhalb fester Zeitvorgaben eigenständig komplexe Arbeitsaufträge aus Teilen des Produktionsauftrages und werden dabei durch Fachausbilder, die als Berater und Moderatoren bei Schwierigkeiten zur Seite stehen (vgl. DÖRING 1998, DEHNBOSTEL 1998), beraten und begleitet.

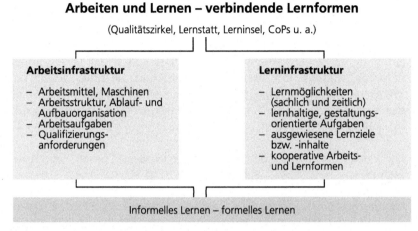

Abb. 68: *Kriterien einer ganzheitlichen Weiterbildung*
Quelle: Dehnbostel (2005:11)

Qualifizierungsziele von Lerninseln sind insbesondere die Steigerung von „Fach- und Methodenkompetenz, Selbststeuerung und Eigenverantwortlichkeit, Kooperation und Teamarbeit, Qualitätsbewusstsein, ganzheitliches Denken und Gestaltungsfähigkeit, Engagement für kontinuierliche Verbesserung, Verantwortung im Umgang mit Ressourcen" (DERRIKS 1988, S. 146). Dennoch haben sich Lerninseln seit ihrem ersten Auftauchen als Lernform nur wenig verbreitet.

Auftragslernen bzw. Projektlernen

Die Projektmethode ist eine der meist genutzten arbeitsnahen Lernformen der letzten Jahre und umfasst eine Aufgaben- bzw. Problemstellung aus der Arbeitspraxis, welche als Basis eines Selbstlern- oder Teamlern-Prozesses steht. In einem selbstorganisierten und selbstgesteuerten Auftragsbewältigungsprozess werden reale Arbeitsprobleme der Produktion simuliert und trainiert. Besonders häufig angewendet wird das Auftrags- bzw. Projektlernen in technischen oder organisatorischen Unternehmensbereichen.

Um ein besseres Selbstmanagement des Lernprozesses zu ermöglichen, wurde eine weitere arbeitsnahe Lernmethode entwickelt, nämlich die Leittextmethode.

Leittextmethode

Die Leittextmethode soll die Beschäftigten darin unterstützen, eine Orientierung für den Selbstlernprozess zu schaffen, d. h. das Lernen zu lernen. Die Methode konzentriert sich dabei auf die Entwicklung von Werkzeugen und Instrumenten zur Erleichterung des Selbstlernens, indem sie mit schriftlichem Material und Leitfragen den Lernprozess strukturieren und vereinfachen.

Die Umsetzung in den Betrieben erfolgt in sechs Phasen (vgl. KÖCK 2006:87):

- *Informieren:* Die Leitfragen müssen dem Lernenden ein Bild der erwarteten Lernergebnisse verschaffen;
- *Planen:* Der Lernende muss seinen eigenen Arbeits-/Lernplan entwickeln, allein oder im Team;
- *Entscheiden:* In dieser Phase fällt die Entscheidung, ob der vom Mitarbeiter/Lernenden präsentierte Plan durchführbar ist und welche Ressourcen und welches Wissen notwendig sind.
- *Einführen:* Der Arbeits-/Lernplan wird nun vom Mitarbeiter/Lernenden eigenverantwortlich durchgeführt;
- *Kontrollieren:* Der Lernende muss, immer mit den nötigen Leitfragen als Instrument, eine ständige Selbstkontrolle durchführen,
- *Bewerten:* Die letzte Bewertung ist eine konkrete Produktbewertung.

Die Methode ermöglicht die Individualisierung des Lernprozesses durch Rückkopplung und Feedback mit dem Ausbilder am Arbeitsplatz. Flexibilität und Selbststeuerung sind dabei entscheidende Bedingungen der Integration von Lern- und Arbeitsprozess. Unter dem Coaching des Ausbilders lernt der Auszubildende, sich selbständig und eigenverantwortlich zu informieren, die Erledigung eines Auftrages selbst zu planen und durchzuführen bzw. abschließend zu kontrollieren. Damit ist nicht nur eine selbstgesteuerte Lernmöglichkeit gegeben, sondern auch die Plattform für das kontinuierliche Entwickeln und Erweitern von Schlüsselkompetenzen.

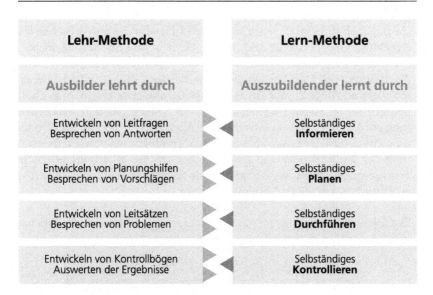

Abb 69: Übersicht Leittextmethode
Quelle: KÖCK (2006:89)

CoP und Netzwerke

Lernen am Arbeitsplatz ist die älteste und am weitesten verbreitete Form beruflicher Qualifizierung. Der Arbeitsort wird zugleich zum Lernort und bietet durch die Möglichkeit des Zusehens, Nachmachens, Mitmachens, Helfens und Probierens betriebs- und berufsspezifische Arbeitstätigkeiten zu erlernen. Die „Communities of Practise" (vgl. LAVE 1993) beschreiben das situierte Lernen durch Handlungen und alltägliches Tun in einer Gemeinschaft praktisch tätiger Menschen. Nach DEHNBOSTEL (2003:11) werden dadurch „nicht nur Wissen und Fähigkeiten weitergegeben, sondern ebenso Gewohnheiten, Einstellungen und Werte."

Gruppenarbeit

Der Wandel von Betrieben und deren Produktionsbereichen wurde in den letzten Jahrzehnten durch die Debatte um die Lean Production (vgl. JÜRGENS 1994) angeregt und geprägt. Bei der schlanken Produktion nimmt besonders die Gruppenarbeit einen wichtigen Stellenwert ein, einer MIT-

Umfrage (ebd.) zufolge, sehen mehr als 55 Prozent der europäischen Unternehmen Gruppenarbeit als zentrales Element im Lean Management.

Nach BUCK (vgl. 1996) zielen die Ideen, die den Gruppenarbeitskonzepten zugrunde liegen, „auf ein in Eigensteuerung erzieltes, gemeinschaftlich getragenes Arbeitsergebnis mit hoher Kompetenz und Verantwortung am Ort der Produktentstehung. Angesprochen sind hierbei Gestaltungsprinzipien der Entkopplung, Aufgabenintegration sowie die Gestaltung der Kooperation und Kommunikation, die allerdings nur dann Früchte tragen, wenn die entsprechende technische und logistische Ausgestaltung [...] genügend Freiräume bietet."

Die folgende Abbildung zeigt, aus welchen Merkmalen sich Gruppenarbeitskonzepte in der Regel zusammensetzen:

Abb. 70: Merkmale von Gruppenarbeit
Quelle: BUCK *(1996:135)*

Bei der Gruppenarbeit werden die für einen Arbeitsvorgang verschiedenen Einzelschritte auf der Grundlage von Produkt- oder Verfahrensähnlichkeiten, fertigungsorganisatorisch zusammengefassten Arbeitsgängen oder auch Querschnittsaufgaben unter Nutzung eines Wir-Gefühls von mehreren Beschäftigten gemeinsam ausgeführt. Die bisher im Management gültige Mitarbeiterkontrolle durch einen Supervisor bzw. eine Führungskraft wird an die Gruppe delegiert und damit ihrer Eigenverantwortung übergeben.

Die intergenerative Zusammenarbeit gewährleistet nicht nur den Wissenstransfer zwischen Alt und Jung, sondern auch lebenslanges Lernen durch Nutzung und Erweiterung der sozialen aber auch persönlichen (Schlüssel-)Kompetenzen für alle Beteiligten. Damit bietet die Einführung von Gruppenarbeit Chancen für eine weitreichende Veränderung des gesamten Unternehmens.

Das setzt jedoch die Gestaltung der vollständigen Arbeitsinhalte, also Planung, Realisierung und Kontrolle durch die Gruppe selbst voraus, was jedoch aus Sicht der gerontologischen Forschung als ein Entgegenkommen für die Potenziale älterer Mitarbeiter gesehen werden kann. (vgl. KÖCHLING 2004)

Job Rotation

Unter Job Rotation wird in der Literatur (vgl. WINKEL 2001; JÖRGER 1987; BERTHEL/BECKER 1986) die Übernahme von gleichen oder unterschiedlichen Funktionen oder Aufgabenfeldern in einer anderen Organisationseinheit innerhalb derselben Unternehmung verstanden. Job Rotation ist dabei in jedem Fall mit einem Wechsel in eine andere Organisationseinheit verbunden, d. h. es handelt sich nicht um Job Rotation, wenn nur der Arbeitsinhalt wechselt, die Stelle für den Beschäftigten als solche jedoch beibehalten wird.

Job Rotation ist es beispielsweise dann,

- wenn ein Produktmanager aus dem Bereich der Messtechnik in den Geschäftsbereich der Rundfunktechnik wechselt (gleiche Aufgabe, andere Organisationseinheit) oder

- wenn ein Produktmanager in den Vertrieb wechselt (unterschiedliche Aufgabe, andere Organisationseinheit).

Nach BREISIG/KRONE (vgl. 1999:419) kann Job Rotation sowohl auf einer bestimmten Leitungsebene stattfinden, aber auch einen Aufstieg für den rotierenden Mitarbeiter bedeuten. Der Wechsel kann zwischen regulären Stellen sowie in speziell für diesen Zweck geschaffenen Stellen (z. B. Schonarbeitsplätze, altersneutrale Arbeitsplätze, Arbeitsplätze zur Wiedereingliederung, Arbeitsplätze zur Ausschöpfung von alterungsbedingten Potenzialen etc.) geschehen. Die Rotation kann dementsprechend horizontal (Wechsel auf gleicher Ebene), vertikal (Wechsel in eine ranghöhere Stelle) und radial (Rotation zwischen Linie und Stab, Außen- und Innendienst) erfolgen.

Mit dem Konzept der Job Rotation können folgende unterschiedliche Ziele verfolgt werden:

- *als Personalentwicklung:* Mit Hilfe von Job Rotation können Beschäftigte „ihr [Anm. d. Verf.: formelles und informelles] Wissen und ihre Erfahrungen erweitern, ihrer Eignung und Befähigung entsprechende Tätigkeitsfelder kennen lernen, ihr Qualifikationsniveau erhöhen und [...] Arbeitsplätze finden, die ihrem Befähigungsprofil und ihren Bedürfnissen möglichst entsprechen." (JÖRGER 1987: 263).

Hier zeigt sich, dass die altersgerechte Arbeitsorganisation in Form von Job Rotation nicht nur den Bedürfnissen älterer Beschäftigter entgegen kommt, sondern auch Möglichkeiten bietet, die mit dem Alter sich entwickelnden Fähigkeiten und Potenziale (kristallines Wissen) optimal zu nutzen.

- *Minderung persönlicher Abhängigkeit:* Das Konzept der Job Rotation minimiert Zahl und Dauer innerbetrieblicher persönlicher Abhängigkeitsverhältnisse zwischen Beschäftigten und deren Vorgesetzten. Der Mitarbeiter ist in der Rotation mehreren Führungskräften unterstellt und wird von unterschiedlichen Vorgesetzten beurteilt. Damit steigt die Möglichkeit vielfältiger Lernprozesse und Feedbackprozessen aus mehreren Perspektiven.

- *Heranbildung neuer Führungskräfte:* Um den täglichen Anforderungen im Berufsalltag gewachsen zu sein, müssen Führungskräfte über bestimmte fachliche und soziale Fähigkeiten und Eigenschaften (vgl. Schlüsselqualifikationen) verfügen. Durch die arbeitsplatznahe Führungskräfteausbildung in Form von Job Rotation lassen sich Eignung, Potenzial und Profil einer zukünftigen Führungskraft qualitativ hochwertig beurteilen (vgl. JÖRGER 1987: 263). BREISIG und KRONE (1999: 411) sehen Job Rotation „als das Entwicklungsinstrument zur gezielten und nachhaltigen Förderung einer für die Zukunft wohl unverzichtbaren Grundeigenschaft von Führungskräften [...], nämlich der fachlichen und persönlichen Flexibilität."

- *Optimierung der Unternehmensressourcen:* Die innerbetriebliche Flexibilität und Mobilität hat enorme Auswirkungen auf das strategische Potenzial eines Unternehmens. Ein bewusst vollzogener Wechsel der Stellenbesetzungen nach den Kriterien einer altersgerechten, individuellen Maßnahmenplanung erleichtert die aufgabenorientierte Organisation und damit lebenslanges und arbeitsplatzbezogenes Lernen. Im Zuge von Job Rotation versetzte Führungskräfte können als Motor für Änderungen und Neuerungen im Rahmen von innerbetrieblichen Changeprozessen wirken (vgl. BERTHEL/BECKER 1986: 548).

- *Erweiterung des Verwendungsbereichs:* Flexibilitätssteigerung und Erleichterung der Stellvertretung

- *Employability der Mitarbeiter:* „Job Rotation erhält die Berufsfähigkeit für die Spanne eines Berufslebens und sichert im Interesse der Personalwirtschaft und des einzelnen Mitarbeiters deren breite Verwendbarkeit" (JÖRGER 1987:265). Neben der Erweiterung des Erfahrungs- und Lernhorizontes wird auch die mentale Beweglichkeit erhöht (vgl. JESERICH 1996:281).

- *Wissenstransfer:* Mitarbeiter mit mehr Erfahrung bzw. erfolgskritischem Wissen bringen neue Ideen ein, transferieren ihr Wissen und stellen alt eingefahrene Routinen in Frage. Damit entstehen im unternehmerischen Denken und Handeln, Überblick schaffende, vernetzte Zusammenhänge, was die Förderung der gemeinsamen Unternehmenskultur zur Folge hat. Job Rotation wirkt motivationsfördernd und unterstützt lebenslanges Lernen (vgl. JÖRGER 1987:263).

• *Förderung der Zusammenarbeit und Horizonterweiterung:* Mitarbeiter, die bereits Job Rotation betrieben haben, sind „offener für organisatorische Änderungen, sie sind weniger anfällig für ressort-egoistisches Denken, sie können [...] leichter mit anderen Facheinheiten kooperieren und Informationen austauschen." (KÜBLER 1982: 304)

Fazit

Das Spektrum der unterschiedlichen Modelle und Konzeptionen arbeitsbezogenen Lernens wird auch in Zukunft bestehen, jedoch im Kontext des lebenslangen Lernens weiter ausdifferenziert werden. In jedem Fall ist davon auszugehen, dass jeglicher Erwerb einer umfassenden beruflichen und sozialen Handlungskompetenz letztlich nur unter bestimmten organisationalen, aber auch tätigkeitsrealen Rahmenbedingungen stattfinden kann. Aus berufspädagogischer Sicht lassen sich mit DEHNBOSTEL (2003:13) folgende drei Thesen für eine weitere Entwicklung des arbeitsbezogenen Lernens formulieren:

• „Arbeiten in komplexen und ganzheitlichen Arbeitsprozessen mit hohen Dispositions- und Freiheitsgraden eröffnen neue Lern- und Bildungspotenziale. Inwieweit diese auf breiter Ebene wirksam werden, ist von der Konvergenz ökonomischer und pädagogischer Zielsetzungen abhängig.
• Eine umfassende berufliche Handlungskompetenz und eine reflexive Handlungskompetenz als Leitideen beruflicher Bildung sind nur in der Verknüpfung von formellem und informellem Lernen durchzusetzen.
• Neue Lernortkooperationen in Form von Verbünden und Netzwerken sind auf der vorberuflichen und der beruflichen Bildung notwendig, um die Integration arbeits- und lebensweltbezogener Lernziele und Lernprozesse durchzusetzen."

10.3.4 Selbstgesteuertes Lernen

Mit dem Begriff des selbstgesteuerten Lernens geht es grundsätzlich darum, „einer Fremdsteuerung des Lernprozesses bzw. der Rahmenbedingungen des Lernens entgegenzuwirken und dem Lernenden mehr Autonomie bei der Gestaltung des Lernprozesses zu ermöglichen. Somit können die Lernenden selbstbestimmt entscheiden, was und wie sie lernen – didaktisch gewendet bedeutet dies, dass die Lernenden Intention, Inhalte, Methoden und Medien autonom festlegen, ebenso Lernzeiten und Lernorte." (DIETTRICH/GILLEN 2005:8f)

Alle Konzeptionen des selbstgesteuerten Lernens gehen von einem ganzheitlichen Lernbegriff aus, d. h. Lernen als konstruktiver Prozess des einzelnen Subjekts. Dem pädagogischen Ansatz zufolge liegen viele Kompetenzen des Lernenden brach und müssen erst von Lernhindernissen befreit und dann ins Bewusstsein gehoben werden. „Statt einer Bildung ‚aus dem Automaten' geht es um Selbsterkenntnis und Selbstreflexion (z. B. bezogen auf die eigene Lerngeschichte, Lernmotivation, Hemmungen und Blockaden sowie Kompetenzen) und darum, das ‚Lernen selbst zu lernen', d. h. Strategien zu entwickeln, die dem eigenen geistigen Fortschritt dienen." (BUBOLZ-LUTZ 2000:269f)

In der unternehmerischen Praxis rückt anstelle der Frage „Was soll der Teilnehmer lernen?", nunmehr die Frage „Was will der Einzelne lernen, welchen persönlichen Zugang hat er zur Themenstellung bzw. wie, wann und in welchem Ausmaß will der Bildungsteilnehmer lernen?" Für den Seminarleiter bedeutet dieser Paradigmenwechsel einen Rollenübergang vom „Leiter" in die des „Lernbegleiters" sowie eine Abkehr von vorgefertigten Lernprogrammen und Lerninhalten hin zur Unterstützung bei der Erstellung eines gruppenindividuellen Lernprogramms.

Selbstgesteuertes Lernen im Alter

Betrieblich organisiertes Lernen bei älteren Beschäftigten ist in der Regel auf persönliche Neu- oder Umorientierung fokussiert. Die didaktischen Konzepte des selbstgesteuerten Lernens scheinen sich hierfür aus folgenden Gründen besonders gut zu eignen, denn sie

- erkennen die Freiräume des Alters und helfen, diese konsequent zu nutzen. Gerade in der zweiten Lebenshälfte geraten Menschen oft in Situationen (Pensionierung, körperliche Schwächen, etc.), zu deren Bewältigung es keine vorgefertigten Handlungskonzepte gibt, diese vielmehr individuell gefunden werden müssen;

- ermöglichen nicht nur den Erwerb von Fachwissen, sondern auch die Aneignung von „Orientierungswissen mit Alltagsrelevanz. Dieses an die persönlichen Fragestellungen gebundene Wissen könnte einem Mangel an Orientierung und Sinnverlust im Alter entgegenwirken." (BUBOLZ-LUTZ 2000:271);
- können Isolations- und Unselbstständigkeitstendenzen älterer Beschäftigter durch gezieltes Ansprechen der jeweiligen Bedürfnisse entgegenwirken. Insbesondere das selbstgesteuerte Lernen in Arbeitsgruppen (vgl. Gruppenarbeit) vermittelt das Gefühl des Eingebundenseins, schafft Sinn und somit wiederum Motivation an der kontinuierlichen persönlichen Weiterentwicklung;
- stärken im Einklang mit den Erkenntnissen der gerontologischen Forschung die Kompetenzen des Alters und unterstützen so den Erhalt des erfolgskritischen Wissens als Basis für den Wissenstransfer an junge Beschäftigte.

Für die Begleiter des selbstgesteuerten Lernens ergibt sich aus den oben angeführten Punkten ein spezielles Kompetenzprofil, das in der Praxis als hochkomplex und anspruchsvoll erlebt wird. Insbesondere die Kompetenzen in den Bereichen der Diagnostik (wo bestehen Lernprobleme, warum?), im Bereich der Gruppendynamik (Entwicklung vom Ich zum Wir, Konflikte in der Gruppe), im Bereich der persönlichen Selbstreflexion (Verzicht auf Vormachtstellung), aber auch in den Kompetenzen der Methodik und des Fachwissens zeigen sich die besonderen Anforderungen an das Jobprofil eines „altersgerechten" Trainers.

Wie nebenstehende Abbildung zeigt, ist die didaktische Planbarkeit des Bildungsprozesses deutlich eingeschränkt, was jedoch die Reflexivität des Lernenden bzw. dessen Eigenaktivität in den Mittelpunkt der Bildungsarbeit rückt.

Fazit: Das Konzept des selbstgesteuerten Lernens bedeutet, dass sich Lehrende in Zukunft vielmehr auf die Lernenden und deren persönliche Lernziele und Lernstrategien einstellen müssen.

10 Weiterbildung älterer Beschäftigter

Abb. 71: *Pädagogische Kompetenzen in selbstgesteuerten Lernprozessen*
Quelle: MÖRCHEN/BUBOLZ-LUTZ *(1999:49)*

10.3.5 Erfahrungswissen

In der gegenwärtigen Diskussion rund um Qualifikationserfordernisse rückt mehr und mehr der Begriff des Erfahrungswissens in den Mittelpunkt. Insbesondere dann, wenn Störungen, Fehler oder andere Abweichungen den normalen Arbeitsablauf beeinträchtigen, „spricht alles dafür, dass Erfahrungswissen eine maßgebliche und daher unverzichtbare Komponente des beruflichen Könnens bzw. der Handlungskompetenz ist." (KOLLER/PLATH 2000:121)

Wenn dem so ist, muss Erfahrungswissen notwendigerweise auch Thema in der beruflichen Aus- und Weiterbildung sein – und das nicht nur in der Bildung älterer Beschäftigter, sondern generell aller Zielgruppen von Bildung. Zuvor muss jedoch die Frage geklärt werden, was unter dem Begriff „Erfahrungswissen" zu verstehen ist:

Erfahrungswissen ist eine hochentwickelte Form von Handlungswissen, welches nach HACKER (vgl. 1992) nicht nur aus

- explizitem praktischem Wissen, sondern auch aus
- explizitem theoretischem Wissen (wie z. B. technisches, technologisches Wissen, Prozesswissen, Maßnahmenwissen, etc.), aber auch
- implizitem Wissen über Ursache-Wirkungszusammenhänge, funktionale Abhängigkeiten und Vorgehensweisen

besteht. Nach KOLLER und PLATH (2000:121) ist das explizite Wissen das „aussagbare, mitteilbare, verbalisierte oder deklarative Wissen", wäh-rend unter implizitem Wissen das „schweigende, nicht verbalisierte Wissen, das sog. silent knowledge" verstanden wird.

Das Erfahrungswissen bezieht sich nicht nur auf das „Wissen, dass" (Sachverhalt), sondern insbesondere auf das „Wissen, wie" (Vorgehensweise), stützt sich also auf die Kenntnis bisherig erlebter, vergleichbarer Fälle, aber auch auf die Kenntnis vielfältiger Situationen und deren unterschiedlichen Anforderungen: „Dieses Wissen ist zugleich auch mit Anwendungsbedingungen verknüpft, so dass sehr schnell und sicher nach ‚Wenn-dann-Regeln' abgerufen werden kann." (DÖRING 1988:78)

Wie aber kann nun Erfahrungswissen vermittelt werden?

Erfahrungswissen entsteht bei der Ausübung der zu erlernenden Tätigkeit unter anfänglicher sachkundiger Begleitung durch bereits erfahrene Personen (KOLLER, PLATH 2000:122). Alle Formen von arbeitsnahem Lernen unterstützen den Erwerb von Erfahrungswissen, wenngleich darauf hingewiesen werden muss, dass selbstgesteuerte Lernprozesse aufgrund von technischem und organisatorischem Wandel durch die Schaffung von betrieblichen Lerngelegenheiten, Lernfeldern und Lernumgebungen (lernförderliche Arbeitsplatzgestaltung) unterstützt werden müssen. „Derartige ‚Lernumgebungen', in denen das Lernen klar erkennbar dem Erwerb von Handlungsfähigkeit bzw. Handlungskompetenz für künftig veränderte Anforderungen dient, haben den Vorteil, dass die betreffenden Mitarbeiter zumeist eine intrinsische Lernmotivation entwickeln, die den Lernerfolg enorm begünstigen." (KOLLER/PLATH 2000: 122)

Da es sich bei der Aneignung von Erfahrungswissen um eine äußerst komplexe und dynamische Form des Wissenserwerbs handelt, welches sich an Arbeitszielen und Arbeitsbedingungen orientiert, ist eine Adaption an veränderte bzw. neu gestaltete Anforderungssituationen für den

Lernerfolg und -transfer geradezu zwingend. Die bei einer möglichen Anpassung zur Anwendung kommende Prozesse der Differenzierung, Reorganisation, Umstrukturierung von Wissensinhalten und individuellem Handlungsprogrammen und Impulsmustern können durch verschiedene Lernformen wie z. B. selbstgesteuertes Lernen, Unterweisung, Gruppenarbeit, und in verschiedenen Lernfeldern (z. B. durch Job Rotation) ermöglicht werden.

Kann Erfahrungswissen auch im Alter erworben werden?

Erfahrungswissen kann auch im Alter unproblematisch erworben werden, insbesondere dann, wenn das neu zu Erlernende an bisherig Erworbenes entsprechend anknüpft, so dass eine sehr gute Transferbedingung für die praktische Integration gegeben ist. Der Erwerb von Erfahrungswissen hängt nach RENKL (vgl. 1996) auch davon ab, welche Lernmöglichkeiten den älteren Beschäftigten eingeräumt werden. Darunter sind im Besonderen eine lernförderliche Arbeitsplatzgestaltung und eine altersgerechte Methodik und Didaktik zu verstehen.

10.3.6 Altersgerechte Didaktik

Die didaktischen Prinzipien der methodenorientierten Erwachsenenbildung, wie auch die Forderungen im Rahmen des lebenslangen Lernens (vgl. KOLLAND 2005), betonen das Konzept des selbstgesteuerten Lernens. Beim Erwachsenen liegt grundsätzlich kein gesellschaftlicher Zwang zum Lernen vor, sodass auch jeder für sein Lernen selbst verantwortlich ist. Wird jedoch die Fähigkeit des Lernens nicht permanent geübt und entwickelt, kann die Lernfähigkeit nachlassen und die entsprechende Beschäftigung damit erschweren.

Wie AXHAUSEN et al. (vgl. 2002) beschreiben, zeigen sich besonders bei älteren Beschäftigten große Lücken in der Ausgestaltung von Lernprozessen, aber auch in der Motivation, sich Lernprozessen auszusetzen. Wie viele Untersuchungen (vgl. SCHMIEL 1977:162) gezeigt haben, ist die Motivation zum Lernen dann größer, wenn auch die Selbstbestimmung bezugnehmend auf Zeitpunkt, Umfang und Geschwindigkeit höher ist. Einen weiteren Punkt der erwachsenendidaktischen Prinzipien bildet die Teilnehmer- bzw. deren Bedürfnisorientierung. Diese ist auch für die Gestaltung des altersgerechten Lernens erforderlich. So sollten z. B. die

Lebensbedingungen sowie die Lebensphasen der Bildungsteilnehmer berücksichtigt werden, nicht nur die Arbeits-, sondern auch die soziale und die biopsychische Sphäre als individuelle Bedürfnisse in den Lernprozess integriert werden. Für diese Art der individuellen Lernbetreuung sind vor allem Methoden wie das Coaching oder Mentoring besonders gut geeignet.

In den Formen des Gruppenlernens ist besonders darauf zu achten, dass die Zusammensetzung der Teilnehmer je nach Zielsetzung homogen oder heterogen (was insbesondere die Bipolaritäten Geschlecht, Alter, akademische Grade etc. betrifft) erfolgen sollte.

Nachfolgende Abbildung zeigt zusammenfassend die wichtigsten Kriterien einer altersgerechten Methodik und Didaktik im Vergleich zur traditionellen Erwachsenenbildung.

Kriterium	Erwachsenenbildung	Altersgerechtes Lernen
Didaktisches Prinzip	Vorgaben	Selbstverantwortliches Lernen – selbständiges und verantwortungsbewusstes Denken und Handeln – selbstorganisiertes Lernen – Lernen lernen – Informelles Lernen
Orientierung	Dozentenorientierung	Teilnehmerorientierung – Integration von Alters- und Gesellschafsgruppen – Berücksichtigung von Lebensphasen und Lebensbedingungen – Individuelle Abstimmung des Lehrstils auf die Teilnehmer – Fokus auf die Interessen der Teilnehmer
Fokus	Theoriebezug (theoretisch deduktiv)	Erfahrungsbezug – auf individuelle Erfahrungen aufbauend – Abbau von Lernhemmnissen – Anregung und Unterstützung des Umlernens – Austausch von Erfahrungen – Weitergabe von Erfahrungswissen
Ziel und Zweck	Bedarfsorientierung	Anwendungsorientierung – Fachliches Wissen (sowohl praktisch als auch theoretisch) – Inhaltliches Basiswissen, methodische, personelle und soziale Kompetenzen (Allgemeinwissen) – Förderung des Transfers

Abb. 72: Kriterien altersgerechten Lernens

10.4 Zusammenfassung

Abschließend lassen sich aus demografischer Perspektive folgende Kriterien für die Gestaltung beruflicher Aus- und Weiterbildung besonders älterer Beschäftigter ableiten:

- Lebenslanges Lernen wird in Zeiten der demografischen Veränderung zur nachhaltigen Sicherung von Wachstum, Innovation und Wettbewerbsfähigkeit eines Unternehmens.
- Bisherige Bildungsangebote entsprechen nicht den Bedürfnissen älterer Beschäftigter und müssen daher in erster Linie thematisch, aber auch methodisch und didaktisch angepasst werden.
- Um eine entsprechende Weiterbildungsbeteiligung zu erzielen, muss der Stellenwert des lebenslangen Lernens auch unter motivationalen Aspekten beleuchtet und im Unternehmen kommuniziert werden, ist also Teil der Unternehmenskultur.
- Einen besonderen Stellenwert in der Weiterbildung älterer Mitarbeiter nimmt einerseits die Verbalisierung des „stillen Wissens" in Form von Erfahrungsaustausch ein, andererseits auch die Vermittlung und Entwicklung von Erfahrungswissen sowohl bei jüngeren, als auch älteren Beschäftigten.
- Erfahrungswissen ist eng an die betriebliche Praxis geknüpft, insofern müssen auch bestehende Bildungsmaßnahmen wieder zunehmend an den betrieblichen Ablauf herangeführt werden. Die Formen des arbeitsnahen Lernens treten vermehrt in den Mittelpunkt betrieblicher Bildungsgestaltung, wobei auch der Thematik des intergenerativen Austauschs mehr Bedeutung beigemessen werden muss.
- Die Qualifizierung älterer Beschäftigter zeigt sich als eine sehr individuell durchzuführende, langfristig geplante Maßnahme. Am Beginn sollten ausführliche, individuell abgestimmte Gespräche zwecks Bildungsplanung und -gestaltung geführt werden, um den jeweiligen Entwicklungsbedarf altersgerecht und unternehmenszentriert durchführen zu können.
- Bildungsmaßnahmen müssen stärker an die Ziele des Personalmanagements und in die Agenden der Personalentwicklung integriert werden und mit Hilfe didaktischer Methoden an den betrieblichen Arbeitsablauf herangeführt werden (siehe Abbildung).

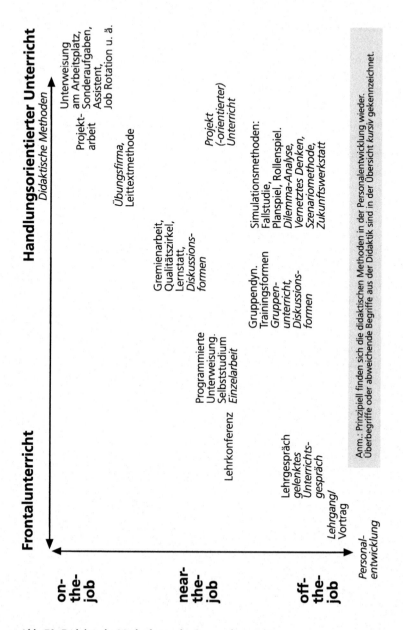

Abb. 73: Didaktische Methoden in der Personalentwicklung

11 Intergenerativer Wissenstransfer

In den vergangenen Jahren hat das Interesse am Thema Wissensmanagement und die Gestaltung des Transfers von erfolgskritischem Wissen stark zugenommen. Unternehmungen haben es sich zum Ziel gesetzt, die Wissenspotenziale ihrer Mitarbeiter zugänglich und besser nutzbar zu machen, um dadurch eine effizientere Ausschöpfung der vorhandenen Humanpotenziale und langfristige Wettbewerbsvorteile zu erzielen.

Aufgrund demografischer Veränderungen werden zunehmend mehrere Generationen gemeinsam im Arbeitsprozess stehen. „Im Rahmen eines intergenerativen Wissenstransfers werden die Wissensbestände von jüngeren und älteren Mitarbeitern nicht als konkurrierende, sondern als komplementäre Wissensbestände aufgefasst, die sich in vieler Hinsicht ergänzen." (FRERICHS 1996:77)

11.1 Erfolgskritisches Wissen

Was wird nun unter erfolgskritischem Wissen verstanden? Nach RUMP und SCHMIDT (2004:70ff) „wird Wissen als die Fähigkeit und Voraussetzung für bewusstes Handeln, die sich aus einem Handlungskontext vernetzten und bewerteten Informationen zusammensetzt, verstanden. [...] Der Wert des Wissens zeigt sich, wenn das Wissen in Können umgesetzt und zu bestimmten Handlungen führt. [...] Erfolgskritisch ist Wissen dann, wenn es einzigartig ist und/oder maßgeblich die Leistung beeinflusst."

In Anlehnung an PROBST/RAUB und ROMHARDT (vgl. 1998) lassen sich die folgenden drei Kategorien von erfolgskritischem Wissen identifizieren:

- *Hebelwissen* – schafft Wettbewerbsvorteile und hat einen großen Nutzen für den Leistungserstellungsprozess
- *Basiswissen* – geht mit geringem Wettbewerbsvorsprung aber mit hoher Leistungsbeeinflussung einher, stellt Geschäftsprozesse sicher und kann mit Verbesserung des Wissensniveaus zu Hebelwissen umgewandelt werden

- *Engpasswissen* – ist bisher wenig nutzbringend, kann jedoch mit entsprechender Nutzung, Vertiefung und Erweiterung unter hohen Bildungsinvestitionen zu erfolgskritischem Wissen werden

Um nun das erfolgskritische Wissen für ein Unternehmen nutzbar zu machen, muss es zunächst identifiziert (Identifikation von Wissen) und generiert (Generierung von Wissen) werden (vgl. ARMUTAT et al. 2002:20). Im Anschluss daran folgt der Transfer des Wissen, gepaart mit der Nutzung und Bewahrung dieses Wissens. Durch die Praxis der Frühverrentung geht einem Unternehmen wertvolles kritisches Wissen verloren. In einer österreichischen Universität wurde nach Prüfung des Durchschnittsalters der Belegschaft festgestellt, dass bereits im Jahr 2015 mehr als 70 Prozent (!) der Universitätsprofessoren im Renteneintrittsalter sind – auch dort wird man sich die Frage stellen müssen, wie deren kritisches Wissen erhalten und an jüngere Mitarbeiter weitergegeben werden kann.

Doch wie die Einführung neuer Technologien zeigt, wäre es fahrlässig, ausschließlich davon auszugehen, dass Wissenstransfer nur von Alt zu Jung stattfindet. Auch junge Mitarbeiter verfügen über spezielles und nutzbringendes Wissen auf dem neuesten Stand, welches älteren Beschäftigten mit einer gewissen „Betriebsblindheit" bei der Bewältigung der alltäglichen Arbeitsaufgaben behilflich sein kann.

Damit ein wechselseitiger Wissensaustausch zwischen Jung und Alt aber auch tatsächlich zum beiderseitigen Nutzen stattfinden kann und nicht zufällig bleibt, müssen intergenerative Lernprozesse organisatorisch verankert, institutionalisiert werden. Die daraus resultierenden, ergänzenden Wissensbestände müssen auch zur betrieblichen Handlungspraxis werden. Durch institutionalisierte und anerkannte Formen des Wissensmanagement kann zudem auch für ältere Mitarbeiter die notwendige Vertrauensbasis geschaffen werden, sich dem Transfer des eigenen Erfahrungswissens (vgl. S. 185) zu öffnen und das lebenslange Lernen als Chance zu begreifen.

Als Grundvoraussetzung für derartige Lern- und Vermittlungsprozesse müssen in die Unternehmenskultur entsprechende Leitbilder und Werthaltungen integriert sein bzw. werden (vgl. BRAMMER et al. 2001). Da es sich bei einem großen Teil des Basis- und Hebelwissens um implizites, also Erfahrungswissen handelt, sind zur Vermittlung und Übertragung dieses Wissens kooperative und kommunikative Formen des Lernens gefragt. In erster Linie ist jedoch die individuelle Bereitschaft zur Wissensweitergabe zu fördern. Folgende Voraussetzungen sind dazu essentiell (vgl. BUCK et al. 2002:58ff):

- *Ermöglichen:* Die Arbeitsrolle der älteren Arbeitnehmer ist insofern auf eine Trainertätigkeit zu erweitern, dass die Lehrfunktion ein definierter Teil ihres Aufgabenprofils ist.
- *Befähigen:* Weiters ist es sinnvoll, diese Trainer in Methodik und Didaktik anzuleiten, wie sie das Lehren bewältigen und damit das Wissen auch transportieren können.
- *Unterstützen:* Zusätzlich müssen neben und mit den alltäglichen Tätigkeiten (Lernen am Arbeitsplatz, vgl. Kapitel 6.4 und 10.3) Möglichkeit des Lehrens gegeben und zeitliche Ressourcen dafür eingeplant sein.
- *Motivieren:* Schließlich sind materielle Anreize zu schaffen, die Lehrfunktion auszuführen, damit sie ihr, über die Jahre angesammeltes, wertvolles Erfahrungswissen an ihre jüngeren Kollegen weitergeben.

11.2 Instrumente des intergenerativen Wissenstransfers

Zu den wichtigsten Elemente einer erfolgreichen Wissensentwicklung gehören nach RUMP und SCHMIDT (2004:98) „Veränderung der Arbeitsinhalte, explizite Lernorte, Team bzw. Projektarbeit, Coaching sowie die Vermittlung von Best Practice".

Veränderung der Arbeitsinhalte

Job Enlargement, Job Enrichment und Job Rotation sind geeignete Instrumente, um das Wissen der Beschäftigten systematisch aufzubauen und zu vernetzen. Insbesondere die Job Rotation erhält unter dem Fokus des intergenerativen Wissenstransfers besondere Bedeutung, wie nachfolgendes Beispiel eindrucksvoll bestätigt:

Praxisbeispiel

„Das Montagesystem bei einem Kraftfahrzeughersteller besteht aus einem getakteten Band und einer vom Band entkoppelten Vormontage an Einzelarbeitsplätzen. Von den Tätigkeiten dieses Arbeitssystems fallen 70 Prozent am Band und 30 Prozent in der Vormontage an. Um einen physischen und psychischen Belastungswechsel zu ermöglichen, ist es notwendig, dass regelmäßig über die Vormontageplätze und über die taktunabhängigen planerischen Tätigkeiten (z. B. Materialabruf) rotiert wird.

Bei der Einführung von Gruppenarbeit war es erklärtes Ziel des Managements, ein hochflexibles Arbeitssystem zu gestalten, welches auch zukünftigen Anforderungen an steigende Komplexität und Variantenvielfalt der Baugruppen gewachsen sein soll. Die Einsatzflexibilität der Mitarbeiter sollte deshalb so groß sein, dass im Prinzip jeder Mitarbeiter jede Tätigkeit der Gruppenaufgabe beherrschen sollte. Deshalb wurde von der Gruppe von vornherein ein Budget für Grund- und Weiterqualifizierung zur Verfügung gestellt. Zusätzlich wurde ein Entlohnungssystem gemeinsam mit der Gruppe erarbeitet, welches einen Anreiz zur Rotation über alle Gruppentätigkeiten durch eine Prämie bei nachgewiesener regelmäßiger Rotation erhielt. Diese Prämie war stufenweise nach dem Prozentsatz der beherrschten Gruppentätigkeit gestaffelt." (PACK et al. 2000:38f)

Durch die regelmäßige Rotation über alle Gruppentätigkeiten und den wechselseitig permanent stattfindenden Erfahrungsaustausch innerhalb des Arbeitsablaufs können einerseits alle physischen und psychischen Leistungsvoraussetzungen des Einzelnen erhalten bzw. gefördert werden, andererseits findet auch ein Erfahrungsaustausch statt mit integrierter Wissensweitergabe unter dem Motto

- Know how (Daten und Informationen so verknüpfen, dass Ziele besser erreicht werden),
- Know new (neues Wissen und Aha-Effekte durch neue Perspektiven erzeugen),
- Know to do (Verringern von Know-how-Defiziten durch Problemlösung),
- Know what (Fach- und Erfahrungswissen erhöhen). (vgl. RADATZ 2002:97)

Explizite Lernorte

Explizite Lernorte sind z. B. sog. Think Tanks, d .h. unternehmensinterne Einheiten, die sich mit der Generierung und Vermittlung von betriebsinternem, erfolgskritischen Wissen auseinandersetzen (vgl. HERBST 2000). Auf bestimmte Themen spezialisierte Einheiten und Stäbe (z. B. Organisationsentwicklung, F & E) zählen zu den bekanntesten Think Tanks. Lernzentren oder Lerninseln gelten dann als explizite Lernorte, wenn sich Mitarbeiter regelmäßig treffen, um an gemeinsamen Problemstellungen zu arbeiten, daraus Lösungsansätze zu entwickeln und dadurch Lernen und Handeln miteinander zu verknüpfen. Typische Lernzentren sind unter anderem Qualitäts- (vgl. S. 173) oder Gesundheitszirkel (vgl. S. 122).

Altersgemischte Teamarbeit

Teamarbeit bietet ebenso eine effektive Plattform für die Generierung neuen Wissens. Dabei tauschen die Teammitglieder ihr Wissen aus, kombinieren es neu und kreieren dadurch eine Fülle neuer Ideen und Lösungsansätze. Altersgemischte Teamstrukturen setzen auf ein wechselseitiges Lernen von Jüngeren und Älteren und unterstützen somit einen gegenseitigen Qualifizierungsprozess.

Die den jeweiligen Altersgruppen als typisch zugeschriebenen Eigenschaften und Stärken sollen auf diese Weise konzentriert in die Gruppenleistung einfließen, dass ältere und jüngere Mitarbeiter arbeits- und innovationsfähig bleiben und ihr erfolgskritisches Wissen pflegen und erhalten: während Jüngere von den Erfahrungen der Älteren profitieren und ihre speziellen Kenntnisse einbringen, werden ältere Mitarbeiter durch die Erweiterung ihres Jobprofils (Lehrtätigkeit) zusätzlich motiviert und erhalten durch Inanspruchnahme neuer Tätigkeiten wieder neue Möglichkeiten, Erfahrungen zu sammeln und Fähigkeiten auszubauen. Dieses systematische Konzept des Wissenstransfers ist unter dem Begriff „Tandem" (MORSCHHÄUSER et al. 2005:113) bekannt und dient der Sicherstellung des Wissenstransfers.

Der Wissensaustausch in altersgemischten Teams basiert auf dem Prinzip einer regelmäßigen, direkten und wechselseitigen Zusammenarbeit.

Wichtig ist der Abbau gegenseitiger Vorurteile, damit im Arbeitsprozess keine Blockaden entstehen. Damit der Transfer gezielt und systematisch erfolgen kann, müssen insbesondere ältere Arbeitskräfte aufgeklärt und ermutigt werden bzw. muss ihnen die Furcht vor Arbeitsplatzverlust genommen werden. Dies kann unter anderem durch das Schaffen von monetären Anreize, aber auch entsprechendes Entgegenkommen bezüglich Arbeitszeit, Karriereplanung und -entwicklung etc. gewährleistet werden.

Coaching

Beim Coaching zielt der Coach insbesondere darauf ab, das durch Erfahrung gewonnene Wissen (stilles Wissen) zu verbalisieren, kritisch zu reflektieren und hinsichtlich Relevanz und Kontextorientierung zu hinterfragen. Nach FELBERT (vgl. 1998:138f) ist ein Coach ein externer spezialisierter Berater bzw. ein interner geschulter Personalentwickler, der den Beschäftigten dabei unterstützt, herausfordernde Arbeitssituationen zu analysieren und problematisch erlebte Verhaltensmuster kritisch zu hinterfragen. Dabei steht jedoch weniger die fachliche Beratung und Vermittlung von Wissen im Vordergrund, sondern vielmehr die „prozesshafte Begleitung" (vgl. RIMSER/POLT 2006) beim Erlernen von Lernen bzw. selbstreflexiven Prozessen.

Wechselseitiges Lernen im Tandem

Das Ziel einer Tandembildung ist es, eine „Win-Win-Konstellation" zu erreichen, eine Situation, von der die jeweiligen Akteure profitieren und sich weiter entfalten können. Nach MORSCHHÄUSER et al. geht es „bei dieser Form des Lernens [...] nicht alleine um das Weitergeben von Wissen, es geht viel grundsätzlicher um das Lernen und die Übernahme einer Arbeitsrolle mit allen ihren funktionalen und sozialen Aspekten. Diese Form des Lernens ist Lernen aus der Begleitung, der Beobachtung und dem Mittun heraus. Dabei kommt es nicht nur darauf an, wie etwas getan wird, sondern auch, was von einem erwartet wird; wie man mit unterschiedlichen, vielleicht widersprüchlichen Anforderungen umgeht; was zu tun ist, wenn bestimmte Situationen, Störungen, Schwierigkeiten eintreten." (MORSCHHÄUSER et al. 2005:113)

Damit setzen Tandems weniger bei der Vermittlung von formellem, also „Know what"-Wissen an, sondern beim Transfer des „Know to do"-Wissens (RADATZ 2002:97). Eine besonders intensive Form der kollegialen Zusammenarbeit im Rahmen des Tandems besteht zwischen Erfahrungsträgern und Berufsanfängern, bei der ein kontinuierlicher Austausch von Praxiswissen, aber auch Erfahrungswissen gezielt gefördert wird.

Praxisbeispiel

In der Software- und EDV-Abteilung des österreichischen Stahlkonzerns Voestalpine wurde im Rahmen der des LIFE-Programms das „Kutschbock-Prinzip" (MORSCHHÄUSER et al. 2002:113) als wechselseitiges Tandem installiert. Bei Technologie- und Programmierprojekten werden bereits seit mehreren Jahren die Projektmitarbeiter in Tandems, bestehend aus jeweils einem jungen und einem älteren Mitarbeiter zusammengestellt. Die Aufgabenstellung ist so geteilt, dass dem jüngeren Mitarbeiter die Programmierung zukommt, dem älteren Mitarbeiter hingegen die Kundenbeziehung und Gestaltung der sozialen Prozesse. Nach eigenen Angaben werden seit Projekteinführung Aufgabenstellungen erfolgreicher bewältigt, Messzahlen wie die Mitarbeiterzufriedenheit und gegenseitiges Lernen werden sehr hoch eingestuft, die Fluktuation ist seither gesunken.

Eine weitere praktisch erprobte Einsatzmöglichkeit des Tandems zeigt sich insbesondere vor dem betrieblichen Ausscheiden älterer Mitarbeiter. „Dabei kann über reale Teilzeit und überlappende Arbeitszeiten von Senior und Nachfolger ein organisatorischer und zeitlicher Spielraum geschaffen werden, um den Erfahrungstransfer zwischen Jung und Alt zu fördern." (MORSCHHÄUSER et al. 2002:114)

Als Voraussetzung für das Funktionieren der Tandembeziehung beschreibt KÖCHLING (2002:140), dass „der Jüngere [...] den älteren Erfahrungsträger als Persönlichkeit und als Fachexperten akzeptieren [soll]. Das gelingt eher bei älteren Beschäftigten, die Lebensklugheit, Gelassenheit und Altersweisheit nach außen demonstrieren, sich neugierig auch gegenüber dem neuen Wissen des Jüngeren verhalten und sich ernsthaft und glaubwürdig um eine Integration von Alt und Neu bemühen." Nicht jeder ältere Mitarbeiter kommt als Lehrender im Tandemmodell in Frage, vielmehr geht es darum, herauszufinden, wer von den älteren Beschäftigten welches Wissen in sich trägt und wer vor allem die Fähigkeiten erworben hat oder erwerben kann, diese auch weiterzugeben.

Praxisbeispiel

Die Deutsche Bank setzt seit Ende 2001 das Tandemmodell unter dem Namen „Know-How Tandem" ein verfolgt damit folgende Zielstellungen (vgl. DREWNIAK 2003):

- Betreuungsqualität verbessern
- Beziehungsmanagement steigern
- Sicherung des Wissenstransfers
- Schaffen und Gestalten einer Unternehmenskultur, in der Age Diversity zum Vorteil genutzt wird

„Die so geschaffene Win-win-Situation hat gleichzeitig dazu geführt, dass die Bereitschaft, Know-how vom Gegenüber aufzugreifen, die gegenseitige Unterstützung und die Wertschätzung der Erfahrungen des Partners verbessert wurden. Außerdem konnte aufgezeigt werden, dass Leistung und Motivation der Tandems nachhaltig gesteigert werden konnten – und damit letztendlich auch der Geschäftserfolg der Bank." (DREWNIAK, zit. nach REGNET 2004:112)

Voraussetzungen für die Zusammenstellung eines Tandems
- zwischen den Tandempartnern besteht eine enge fachliche, aber nicht unbedingt disziplinarische Beziehung
- der Altersunterschied soll max. zwischen 12 und 15 Jahren betragen
- Dauer der Zusammenarbeit ist mindestens ein halbes Jahr, kann jedoch in Abhängigkeit von der Komplexität des Themas auch bis zu eineinhalb Jahren andauern
- die Beteiligten gestalten und definieren die Themen und Aufgabenfelder ihrer Zusammenarbeit selbständig
- der Erfahrungsträger muss im Vorfeld mit methodisch, didaktischen Vermittlungsprinzipien vertraut gemacht worden sein
- der jüngere Tandempartner muss im Vorfeld als Potenzialträger eingestuft worden sein

- für den Prozess der Tandemzusammenarbeit muss eine Betreuung seitens der Personalentwicklung bereitgestellt sein

Wie wird der Prozess des Tandemlernens reflektiert?
Im Vorfeld der Tandemzusammenarbeit müssen im Rahmen eines Initiierungsgesprächs unter Führungskräften und Personalentwicklungsverantwortlichen Bedarf, Einsatzmöglichkeit und Akteure des Tandems erhoben werden. Im Anschluss daran werden die Erfahrungsträger mit der neuen Rolle vertraut gemacht und über Sinn, Ablauf, Prozessgestaltung und Vorteile informiert. Die Älteren werden im Auswahlprozesses der jüngeren Tandemmitglieder beteiligt und entsprechend zugeteilt. Nach wechselseitiger Akzeptanz aller Beteiligter, findet ein Kick-off-Treffen aller Tandems statt, in dem für jedes Tandem ein Begleiter bestimmt wird, bzw. über Ziele, Regeln der Zusammenarbeit und erste Schritte reflektiert wird. Die Reflexion mit dem Begleiter wird solange fortgesetzt, bis die Tandemarbeit eindeutig abgeschlossen ist und der gesamte Aufgaben- und Verantwortungsbereich dem jüngeren Mitarbeiter übergeben werden kann.

Nutzen eines Tandemmodells
BULLINGER (vgl. 2002:8) beschreibt den Nutzen der Tandems als komplementäre Verknüpfung der Stärken unterschiedlicher Altersgruppen. „Unterschiedliche Qualifikationsprofile und Erfahrungen jüngerer und älterer Mitarbeiter können sich ausgesprochen gut ergänzen." (ebd.)

Leistungspotenziale	Jüngere	Ältere Erwerbstätige
Erfahrungswissen	+	+++
Theoretisches Wissen	++	++
Kreativität	+++	+
Lernbereitschaft	+++	+
Lernfähigkeit	+++	+
Arbeitsmoral, Arbeitsdisziplin	+	+++
Einstellung zur Qualität	+	+++
Zuverlässigkeit	+	+++
Loyalität	+	+++
Teamfähigkeit	++	++
Führungsfähigkeit	+	+++
Flexibilität, Reaktionsfähigkeit	+++	+
Körperliche Belastbarkeit	+++	+
Psychische Belastbarkeit	++	++
Beruflicher Ehrgeiz	+++	+

+++ = sehr häufig genannt, ++ = häufig genannt, + = wenig genannt

Abb. 74: Stärken unterschiedlicher Altersgruppen
Quelle: INIFES/SÖSTRA, zit. nach BULLINGER (2002:8)

In einer INIFES/SÖSTRA Befragung (2001) von 88 Betrieben in Deutschland wurden die in obiger Abbildung erwähnten Leistungspotenziale sowohl jüngeren als auch älteren Mitarbeitern zuerkannt. Im Besonderen zeichnen sich ältere Mitarbeiter durch ihr Erfahrungswissen, ihre Arbeitsdisziplin und ihre Führungsfähigkeit aus: genügend Stärken, um ihnen die Rolle des Lehrenden im Tandemmodell zuzuschreiben. Auf Seiten der jungen Mitarbeiter zeigt sich vor allem die Fähigkeit, Neues annehmen zu können, vor allem aber die Bereitschaft, Neues lernen zu wollen. So gesehen bietet das Tandemmodell eine optimale Ergänzung der Stärken beider Generationen (vgl. Bundesministerium für Wirtschaft und Arbeit 2005:9).

BULLINGER (2002:9) zeigt am Beispiel eines Unternehmens in der Finanzdienstleistung die „Win-win-Situation" für Unternehmen, Lehrenden, Lernenden und dem betroffenen Kunden

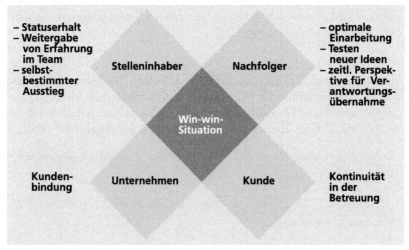

Abb. 75: Nutzen von Tandemmodellen
Quelle: BULLINGER (2002:9)

Mit Hilfe des Tandemmodells können also nicht nur betriebliche Vorteile, was den Arbeitsablauf und die intergenerative Zusammenarbeit betrifft, erzielt werden, sondern zudem auch Vorteile in der Gestaltung der Kundenbindungs- und Betreuungsqualität generiert werden.

Paten- und Mentorensysteme

Während beim Tandemlernen die Zusammenarbeit auf eine bestimmte Zeit als stabil vereinbart gilt, dient die Durchführung eines Paten- bzw. Mentorensystems der gemeinsamen Durchführung einer Aufgabe, ist also aufgaben- und nicht prozessbezogen. (vgl. MORSCHHÄUSER 2005:118; REGNET 2004:114) Diese Organisationsform dient in erster Linie der qualifizierenden Betreuung eines neu eingestellten oder für neue Aufgabe eingesetzten Mitarbeiters durch einen ausreichend qualifizierten Kollegen. Im Allgemeinen wird unter Mentoring die Vermittlung des Erfahrungswissens eines älteren Mitarbeiter an einen Jüngeren (vgl. RIMSER/ POLT 2006) verstanden. Für den Mentor besteht die Aufgabe darin, sein Erfahrungswissen zu kommunizieren, vorzuzeigen und vorzuleben und damit verfügbar zu machen.

Praxisbeispiel

Um die Qualifikations- und Kompetenzentwicklung von ca. 700 Mitarbeitern des Kundenservice-Center der Firma Miele zu schulen, wurden insgesamt 70 Kundendienstmeister für die Durchführung der Ausbildung der eigenen Techniker mit Lehr- und Lernmethoden und didaktischen Grundinstrumenten vertraut gemacht. Im ersten Schritt wurden von den Kundendienstmeistern die Techniker bezüglicher der entsprechenden Produkte und Produktgruppen ausgebildet und auf den Umgang mit dem Kunden vorbereitet und trainiert.

Nach dieser Grundausbildung erfolgte die Ausbildung direkt beim Kunden, d. h.: jedem neu angelernten Techniker wurde von hier an ein „Pate" (Kundendienstmeister) zur Seite gestellt, mit dem er die Tätigkeiten beim Kunden vor Ort erlernen und reflektieren konnte. Für diese Zeit der Instruktion wurden sowohl die Anforderungen und Vorgaben an die zu erfüllenden Leistungen für den Paten, als auch für den Neuling herabgesetzt, um ein intensives Training und Eingehen auf die Bedürfnisse des Auszubildenden zu gewährleisten.

Das Reverse-Mentoring

Der Qualifizierungsprozess im Paten- oder Mentorenmodell kann aber auch umgekehrt von Jung zu Alt verlaufen, insbesondere dann, wenn

Ältere neu eingestellt wurden bzw. mit neuen Systemen, technischen Strukturen und Neuerungen konfrontiert werden. REGNET (2004:114) spricht in diesem Fall vom „Reverse-Mentoring", welches z. B. bei der Lufthansa School of Business seit 2002 im Einsatz ist.

Praxisbeispiel

Zielgruppe des Reverse-Mentoring-Projektes bei Lufthansa war das obere Management, welches von den jüngeren Kollegen in der Thematik der Internetnutzung geschult werden sollte. Da sich insgesamt 20 junge Mentoren freiwillig gemeldet hatten, dieses Projekt durchzuführen, wurden im Rahmen eines Curriculums die Durchführung, Ablauf und Vorteile des Reverse-Mentorings bearbeitet. „Jüngere Mitarbeiterinnen und Mitarbeiter kommen an das Top-Management heran, eine direkte Kommunikation wird ermöglicht. Gleichzeitig erhöhen sich das gegenseitige Verständnis und folglich die Akzeptanz. Man kommt zu einem Ideen- und Meinungsaustausch zwischen älteren, erfahrenen Führungskräften und jüngeren Spezialisten, zwischen den Top-Managern und den Unterstellten." (REGNET 2004:115)

Selbstverständlich ist die oben erwähnte Durchführung keineswegs in jedem Unternehmen und bei jedem Thema einsetzbar, soll aber verdeutlichen, dass Lernen nicht nur top-down, sondern auch bottom-up gestaltet werden kann.

	Reverse-Mentoring der Lufthansa School of Business
Zielgruppe	Erfahrene Führungskräfte, oberstes Management, Mitglieder des Vorstandes als Mentees; junge Mitarbeiter als Mentoren.
Gründe	Führungskräfte sollen sich mit dem Thema des World-Wide-Web und dem Internet beschäftigen, Nachwuchskräfte sollen die Arbeitswelt des Managements kennen lernen, Kontakte knüpfen; Ideen austauschen.
Vorgehen	Ein Curriculum wurde mit etwa 20 Mentoren ausgearbeitet; erstellen von Schulungsunterlagen; detaillierte Einweisung der Mentoren.
Dauer des Programms	Sechs bis acht zirka einstündige Sitzungen; strukturiertes Feedbackgespräch am Ende; häufig Fortsetzung über die offiziellen Sitzungen hinaus; Programm lief insgesamt über eineinhalb Jahre.
Anforderungen	An Mentoren: Fachwissen und hohe kommunikative Kompetenz; aus anderer Konzerngesellschaft als die zu schulende Führungskraft, damit keine direkte Abhängigkeit besteht.
Erfolgsfaktoren	Aktive Beteiligung des Personalvorstandes; Werbung für das Projekt, getragen zunächst durch einen Bereich.
Reichweite	60 junge Web-Mentoren nahmen teil; fünf Vorstände, 32 Führungskräfte der beiden oberen Ebenen und 44 Führungskräfte der unteren Ebene (das Programm war auf deren Wunsch ausgedehnt worden) wurden geschult.

Abb. 76: Ablauf des Reverse-Mentorings bei der Lufthansa
In Anlehnung an REGNET *(2004:114)*

Wissensstafette

„Ein Wechsel bei Fach- und Führungskräften stellt für Unternehmen immer wieder eine Herausforderung dar. Ob aus Altersgründen oder um sich neuen Herausforderungen zu widmen: Wenn die Personen, die seit Jahren wertvolles Know-how über Kunden, Mitarbeiter und Prozesse erlangt haben, gehen, dann verlässt mit dem Wechsel wertvolles Wissen den Konzern – Wissen, das es nicht zu kaufen gibt, geht unwiderruflich verloren." (Volkswagen Coaching GmbH. 2005:4)

Dieses wertvolle Wissen bezieht sich auf organisatorische Abläufe, betriebliche Prozesse, systemimmanente Ressourcen, individuelle Erfahrungen, Kompetenzen und persönliche Netzwerke und trägt damit direkt und indirekt zur Wertschöpfung eines Unternehmens bei. Aus diesem Grund beschäftigt sich der VW-Konzern seit einigen Jahren mit Strategien der Erhaltung des erfolgskritischen Know-hows. Die Wissensstafette stellt ein Werkzeug dar, das sich intensiv mit dem Erfahrungsträger und dessen Nachfolger auseinandersetzt und Möglichkeiten eines optimalen Transfers des Erfahrungs-, Fach-, Führungs- und Projektwissens diskutiert.

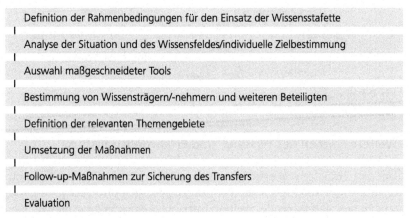

Abb. 77: Ablauf Wissensstafette
Quelle: Volkswagen Coaching GmbH (2005:7)

Die Basis der Wissensstafette bilden die wertschätzende und individuelle Betreuung des Erfahrungsträgers. Im Rahmen professionell geführter

Experteninterviews werden den Erfahrungsträgern „die richtigen Fragen" (ebd.) gestellt und deren „Antworten in Wissen" (ebd.) übersetzt. Im Sinne von HOOSHMANDI-ROBIA (vgl. 2004:67) kommt es zu einer „Verbalisierung des stillen Wissens".

Die aus den Gesprächen resultierenden Wissensbasen werden im weiteren Verlauf der Wissensstafette übersichtlich strukturiert, interaktiv dargestellt und bei Bedarf dem öffentlichen Zugriff zugänglich gemacht. In einem Übergabegespräch zwischen dem Vorgänger (Experten) und seinem Nachfolger (unterstützt durch einen kompetenten Berater) werden nun die auch zukünftig relevanten Erfahrungen in den Bereichen Führung, Mitarbeiter, Projekte, innerbetriebliche Prozesse etc. kommuniziert und im Dialog weitergegeben.

Mit der Übernahme seiner neuen Funktion führt der Nachfolger gemeinsam mit seinem Vorgesetzten ein Auftaktgespräch, in dem seine zu erfüllenden Rollen, die kritischen Aufgaben und wichtigen Projekte besprochen und vereinbart werden. Es folgt ein Transition Workshop zwischen Nachfolger und seinem neuen Team, um einen möglichst lückenlosen Übergang zu gewährleisten.

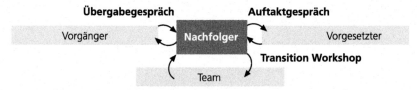

Abb. 78: *Prozess der Wissensstafette*
Quelle: *Volkswagen Coaching GmbH (2005:9)*

Weitere Formen des Wissens- und Erfahrungstransfers

Um den Transfer von erfolgskritischem Wissen zwischen den Generationen auch unabhängig von Nachfolgeregelungen erfolgreich zu gestalten, eignen sich folgende, weitere Instrumente des Wissensmanagement (vgl. RUMP/SCHMIDT 2004; FLÜTER-HOFFMANN 2002; MORSCHHÄUSER 2005):

- Checklisten der erfolgreichsten Verhaltensweisen (wichtige Aktivitäten, bisherige Probleme und deren Lösungen etc.)

- Mitarbeiter schulen Mitarbeiter (Mitarbeiter werden für einen im Vorfeld festgelegten Zeitraum von anderen Mitarbeitern in bestimmten Bereichen geschult, z. B.: Ernährung, Bewegung, EDV, Selbstmanagement etc.)
- Story Telling (Sammeln von Anekdoten, Erfolgsgeschichten und Metaphern aus dem Geschäftsalltag)
- Anfertigung von Wissenslandkarten (grafische Darstellung bzw. Verzeichnis von Wissensquellen im Unternehmen, Mitarbeitern, deren Spezialgebiete, besondere Fähigkeiten etc.)
- Communities of Practise (vgl. S. 177)
- Informelle Treffen (Förderung von informellen Kontakten, Netzwerken und informellem Austausch unter den Mitarbeitern)

12 Rekrutierungsstrategien und Mitarbeiterbindung

Wie bereits in Kapitel 2.2 dargestellt, zeichnet sich bis 2050 in Deutschland, Österreich und der Schweiz ein drastischer Rückgang der Erwerbsbevölkerung ab. Nach Ansicht vieler Demografieforscher (vgl. KISTLER 2000:102; KISTLER/HUBER 2002:23) wird aufgrund der prog-nostizierten Schrumpfung der Bevölkerung und des Erwerbspersonals in naher Zukunft ab etwa 2010/2020 die Gefahr einer massiven Arbeitskräfteverknappung bestehen. Obwohl „Projektionen der Entwicklung des Arbeitskräfteangebots [...] mit noch größeren Unsicherheiten behaftet [sind] als allgemeine demografische Prognosen" (GÖRGES 2004:27) stellt sich in jedem Fall die Frage, auf welchen Teilarbeitsmärkten genau und in welchem Ausmaß es zum Arbeitskräftemangel kommen wird. Da die nachrückenden Jahrgänge an Auszubildenden (vgl. KÖCHLING 2004:51) zunehmend schwächer besetzt sind, wird der Rekrutierungsspielraum der Wirtschaft enger und es wird daher mit hoher Wahrscheinlichkeit zu regionalen, branchenspezifischen und qualifikationsspezifischen Mismatches kommen (vgl. KISTLER 2000:121; NAEGELE 2001:13).

Schon heute sind Mängel in bestimmten Teilmärkten zu beobachten (vgl. MORSCHHÄUSER 2002:10): So berichtet z. B. BMW über Studien, wonach ein Fachkräftemangel in bestimmten Aufgabenprofilen bereits jetzt vorhanden ist und bis spätestens 2008 den gesamten Betrieb betreffen wird (vgl. GULNERITS 2005:40). Insbesondere Branchen der Informations- und Kommunikationstechnologie werden von einer massiven Verknappung des Arbeitskräfteangebots betroffen sein, genauso wie der Bereich hoch qualifizierter Arbeitskräfte (Akademiker, Facharbeiter und Ingenieure) (vgl. BUCK 2001:11f).

Die Gründe des Fachkräftemangels liegen nicht nur im generellen Rückgang der Zahl von Auszubildenden, Schülern und Studierenden, sondern vor allem in der

- geringen Studierneigung der Abiturienten,
- dem sinkenden Interesse an Studienrichtungen der Mathematik, Naturwissenschaften und Technik,
- der geringen Anzahl an (Fach-)Hochschulabsolventen aufgrund hoher Abbrecher-Quoten im Studium (vgl. KÖCHLING 2004:51).

Zudem zeigt eine Studie von MCKINSEY & Company (vgl. 2004:1), dass aufgrund der sinkenden Anzahl an Nachwuchsmitarbeitern der schon beschriebene „War for Talents" die Rekrutierung geeigneter Mitarbeiter und Besetzung offener Stellen schwieriger machen wird. Nach MCKINSEY haben „rund 50 Prozent der Unternehmen [...] Schwierigkeiten, offenen Stellen zu besetzen" (ebd.).

Eine Umfrage bei hochrangigen Unternehmen wie Audi, BASF, BMW, Shell, L'Oreal, Roche, Siemens, Allianz etc. hat gezeigt, dass es aufgrund der demografischen Entwicklung eine zunehmende „Professionalisierung im Personalmarketing" zu beobachten ist, „Personalabteilungen übernehmen zunehmend eine aktive und strategische Rolle im Unternehmen" (vgl. MCKINSEY & Company 2004)

Doch was sind die Folgen des Fach- und Führungskräftemangels, welche Auswirkungen haben fehlende oder verspätete Reaktionen des Personalmanagements auf die demografischen Entwicklungen? Laut einer IW-Umfrage (zit. bei KÖCHLING 2004:52) unter 664 Betrieben werden folgende Auswirkungen des Fach- und Führungskräftemangels von Unternehmen befürchtet:

Folgen des Fach- und Führungskräftemangels	in Prozent (n = 664 Betriebe)
Wachstum und Wettbewerbsfähigkeit	69 %
Negative Auswirkungen auf neue Aufträge	59 %
Verlust an Marktanteil	50 %
Innovationsverlust	48 %
Engpässe in der Produktion	48 %
Hohe Kosten des Zukaufs externen Personals	46 %
Zunahme der Rationalisierung	39 %
Geringere Investitionen in Forschung & Entwicklung	27 %
Verlagerung der Betriebe ins Ausland	9 %

Abb. 79 Der Fachkräftemangel und seine Folgen
(In Anlehnung an KÖCHLING 2004:52)

Zur Bewältigung der oben skizzierten zentralen Herausforderungen, die der demografische Wandel für Unternehmen mit sich bringt, werden unterschiedliche Strategien diskutiert, die gesammelt in eine Strategienvielfalt mit zweierlei Zielsetzung münden:

- Negativ-Zielformulierung: Vermeidung von Arbeitskräftemangel durch Mitarbeitergewinnung,
- Positiv-Zielformulierung: Erhalt und Förderung qualifizierter Mitarbeiter durch Programme der Mitarbeiterbindung.

12.1 Maßnahmen der Mitarbeitergewinnung

In Anlehnung an KÖCHLING (zit. nach BMBF 2005:10) hat eine demografieorientierte Personalbeschaffung folgende Möglichkeiten:

- Rekrutierung junger Arbeitskräfte
- Personalgewinnung über externe Personalanbieter
- Interne Personalgewinnung über Aus- und Fortbildung
- Personalgewinnung älterer Arbeitnehmer
- Ausschöpfung der Arbeitsmarktreserven
- Erhöhung der Frauenerwerbsquote

Um sowohl der Verknappung junger qualifizierter Fachkräfte als auch der Zunahme mittelalter und älterer Arbeitskräfte Rechnung zu tragen, können Betriebe aus den oben angeführten Personalbeschaffungsmöglichkeiten den für sie passenden Maßnahmen-Mix zusammenstellen und eine betriebsindividuelle Lösung erarbeiten.

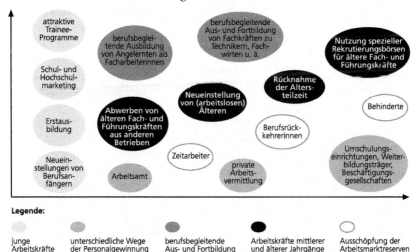

Abb. 80: Beispiele möglicher Personalgewinnung
Quelle: Köchling, zit. nach BMBF (2005:10)

Rekrutierung junger Arbeitskräfte

Die Rekrutierung von jungen Arbeitskräften, insbesondere von Berufsanfängern, zeigt sich bei Kleinbetrieben mit weniger als 10 Beschäftigten als meist problematisch (vgl. KÖCHLING 2004:60f). Als Gründe für die geringe Nachfrage nach Erstauszubildenden werden oft die hohen Kosten der Ausbildungstätigkeit genannt. WALDEN et al. berechneten die Nettokosten eines Erstauszubildenden über alle Wirtschaftsbereiche hinweg mit ca. 10.000 Euro pro Jahr, dennoch zeigen praktische Erfahrungen (vgl. KÖCHLING 2004:58f), dass gerade junge Arbeitskräfte mit entsprechend guter Ausbildung und motivierenden Maßnahmen der Betriebsbindung gerade in Zeiten der Verknappung junger Fachkräfte eine Investition wert sind.

Die Verantwortlichen im Betrieb sollten sich die Frage stellen, inwiefern das Unternehmen an sich (Kultur, Arbeitsumfeld, Entgeltsystem, Arbeitsplatzgestaltung, Arbeitszeitsysteme etc.) bzw. das Berufsbild der ausgeschriebenen Stelle für Jugendliche und Berufsanfänger attraktiv ist. Gerade für Klein- und Mittelbetriebe ist es oft schwierig, die richtige Zielgruppe mit den entsprechenden Informationen über ihre Ausbildungsangebote zu versorgen. In diesem Zusammenhang erweisen sich Personalmarketingstrategien direkt an Schulen oder Hochschulen als geeignete Maßnahmen, Sponsoring von Schülerwettbewerben, Praxistage oder moderne Lehr- und Lernformen erhöhen dabei die Attraktivität eines Unternehmens.

Praxisbeispiel

Die ERSTE Bank AG mit Sitz in Wien, Österreich, wurde im Jahr 2005 mit dem Staatspreis „Nestor" ausgezeichnet, eine Prämierung von Unternehmen, die spezielle innerbetriebliche Maßnahmen für ein altersgerechtes Arbeitsumfeld setzen. Im Rahmen des Ende 2004 gestarteten LIFETIME-Projekts wird unter dem Schwerpunkt Recruiting und Placement ab 2006 die Rekrutierung junger Mitarbeiter über den Kontakt zu höheren kaufmännischen Schulen forciert. In gesponserten Bewerbungsseminaren wird ein Pre-Assessment zukünftiger Mitarbeiter durchgeführt. Das Pre-Assessment wird von professionellen Recrutern erstellt und die Auswahl potenzieller Kandidaten an die

Recruiting-Abteilung zur weiteren Akquise weitergeleitet. Die Kandidaten werden dort aktiv mit dem Unternehmen und seinen Programmen in Kontakt gebracht.

Durchführung von Lehrlings-Castings

Eine weitere Möglichkeit der Rekrutierung junger Mitarbeiter besteht in der Beteiligung an Veranstaltungen der Arbeitsämter bzw. Arbeitsagenturen zur aktiven Bewerbung von Erstausbildungen. Ein Verfahren, das bereits von vielen Unternehmen genutzt wird, ist das Lehrlings-Casting, wie es z. B. die dm Drogerie Markt GmbH betreibt. Ein Lehrlings-Casting verbindet gleich zwei Aspekte des Personalmarketings in idealer Weise: Während der Informationstage, zu Beginn, wird einer sehr großen Zahl an Interessierten ein umfassender Einblick in die Ausbildung und Karrieremöglichkeiten gegeben und damit zur Berufsorientierung beigetragen. Durch die Vielzahl an Bewerbungen können dann in der zweiten Phase, den Casting-Tagen, die für den jeweiligen Lehrberuf Geeigneten für das weitere Auswahlverfahren selektiert werden. Ein Lehrlings-Casting empfiehlt sich besonders, wenn viele Lehrlinge aufgenommen werden und deshalb auch viele Bewerber erwünscht sind. Damit verbunden ist meist auch eine hohe Medienpräsenz, die wiederum zur Imagebildung des Unternehmens beiträgt.

Rekrutierung von (Fach-)Hochschulabsolventen

Der optimaler Bestand an Fach- und Hochschulabsolventen zeigt sich im direktem Vergleich zur Neueinstellungsquote des Branchenquerschnitts (vgl. KÖCHLING 2004:63). Zugang zu Hochschulabsolventen kann über Praktikumsplätze, bezahlte Stipendien, kontinuierliche Präsenz auf Karrieremessen und gute, regelmäßige Kontakte zu den entsprechenden (Fach-)Hochschulen gewährleistet werden.

Praxisbeispiel

Die Firma Corporate Consult ist eine Consulting-Unternehmung, die sich auf externe Personalentwicklung spezialisiert hat. Aufgrund der branchenüblichen Fluktuation ist die kontinuierliche Personalbeschaffung und -ausbildung Kernelement der Sicherung der Wettbewerbsfähigkeit. Aus diesem Grund bietet Corporate Consult zwei Mal pro Jahr ein kostenloses Ausbildungsstipendium für angehende Wirtschaftsakademiker an. So werden pro Jahr unter den jeweils zehn besten Stipendiumswerbern die am besten geeigneten Kandidaten ausgewählt und nach absolvierter Ausbildung in ein vertraglich fixiertes Beschäftigungsverhältnis übergeführt. Der Auswahlprozess während des Stipendiums gewährleistet einerseits dem Bewerber tiefe Einblicke in die Firmenkultur, andererseits ermöglicht es dem Unternehmen, Werte, Einstellungen und Muster des Bewerbers zu prüfen und mit dem Unternehmensleitbild und seinen Werthaltungen zu vergleichen. Bei optimaler Passung werden über kurze Ausbildungswege von circa acht Monaten absolute High Potentials für den Unternehmenszweck herangebildet.

Rekrutierung über Praktikanten, Diplomanden und Werksstudenten
Eine weitere Möglichkeit, besonders gut und breit ausgebildete Fachkräfte zu rekrutieren, besteht darin, über Begleitung und Betreuung von wissenschaftlichen Arbeiten wie z. B. Diplomarbeiten, Seminararbeiten oder Dissertationen junge Fachkräfte in die Unternehmensstruktur einzubinden und nach deren Abschluss entsprechend zu beschäftigen. Auch das Angebot von Ferienpraktika oder Praktika auf Werksstudentenbasis stellt den nötigen Kontakt zur Zielgruppe potenzieller Mitarbeiter dar.

Zeigen sich die Rekrutierungsmaßnahmen von Erstauszubildenden bzw. Absolventen von Fach- und Hochschulen als zu aufwendig, bzw. besteht aus Sicht des Unternehmens in diesem Bereich wenig Bedarf, können über externe Personalbeschaffungswege neue Mitarbeiter gefunden werden.

Personalgewinnung über externe Personalanbieter

Hier eignen sich insbesondere die Dienstleistungen der Arbeitsämter oder auch privaten Arbeitsvermittlungsagenturen, die sich auf spezielle Branchen, Tätigkeiten oder Stellenprofile spezialisiert haben. Ein besonderes Augenmerk sollte auf die Absolventen bestimmter Weiterbildungsträger, Ausbildungseinrichtungen oder Umschulungseinrichtungen gelegt werden. Hier könnten sich Möglichkeiten einer Sofortrekrutierung dringend benötigter Fachkräfte ergeben. Da viele Bildungseinrichtungen im Auftrag von Arbeitsämtern Umschulungen und Fortbildungen zu Fachkräften veranstalten, können auch deren Absolventen über mögliche Betriebspraktika bzw. Kontakte zu den Bildungsträgern leichter angesprochen und rekrutiert werden.

Rekrutierung über Zeitarbeitsfirmen

Gegenwärtig nutzen viele Unternehmen die Dienstleistungen von Zeitarbeitsfirmen, um potenzielle Bewerber auf diesem Wege besser kennen zu lernen und im Anschluss daran mit dem Zeitarbeiter einen Arbeitsvertrag abzuschließen. Fast jeder dritte Beschäftigte bei Zeitarbeitsfirmen wird später vom Kundenunternehmen übernommen (vgl. KÖCHLING 2004:66).

Interne Personalgewinnung über Aus- und Fortbildung

Um interne Personalgewinnung effizient gestalten zu können, bedarf es einer gezielten und langfristig gesteuerten Personalplanung (welche Fachkräfte werden wann gebraucht?) sowie eine ausführliche Dokumentation über die bisherigen Erwerbsverläufe aller Beschäftigter (welches innerbetriebliche Leistungspotenzial ist vorhanden?). Die ausführliche Dokumentation über bisherige Ausbildungen, Tätigkeits- und Einsatzbereiche, Qualifikationen, erworbenen Kompetenzen aber auch persönliche Veränderungswünsche etc. sind leider nur sehr selten in den Personalakten zu finden.

Personalentwicklungsplan

Name	Geburtsdatum	Knickschleifen	Aufhängungschleifen	Richten	Hängebahn	man. Anstreichen	Kontrolle	Stapler
		3	3	3	2	2	1	1
Schmidt	1951	x				0		s
Müller	1953	0	x	0		0		s
Meier	1953	0	x		0			s
Becker	1954		x			0		s
Bauer	1955	x	0		0	0		s
Hamann	1957	0	0	0	0	0	x	s
Schildner	1957	0	0	0	x			
Förster	1958	0	0		x			
Kunz	1960	x		0	0	0		
Uhrmacher	1961	x	0	0	0			
Gerber	1962				x		0	
Hinze	1964		x					
Mathieu	1965	x		0		0	0	
Landau	1965	0	x		0			
Johann	1967					s	x	
Littig	1970	0	0	0			x	
Ernst	1971		x					
Braun	1973	0		x		0		
Klein	1974	x	0					

1: körperlich leicht; 3: körperlich schwer; x: Stammarbeitsplatz; 0: Mehrfachqualifikation; s: Schulungsbedarf

Abb. 81: Personaleinsatzanalyse
Quelle: Firma Vetter, zit. nach IFAA (2005:49)

Soll eine Stelle neu besetzt werden, so kann das entsprechend entworfene Stellenprofil mit den Kompetenz- und Personaleinsatzprofilen der Mitarbeiter verglichen werden und auf Passung geprüft werden. Im Fall der Personalbedarfsplanung wird bei den vorgesehenen Mitarbeitern der Schulungsbedarf in der Personalakte vermerkt. Damit kann kontinuierlich daran gearbeitet werden, den in Zukunft entstehenden Personalbedarf durch interne Aus- und Weiterbildungsmaßnahmen zu decken.

Die im Vorfeld durch den zukünftigen Qualifikationsbedarf erhobenen Fähigkeiten und Fertigkeiten können durch gezielte Schulungsmaßnahmen berufsbegleitend entweder on the job (siehe S. 172), near the job oder off the job durchgeführt und für die Beschäftigten lebensphasenbegleitend in horizontalen oder vertikalen Karriereverläufen (vgl. Kapitel 6.6) geplant und umgesetzt werden. Es bestehen folgende, alphabetisch gegliederte unterschiedliche Maßnahmen zur berufsbegleitenden Aus- und Fortbildung von jungen und älteren Fach- und Führungskräften:

Maßnahme	on the job	near the job	off the job
Arbeitsanreicherung (Job Enrichment)	✓		
Arbeitserweiterung (Job Enlargement)	✓		
Arbeitsgruppe		✓	✓
Arbeitsplatzwechsel (Job Rotation)	✓	✓	
Brainstorming, Brainwriting		✓	✓
Einarbeitung (Unterweisung)	✓		
Einführung neuer Mitarbeiter	✓	✓	
Erfahrungsaufenthalt (Praktikum)	✓	✓	✓
Erfahrungsgruppen (Förderzirkel)		✓	✓
Fachlehrgang			✓
Fachliteratur			✓
Fallstudie		✓	✓
Fernunterricht			✓
Gruppenberatungsgespräch		✓	✓
Gruppendynamisches Training			✓
Integrierte Kleingruppe	✓	✓	
Konferenz, Fachtagung, Messe			✓
Laufbahn, Nachfolgeplanung		✓	✓
Lehrgespräch	✓	✓	✓
Lernstatt	✓	✓	✓
Mitarbeiterbefragung, Paten-, Mentorenmodell, Coaching	✓	✓	
Mitarbeitergespräch	✓	✓	
Modellentwicklungswege	✓		
Schattenkabinett für Juniorleitungen (multiples Management)	✓		
Nachfolge-, Assistentenstelle	✓		✓
Organisationsentwicklung			✓
Planspiel		✓	

Maßnahme	on the job	near the job	off the job
Programmierte Unterweisung		✔	
Projektarbeit	✔		
Qualitätszirkel			✔
Referat, Vortrag, Vorlesung		✔	✔
Rollenspiel		✔	✔
Sonderaufgaben	✔		
Stellvertretung	✔		
Supervision			✔
Teamentwicklung			✔
Teamteaching		✔	
Teamtraining		✔	
Teilautonome Arbeitsgruppe	✔		
Traineeprogramm		✔	✔
Übungsfirma		✔	✔
Verhaltenstraining		✔	✔
Workshop		✔	✔

*Abb. 82: Maßnahmen zur Personalentwicklung
(In Anlehnung an* MEIER *1991:135f)*

Personalgewinnung älterer Arbeitnehmer

Die Einstellung älterer Arbeitnehmer ruft bei Personalisten gemischte Meinungen hervor (vgl. KÖCHLING 2004:56). Nach einer IAB-Befragung von 154 Personalverantwortlichen aus Unternehmen aller Branchen, Größenklassen, Alters- und Qualifikationsstrukturen zu Einstellungshindernissen bei älteren Bewerbern wurden unter Konfrontation mit Argumenten zur Leistungsfähigkeit Älterer folgende Ergebnisse ersichtlich:

Argumentation	stimmt	teils-teils	stimmt nicht
Ältere sind nicht mehr so leistungsfähig! Vorzeitiger Abbau der körperlichen und geistigen Leistungsfähigkeit.	●	●●	●●●
Ältere haben veraltete Qualifikationen! Branchen- und Produktabhängigkeit der Schnelllebigkeit von Qualifikationen; kein Zertifikat bei kontinuierlicher Qualifizierung; zu enge Spezialisierung und Einseitigkeit fördert Dequalifizierung; geringe Qualifizierungsbereitschaft gegenüber EDV; Veralterung der Qualifikationen durch längere Arbeitslosigkeit; Probleme der Übertragbarkeit von Know-how auf fremde Betriebe.	●	●●	●●
Ältere sind nicht motiviert und motivierbar! Demotivation bei gesundheitlichem Verschleiß und einseitiger Arbeit.	●	●●	●●●

● = unter 25 %   ●● = 25 bis 49 %   ●●● = ab 50 %

Argumentation	stimmt	teils-teils	stimmt nicht
	●●	●	●●
Ältere sind zu teuer! Senioritätsentlohnung; längerer Ausfälle wegen längerer Urlaubsdauer und längerer Krankenzeiten; höhere Gehaltsvorstellungen.		●●	●●
Rechtliche Schutzbestimmungen für Ältere! Tariflicher und gesetzlicher Kündigungsschutz; tarifliche Lohn- und Gehaltssicherung			

● = unter 25 %   ●● = 25 bis 49 %   ●●● = ab 50 %

Abbildung 83: Einstellungshindernisse bei älteren Bewerbern
Quelle: nach KOLLER/GRUBER, *zit. in* KÖCHLING 2004:57)

Wie oben angeführte Abbildung zeigt, sind Personalverantwortliche grundsätzlich bereit, unter bestimmten Umständen ältere Bewerber einzustellen. Denn Leistungsfähigkeit, Qualifikation und Motivation sind jeweils Teilaspekte der Arbeitsfähigkeit und können auf betrieblicher Ebene durch entsprechende Gestaltung der Rahmenbedingungen (vgl. Kapitel 8) beeinflusst werden. „Das Veralten von Qualifikationen und das Entstehen von Lernungewohnheit hängen häufig davon ab, ob die heutigen Älteren während ihres Arbeitslebens kontinuierlich in Qualifizierungsmaßnahmen eingebunden waren, ob ihre Tätigkeit selbst Lernanreize über neue Aufgaben und/oder neue Verfahren enthalten hat. Die Motivation von Älteren wird sehr stark von ihrer Anerkennung durch Vorgesetze und Arbeitskollegen beeinflusst." (KÖCHLING 2004:56)

Alle bisher genannten Argumente sind also vom rekrutierenden Unternehmen selbst in entsprechender Form mit zu beeinflussen und geben in der Regel mehr Auskunft über die altersgerechte Unternehmensführung als über den Bewerber selbst. Mit Umsetzung der Lissabon-Strategie, also der Anhebung der Erwerbsbeteiligung Älterer, werden Unternehmen zunehmend damit konfrontiert sein, ihre Unternehmenskultur und alle operativen und strategischen Abläufe auf die Bedürfnisse älterer Beschäftigter auszurichten.

Das Argument der höheren Bruttolohnkosten bezieht sich überwiegend auf ältere Beschäftigte mit langer Betriebszugehörigkeit und betrifft neu eingestellte Ältere nur peripher (vgl. KÖCHLING 2004:56). Doch selbst in der Anreiz- und Entgeltgestaltung Älterer wird sich, wie auch ZACH (vgl. 2002:106) meint, einiges ändern müssen, verstößt das Senioritätsprinzip im Sinne einer automatisch altersgebundenen Entgeltanhebung gegen die Allgemeine Gleichbehandlungsrichtlinie der EU vom November 2000 (vgl. GÖRGERS 2004:141). Die in den Tarifverträgen verankerten Regelungen dienen dem Schutz älterer Arbeitnehmer, führen jedoch zu steigenden Personalkosten mit wachsendem Alter bzw. wachsender Betriebszugehörigkeit.

„Für eine altersgerechte Ausgestaltung betrieblicher Arbeitsmärkte stellt daher auch eine flexible Entgeltpolitik einen wichtigen Baustein dar. [...] Wenn das Ziel angestrebt wird, die Beschäftigungsfähigkeit älterer Arbeitnehmer dem Niveau der Jüngeren so weit wie möglich anzugleichen, [...] muss [eine derartige flexible Entgeltpolitik] auch für die besonderen Bedürfnisse älterer Arbeitnehmer entwickelt und in den Dienst einer alternsgerechten Ausgestaltung der betrieblichen Personal- und Organisationsentwicklung gestellt werden." (GÖRGES 2004: 141f) In den USA hat sich mit dem „Cafeteria-Ansatz" (vgl. HARTMANN 1997:119f) ein flexibles Entgeltsystem etabliert, bei dem der Mitarbeiter unter Berücksichtigung seiner Bedürfnisse innerhalb eines bestimmten Budgets aus verschiedenen Entgeltbestandteilen und Sozialleistungen auswählen kann. Derartige Ansätze bedürfen allerdings neuer Regelungen im Arbeits- und Sozialrecht und dementsprechend einer starken Lobbyisierung. Eine ähnliche Neuregelung würde das ebenfalls in den USA entwickelte Modell der „Deferred Compensation" oder „Vorsorgearbeit" bzw. „Zeit-Wertpapier" (GÖRGES 2004:142) benötigen. In diesem Modell wird die Auszahlung eines Entgeltanteils aufgeschoben und wandert als Wertguthaben auf ein Langzeitarbeitskonto (vgl. S. 149). Das Guthaben wird erst bei Ausbezahlung endversteuert, z. B. nach Eintritt in den Ruhestand. So gelangt der Mitarbeiter zu einer höheren Netto-Gesamtvergütung, ohne die Kostenbelastung des Unternehmens weiter zu erhöhen. Angewendet wird das „Zeit-Wertpapier" zunehmend zur Finanzierung von Freistellungsphasen, Qualifizierungsaktivitäten oder aber zum zusätzlichen Aufbau einer Altersversorgung.

Um aber auch die Vorteile älterer Bewerber bei der Einstellung bzw. Passung für bestimmte Berufsprofile zu erörtern, sollen diese nochmals gesammelt (in Gegenüberstellung mit den Schwächen) aus Sichtweise physischer, kognitiver und sozialer Kriterien dargestellt werden:

1. Fähigkeiten bzw. Eigenschaften, die mit zunehmendem Alter tendenziell zunehmen	
Kristalline Intelligenz	Allgemeinwissen, Berufswissen, Sprachkompetenz
Soziale Kompetenzen	Verantwortungsbewusstsein, Zuverlässigkeit, Ausgeglichenheit, Selbstvertrauen, Beständigkeit, Betriebstreue, Kooperationsfähigkeit, Übersicht, Autorität, Toleranz, Sorgfalt, Geduld
Allg. Lebenserfahrung	Urteilssicherheit, Abgeklärtheit, Selbstkenntnis
Soziale Erfahrung	Menschenkenntnis, Einfühlungsvermögen, Führungsqualitäten, kommunikative Fähigkeiten
2. Fähigkeiten bzw. Eigenschaften, die mit zunehmendem Alter tendenziell konstant bleiben	
Kreativität	Einfallsreichtum, Gestaltungskraft, Erfindungsgabe, Phantasie, Originalität
Produktivität	Allgemeine Leistungsfähigkeit, Umsetzung der Leistungsfähigkeit in ökonomisch relevantes Handeln
Innovationsfähigkeit	Umgang mit Produkt- und Prozessinnovationen, Umgang mit neuen Technologien
3. Fähigkeiten bzw. Eigenschaften, die mit zunehmendem Alter tendenziell abnehmen, aber auch dann durch individuelle Kompensationsstrategien und/oder eine geeignete Arbeitsgestaltung zumindest zu einem erheblichen Teil kompensiert werden können	
Sinnesleistungen	Vor allem visuelle und auditive Leistungsfähigkeit
Psychomotorik	Reaktionsgeschwindigkeit, Umsetzung von komplexen Anforderungen in komplexe Bewegungsabläufe
Fluide Intelligenz	Geistige Flexibilität, Umstellungs- und Kombinationsfähigkeit, schnelle Orientierung in neuen Situationen, schnelles Problemlösen und Lernen
Daueraufmerksamkeit	Fähigkeit, sich über längere Zeiträume hinweg auf bestimmte Aufgabenstellungen zu konzentrieren
Gedächtnisleistungen	Konsolidierung von Lerninhalten im Lanzeitgedächtnis, Rückgriff auf diese Inhalte
4. Fähigkeiten bzw. Eigenschaften, die mit zunehmendem Alter tendenziell abnehmen, aber präventiv über den gesamten Erwerbsverlauf hinweg durch abwechslungsreiche und stimulierende Arbeitsbedingungen deutlich positiv beeinflussbar sind	
Muskulo-skelettale Leistungsfähigkeit	Schnelligkeit und Beweglichkeit, Kraft und Ausdauer
Fluide Intelligenz	Geistige Flexibilität, Umstellungs- und Kombinationsfähigkeit, schnelle Orientierung in neuen Situationen, schnelles Problemlösen und Lernen

Abb. 84: *Stärken und Schwächen älterer Beschäftigter*
Quelle: GÖRGES *(2004:81)*

Gerade die Zunahme an Fähigkeiten der sozialen Kompetenz, Lebenserfahrung und sozialer Fertigkeiten zeigt, dass sich ältere Bewerber besonders für Stellenbeschreibungen eignen, in denen „soft skills" als Grundvoraussetzungen benötigt werden. MORSCHHÄUSER et. al (2005:127f) schlagen vor, das spezifische Know-how Älterer insbesondere in der Form von Integrationsfiguren, Kundenbetreuern, Mentoren, Coaches, Fachtrainer oder Senior-Experten zu nutzen. „Viele Firmen haben positive Erfahrungen damit gesammelt, ihre Senior-Experten zu bestimmten Projekten beziehungsweise zur Lösung spezieller Aufgaben zeitlich befristet hinzuzuziehen. Dies kann auch zwecks Einarbeitung oder Unterweisung junger Kollegen geschehen. Hierfür bieten sich unterschiedliche flexible Arbeitszeitmodelle an" (MORSCHHÄUSER et al. 2005:127)

Wie auch in dem Beispiel der Senior-Experten zu sehen ist, muss das Unternehmen bei Einstellung Älterer in den Bereichen Lebensarbeitszeitgestaltung, Arbeitsplatzgestaltung, betriebliche Gesundheitsförderung, intergenerativer Wissenstransfer und Weiterbildung altersgerecht organisiert und strukturiert sein, nur so können aus der Einstellung älterer Bewerber auch die altersspezifischen Eigenschaften und Stärken entfaltet, entwickelt und damit zur Anwendung gebracht werden.

Ausschöpfung der Arbeitsmarktreserven

Beim Wettbewerb um die besten Auszubildenden ist ein proaktives Rekrutierungsverhalten der Unternehmen gefragt. Neben interner Personalgewinnung und der gezielten Ansprache externer potenzieller Mitarbeiter kann auch die Ausschöpfung der sog. Arbeitsmarktreserven bei der Bewältigung eines drohenden Fach- und Führungskräftemangels von Nutzen sein. Zu den wichtigsten Strategien der Ausschöpfung vorhandener Arbeitsmarktreserven zählen nach KÖCHLING (zitiert nach BMBF 2005:10) unter anderem die Beanspruchung von Arbeitskräften auf Zeit, sowie die Schaffung von behindertengerechten Arbeitsplätzen und damit einer Erhöhung der Behindertenerwerbsquote. In der betrieblichen Praxis gibt es zahlreiche Beispiele von Stellenprofilen, die von Menschen mit Behinderungen ausgezeichnet erfüllt werden können (Verwaltungstätigkeiten, Beratung und Betreuung etc.). Einen zusätzlichen Anreiz in der Aktivierung von Arbeitsstellen für Behinderte stellen staatliche Förderungen und Subventionen dar.

In der Diskussion um die Bewältigung des drohenden Fach- und Führungskräftemangels findet sich sehr oft die Forderung nach gezielter Migration und Ausschöpfung von ausländischem, vor allem osteuropäischem Arbeitskräftepotenzial. Von den Vertretern gezielter Einwanderungspolitiken wird eine Kompensation des Rückgangs bzw. der Alterung des Erwerbspersonenpotenzials aufgrund der Zuwanderung junger und gut ausgebildeter Arbeitskräfte erwartet. Für GÖRGES (vgl. 2004:67) jedoch erscheint „eine Kompensation der Folgen des demografischen Wandels durch Migrationseffekte [...] ausgeschlossen". Zuwanderungen können die demografische Alterung nicht aufhalten, sondern minimal, bis zu einem gewissen Grad mindern.

Dennoch sollten sich Unternehmen auch im ausländischen Arbeitskräftepotenzial als attraktive Arbeitgeber präsentieren und über mögliche Mentorenprogramme die Integration anderer Sprachen, Kulturen und Gewohnheiten in den betrieblichen Ablauf unterstützen. Eine besonders wichtige Rolle bei der Ausschöpfung ausländischen Arbeitskräftepotenzials stellt die Rekrutierung junger, höchstausgebildeter und mehrsprachig aufgewachsener Absolventen von Fach- und Hochschulen dar, die insbesondere in den neuen EU-Ländern Osteuropas zu finden sind.

Im Wettbewerb um knappe Fach- und Führungskräfte wird auch die Anhebung der Frauenerwerbsquote bzw. die Integration weiblicher Arbeitskräfte auch in typisch männlichen Berufen eine wichtige Rolle zur Bewältigung des Fachkräftemangels spielen müssen.

Erhöhung der Frauenerwerbsquote

Bei der Forderung nach Erhöhung der Frauenerwerbsquote finden sich viele Unternehmer mit mehreren Vorurteilen konfrontiert (vgl. KÖCHLING 2004:58):

- Hohe Frauenerwerbsquoten wirken sich negativ auf die Geburtenrate aus
- Frauen ohne Kinder stellen ein Risiko bei der langfristigen Besetzung strategisch wichtiger Positionen dar
- Frauen mit Kindern sind nicht flexibel und schwer zu integrieren

Wie RÜRUP und SESSELMEIER voraussagen (vgl. 1993:44f), wird die Frauenerwerbsquote in den kommenden Jahrzehnten zweifellos weiter steigen und die Folgen der demografischen Entwicklung etwas abschwächen. Voraussetzung dafür ist jedoch die Ausgestaltung familienpolitischer und frauenfreundlicher Rahmenbedingungen wie eine verbesserte innerbetriebliche Infrastruktur zur Vereinbarkeit von Familie und Beruf. Zur Erhöhung der Frauenerwerbsquote gehört es auch, ein verstärktes Vordringen von Frauen in traditionellen Männerberufen zu unterstützen.

Das ZIRP, Zukunftsinitiative Rheinland-Pfalz (vgl. 2004) beschreibt in ihren Leitthesen zum demografischen Wandel die Forderung nach dem Ausbau familienfreundlicher Strukturen zu einer besseren Vereinbarkeit von Familie und Beruf wie folgt:

- „Steigerung der allgemeinen Wertschätzung der Familie,
- Erhöhung der Frauenarbeitsquote,
- Telearbeit fördert die Vereinbarkeit von Familie und Arbeit,
- Verstärkte Kooperation der Kinderbetreuungsträger,
- Betreuungsnetze, private Betreuungsformen." (ZIRP 2004:2)

Aus der Perspektive der Unternehmen bedeutet eine Kompensation des Fach- und Führungskräftemangels in Form von Erhöhung der Frauenerwerbsquoten, dass die Arbeitszeitgestaltung (z. B. Wahlarbeitszeit, Arbeitszeitkonten, etc.), die Arbeitsorganisation und -koordination, aber auch z. B. Betreuungseinrichtungen für Kinder frauen- und familienfreundlich gestaltet werden müssen. Bei jungen Müttern mit Kleinkindern unter drei Jahren ist die Erwerbstätigkeitsquote erwartungsgemäß am geringsten, erhöht sich dann mit dem Alter der Kinder zwischen 3 und 6 Jahren, und steigt mit dem Eintritt der Kinder in die Grundschule weiter an (siehe Studie des IAB-Projektes, vgl. KÖCHLING 2004:59). ENGELBRECH und JUNGKUNST (vgl. 2002:238ff) konnten jedoch zeigen, dass bei entsprechender betrieblicher Infrastruktur (Betriebskindergärten, Vernetzung an Betreuungspersonal für Kinder, Varianten von Teilzeitarbeit und Erziehungsurlauben etc.) die Anteile der Erwerbstätigkeit von Frauen höher ausfallen, ebenso wie die Anteile der Vollzeitbeschäftigung bei Frauen.

Im Vergleich zu den demografiebedingt als Vorbilder viel zitierten skandinavischen Ländern wie Norwegen und Dänemark mit Frauenerwerbsquoten über 75 Prozent (vgl. KÖCHLING 2004:58), liegen jene der mitteleuropäischen Länder bei ca. 60 Prozent.

Familien- und frauenfreundliche Unternehmensgestaltung

Was vermissen Arbeitnehmer mit Kindern in der bisherigen Gestaltung der Arbeitsprozesse? Was macht ein Unternehmen familien- und frauenfreundlich? Diese Fragen wurden im Rahmen einer Langzeitstudie im Jahr 2003 bei insgesamt 1.976 Arbeitnehmerinnen und Arbeitnehmern mit Kindern bzw. Pflegeaufgaben erhoben. Die Befragten sehen „den größten Handlungsbedarf [...] in Bezug auf familienfreundliche Arbeitszeiten. Dies ist mit 32 Prozent der Nennungen mit Abstand der am häufigsten genannte Bereich. [...] Eine finanzielle Unterstützung für Beschäftigte mit Kindern oder Pflegeaufgaben steht an zweiter Stelle der wichtigsten Handlungsbereiche mit 17 Prozent der Nennungen." (KLENNER, zit. nach dem Bundesministerium für Familie, Senioren, Frauen und Jugend 2004:6)

Freistellungsmöglichkeiten für Pflegeaufgaben und die Vermittlung von Kinderbetreuungsangeboten sowie ein insgesamt spürbares familienfreundliches Arbeitsklima runden die Erwartungen der Befragten an die Unternehmen ab (siehe Abbildung). Auffallend zeigt sich auch, dass Frauen von den Betrieben eher Unterstützung in der Betreuung fordern, während für Männer die Aspekte finanzielle Unterstützung sowie zeitliche Freistellung bei der Kinderbetreuung im Vordergrund stehen.

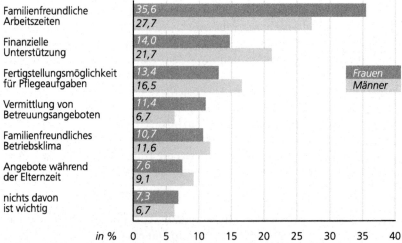

Abb. 85: *Handlungsbedarf für familienfreundliche Unternehmen*
Quelle: *Bundesministerium für Familie, Senioren, Frauen und Jugend (2004:7)*

Da sich momentan die Zahl der über 100-Jährigen pro Jahr verdoppelt, wird im Bereich der Arbeitszeitflexibilisierung zunehmend mehr Wert auf Freistellung für die Pflege und Betreuung von Angehörigen gelegt werden müssen, da sich dieser Umstand zur gesellschaftlichen Normalität entwickeln wird.

Die folgende Aufstellung bietet Ihnen eine Beschreibung möglicher Maßnahmen zur Gestaltung einer familien- und frauenfreundlichen Arbeitsorganisation:

Maßnahmen	Beschreibung	Nutzen
Abgestufte Teilzeit nach Elternfreistellung	Ermöglichung eines Wiedereinstiegs in den Beruf nach einer Erziehungsfreistellung durch eine stufenweise Erhöhung der Arbeitszeiten.	Die Abgestufte Teilzeit nach Erziehungsfreistellung ist ein sinnvolles Instrument zur Vereinbarung von Beruf und Familie. Der schrittweise Wiedereinstieg in den Arbeitsalltag verhindert mögliche Reibungen der beruflichen Verpflichtungen und der Kinderbetreuung und ermöglicht gleichzeitig die Rückkehr in den Beruf.
Abstimmung bei Fortbildungsmaßnahmen	Betriebliche Fort-/Weiterbildungsmaßnahmen werden mit den jeweiligen Beschäftigten, was Örtlichkeit, die Dauer und Terminierung der Bildungsmaße betrifft abgestimmt und in Abhängigkeit von den fam. Verpflichtungen des Mitarbeiters koordiniert.	Neben der inhaltlich angemessenen Auswahl von Maßnahmen ist es für Beschäftigte mit Kindern wichtig, den Veranstaltungsort, die Dauer und den Termin frühzeitig abzustimmen, um entsprechende Betreuungsarrangements sicherzustellen.
Alternierende Telearbeit	Die Beschäftigten können entweder im Betrieb oder an außerbetrieblichen Arbeitsplätzen z. B. zu Hause ihre Aufgaben erledigen. Grundvoraussetzung sind zwei nahezu identisch ausgestattete Arbeitsbereiche, die je nach Betriebs- und Familienbelangen gewählt werden können.	Wenn es die Art der Tätigkeit und der Arbeitgeber zulassen, ist alternierende Telearbeit eine überaus familienfreundliche Maßnahme für Beschäftigte mit Kindern. Denn die Beschäftigten können wählen, an welchem Ort sie ihren vorab definierten Arbeits-tätigkeiten nachgehen. Die Zeiteinteilung für die Erwerbsarbeit kann so die Zeit für die Familienarbeit berücksichtigen, und zu Zeiten, an denen eine Anwesenheit im Unternehmen erforderlich ist, kann im Büro gearbeitet werden.

Maßnahmen

Arbeit	Beschreibung	Nutzen
Arbeit von zu Hause	Hier ist weniger die klassische Heimarbeit gemeint, sondern vielmehr die Möglichkeit, Arbeiten mit nach Hause zu nehmen, um sie dort neben familiären Verpflichtungen zu erledigen.	In vielen alltäglichen Tätigkeitsbereichen fallen Arbeiten an, die weder an den eigentlichen Arbeitsplatz noch an die Unterstützung von Kolleginnen und Kollegen gebunden sind (Vorbereitung von Meetings oder Referaten, Einarbeitung in neue Arbeitsfelder usw.). Mit der Möglichkeit, diese Arbeiten auch zu Hause zu erledigen, können Beschäftigte mit Kindern einen eventuellen Betreuungsmangel auffangen. Gerade bei älteren Kindern, die sich weit gehend selber beschäftigen können, reduziert sich die Betreuungsleistung auf die physische Anwesenheit und gibt Freiräume für eine effektive Leistungserbringung.
Betriebseigene Kinderbetreuungseinrichtung	Zur Betreuung der Mitarbeiterkinder richtet das Unternehmen eine eigene Tagesstätte ein. Das Unternehmen ist Träger der Einrichtung und stellt die pädagogischen Fachkräfte ein. Die Einrichtung ist auf dem Betriebsgelände oder in unmittelbarer Nähe angesiedelt.	Die an die Betriebszeiten angepassten Öffnungszeiten einer betriebseigenen Kinderbetreuungseinrichtung erhöhen bei den Eltern die zeitliche Flexibilität. Das Angebot fördert die Arbeits- und Lebensqualität der Beschäftigten und gibt ihnen die Sicherheit einer verlässlichen Betreuung.
Cafeteria System	Entgeltmodell, das es den Beschäftigten erlaubt, zwischen verschiedenen Leistungsangeboten im Rahmen eines vorgegebenen Budgets zu wählen. Durch die individuelle Inanspruchnahme einzelner betrieblicher Leistungen haben die Beschäftigten die Möglichkeit, diejenigen Entgeltkomponenten zu wählen, die ihren (Familie n -) Bedürfnissen am ehesten entsprechen.	Beschäftigte mit Kindern verfügen über sehr unterschiedlich hilfs- und leistungsbereite Unterstützungsnetzwerke im Familien- und Bekanntenkreis, so dass das Angebot einer familienfreundlichen Maßnahme für die einen von zentraler Bedeutung ist und von anderen als vereinbarkeitsfördernder ‚Luxus' wahrgenommen wird. Besteht die Möglichkeit, verschiedene familienfreundliche Maßnahmen individuell zu kombinieren, stellt dies für Beschäftigte mit Kindern ein Maximum an Vereinbarkeitsunterstützung dar.
Eltern-Kind-Arbeitszimmer	Für den kurzfristigen Betreuungsbedarf steht den Beschäftigten in Notfällen ein eigenes Arbeitszimmer zur Verfügung, das sowohl mit Bürotechnik als auch mit einer kindgerechten Spielecke ausgestattet ist.	Geplante Betreuungsarrangement können aufgrund von Krankheit o.ä. entfallen, neue Betreuungsmöglichkeiten sind nur schwer zu finden oder häufig teuer: Eltern-Kind-Arbeitszimmer bieten hier die Chance, die ausgefallene Betreuung auch kurzfristig selber am Arbeitsplatz zu übernehmen. Für die Beschäftigten ist dies finanziell attraktiver und in den vielen Fällen, in denen Notarrangements notwendig werden, auch entspannter (z. B. Entfallen zusätzliche Wegezeiten für alternative Betreuungsmöglichkeiten usw.).

Maßnahmen

	Beschreibung	**Nutzen**
Familienbeauftragter	Betriebsinterne oder -externe Familienbeauftragte kümmern sich um alle familienrelevanten Aspekte im Unternehmen: z. B. Fragen der familienverträglichen Abeitszeitgestaltung oder der Mitarbeiterwünsche hinsichtlich der Betreuung von Kindern sowie der Schaffung und Koordinierung organisatorischer und finanzieller Unterstützungsangebote.	Aus familiären Verpflichtungen und dem Wunsch nach Vereinbarkeit von Beruf und Familie resultieren spezifische Lebenslagen seitens der Beschäftigten: Probleme des Zeitmanagements, der Balance zwischen teils widerstrebenden Interessen und ökonomischer Notwendigkeiten. Für Beschäftigte mit Kindern ist es – ungeachtet des Geschlechts – deshalb ein großer Gewinn, wenn ihre Interessen durch eine Beauftragte oder einen Beauftragten wahrgenommen werden. Die zunächst individuell formulierten Veränderungswünsche können dann kollektiv gegenüber der Unternehmensführung artikuliert und anschließend ggf. umgesetzt werden. Die familienfreundlichen Regelungen können dann von den aktuell Beschäftigten ebenso in Anspruch genommen werden wie von den zukünftigen Mitarbeiterinnen und Mitarbeiter.
Flexible Pausenregelung	Pausenregelungen sind – in Abstimmung mit Kollegen – mit oder ohne vorgegebenem Rahmen in der Länge und im Zeitpunkt flexibel einteilbar, so dass private Verpflichtungen (z. B. Kind von der Schule abholen und zur Tagesmutter bringen, Besorgungen für pflegebedürftige Angehörige) ohne größere Freistellungen wahrgenommen werden können. Die Präsenzpflichten der einzelnen Beschäftigten werden über gemeinsame Regelungen im Team gewährleistet.	Freie Pausenregelungen in Absprache mit den Kolleginnen und Kollegen erleichtern die Erledigung familiärer Verpflichtungen. Der ungeplant notwendige Transfer von einem zum anderen Betreuungsort kann ebenso stressfrei bewältigt werden wie z. B. der Einkauf für den Haushalt oder ein Arztbesuch. Eine solch flexible Pausenregelung erweist sich insbesondere in privaten Ausnahmesituationen als entlastend und sinnvoll. Oft reicht eine ausgedehnte Pause aus, um wichtige Dinge erledigen oder regeln zu können, ohne dass die Arbeit darunter leidet.
Freistellung zur Betreuung von Angehörigen	Über den gesetzlich verankerten, zeitlich begrenzten Anspruch auf unbezahlte Freistellung oder auf begrenzte Lohnersatzleistung hinausgehende betriebliche Freistellung aus Betreuungsgründen.	Die Freistellung zur Betreuung von Angehörigen erlaubt es Beschäftigten mit Kindern entspannter zu arbeiten, denn sie wissen, dass die Freistellung z. B. im Falle einer Erkrankung von Angehörigen seitens des Unternehmens bewilligt wird. Aufgrund der Tatsache, dass diese Freistellung nur unbezahlt gewährt wird, ist ein Missbrauch weitgehend ausgeschlossen.

Maßnahmen	Beschreibung	Nutzen
Hausaufgabenbetreuung	Die Hausaufgaben von schulpflichtigen Kindern nehmen einen Großteil des Nachmittags in Anspruch. Dazu ist meist die Anwesenheit eines Erwachsenen erforderlich. Zur Unterstützung und zeitlichen Entlastung der Eltern können lokale Angebote zur Hausaufgabenhilfe gefördert werden. Bei hinreichend großem Bedarf und zentraler Lage des Unternehmens kann auch eine betriebseigene Hausaufgabenbetreuung eingerichtet werden.	Die Hausaufgabenbetreuung schulpflichtiger Kinder ist eine zumeist zeitintensive Verpflichtung, die für Vollzeitbeschäftigte und – je nach Lage der Arbeitszeit – Teilzeitbeschäftigte in die Arbeitszeit fällt. Existiert ein wohnort- oder arbeitsplatznahes Angebot zur gemeinsamen Hausaufgabenbetreuung, so entlastet dies die Beschäftigten zeitlich in einem hohen Maße und schafft Freiräume für Erwerbsarbeit und/oder andere Beschäftigungen.
Haushaltsservice	Das Unternehmen entlastet die Beschäftigten von zeitintensiven häuslichen Pflichten: z. B. kann die Wäsche im betriebseigenen Bügelservice kostenlos gebügelt werden, können Einkäufe in Auftrag gegeben werden usw. Diese so genannten Best Boys fahren auch den Firmenwagen durch die Waschstraße oder besorgen Mittag- und/oder Abendessen beim Schnellimbiss um die Ecke.	Beschäftigte mit überlangen oder ungünstig gelegenen Erwerbsarbeitszeiten können ihren häuslichen Pflichten nicht oder nicht immer pünktlich nachkommen. Gerade in Familien ist dies ein häufig vorkommender Anlass für innerfamiliäre Auseinandersetzungen. Können Beschäftigte ihre häusliche Pflichten über das Unternehmen ‚outsourcen', so können Pflichten ‚übernommen' und die Lebenspartnerin/der Lebenspartner entlastet werden.
Kinderbetreuungseinrichtungen in Kooperation mit anderen Betrieben	Mehrere benachbarte Unternehmen finanzieren gemeinsam eine Betreuungseinrichtung. Die Trägerschaft übernimmt ein Verein. Eine vertragliche Regelung zwischen den kooperierenden Unternehmen und dem Träger sichert den Bestand der Einrichtung und die Belegrechte der einzelnen Partner. Die Einrichtung liegt in Betriebsnähe und hat an die Arbeitszeiten angepasste Öffnungszeiten.	Die an die Betriebszeiten angepassten Öffnungszeiten einer Kinderbetreuungseinrichtung in Kooperation mit anderen Betrieben erhöhen bei den Eltern die zeitliche Flexibilität. Das Angebot fördert die Arbeits- und Lebensqualität der Beschäftigten und gibt ihnen die Sicherheit einer verlässlichen Betreuung.

Maßnahmen	Beschreibung	Nutzen
Kurzzeitbetreuung	In Ausnahmesituationen – wenn z. B. der Kindergarten wegen Krankheit geschlossen bleibt – oder in Ferienzeiten werden zusätzlich Kinder von Beschäftigten in der betriebseigenen Einrichtung betreut (vgl. flankierende Betreuung).	Für Beschäftigte mit Kindern sind in Sachen Betreuung Ausnahmen die Regel. D. h., häufig müssen Betreuungsarrangements geändert und Zwischenzeiten überbrückt werden. Dies ist eine zeitaufwendige Aufgabe, die oft auf die Nerven der Eltern und zu Lasten der Arbeitszeit geht. Mit einer betrieblichen Kurzzeitbetreuung erhalten die Beschäftigten die Möglichkeit, diese Ausnahmesituation zu regeln. Zudem wird die zeitliche Flexibilität der Eltern erhöht, wodurch z. B. auch die Bereitschaft der Beschäftigten steigen kann, an Fort- und Weiterbildungsmaßnahmen teilzunehmen.
Trainee-Programm bei Wiedereinstieg	Nach der Erziehungsfreistellung durchlaufen die Beschäftigten eine betriebsinterne Informationsphase, die durch mehrmonatige fachspezifische Module ergänzt werden kann.	Die berufliche Freistellung – z. B. maximal drei Jahre für die so genannte Elternzeit – geht mit einer mehr oder minder weit gehenden Dequalifizierung einher. Diese kann ganz allgemein durch Fort- und Weiterbildungsmaßnahmen abgefedert werden. Spezielle betriebliche Veränderungen und Änderungen im Produktionsablauf können lediglich im Rahmen einer von Trainee-Programmen zur Wiedereingliederung vermittelt werden. Für die Beschäftigten heißt dies: Ihnen wird ein zeitlich befristeter Korridor zugestanden, in dem sie sich an die gewandelten Bedingungen im Betrieb wieder gewöhnen und die neuen Produktionsabläufe anschauen können sowie die Gelegenheit haben, sich schrittweise wieder an den betrieblichen Alltag zu gewöhnen.

Abb. 86: Maßnahmen familien- und frauenfreundlicher Arbeitsgestaltung (In Anlehnung an Beruf und Familie GmbH 2006, online)

Die genannten Maßnahmen dienen nicht nur der familienfreundlichen Ausgestaltung der Arbeits- und Unternehmensorganisation, sondern führen auch dazu, dass sich das Unternehmen als attraktiver Arbeitgeber vermarkten kann, was wiederum zu einer Zunahme an Spontanbewerbungen und einer Vielzahl an Rekrutierungsmöglichkeiten neuer Mitarbeiter führen wird.

Doch nicht nur die Mitarbeiterfindung gewinnt an Bedeutung, auch die Planung und Konzeptionierung von Maßnahmen der Mitarbeiterbindung wird zunehmend wichtig. Auch umgekehrt werden vor allem renommierte Firmen über die Dienstleistungen von Headhuntern versuchen, die besten Fach- und Führungskräfte anderer Unternehmen abzuwerben. Da dies sehr oft in Form von hohen Entgeltversprechungen stattfindet, die Personalbudgets aber nicht in jedem Unternehmen exorbitant überschritten werden können, sollten Mitarbeiter durch sog. Sekundärgewinne aktiv an das Unternehmen gebunden werden, also durch zusätzliche Benefits, die die Beschäftigten auch langfristig (auch bei höher dotierten Jobangeboten) im Unternehmen halten.

12.2 Maßnahmen der Mitarbeiterbindung

Die Bereitschaft, den Arbeitgeber zu wechseln, ist vor allem bei Jüngeren höher als die bei Älteren. Verstärkt durch den bereits beschriebenen War for Talents (vgl. McKinsey & Company 2004) ist die Wechselbereitschaft besonders bei jungen Fachkräften in den technischen Berufen hoch, „man spricht hier in überspitzter Form bereits von einem ‚Käufermarkt': die Young Professionals suchen sich ihre Arbeitgeber aus – und nicht umgekehrt das Unternehmen seine zukünftigen Mitarbeiter." (Köchling 2004:75)

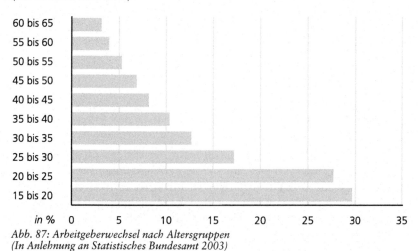

Abb. 87: *Arbeitgeberwechsel nach Altersgruppen*
(In Anlehnung an Statistisches Bundesamt 2003)

Die oben angeführte Abbildung zeigt deutlich, dass die Möglichkeit eines Arbeitgeberwechsels sehr stark vom Lebensalter beeinflusst wird. Die

Altersgruppe zwischen 15 und 25 Jahren wechselt mit knapp 30 Prozent am häufigsten, die Altersgruppen zwischen 25 und 35 wechseln zusammengenommen mit knapp 15 Prozent ihren Arbeitgeber schon seltener. In den Altersgruppen ab 45 zeigt sich, dass der Wunsch nach einem neuen Arbeitgeber weiter abnimmt.

Die Gründe für einen spontanen Berufswechsel wurden in einer KIENBAUM-Studie (zit. nach SCHUBERT/ENAUX 2003, online) erhoben, demnach zählen unter anderem

- schlechte Führungs- und Betreuungsqualität,
- fehlende Identifikation mit Produkten und Dienstleistungen,
- wenig Transparenz der Vergütungssysteme,
- fehlender Einklang von Berufs- und Privatleben,
- fehlende Aufstiegschancen sowie
- wenig Handlungsspielraum

zu den am häufigsten genannten Ursachen für eine erhöhte Wechselbereitschaft von High Potentials.

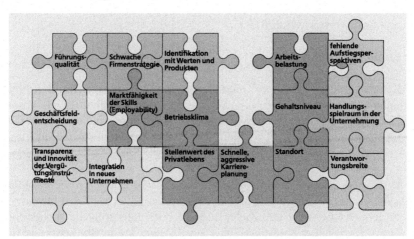

88: Auslöser für berufliche Wechsel
Quelle: Kienbaum, zit. nach Schubert/Enaux (2003, online)

Wollen Unternehmen ihre Wettbewerbsfähigkeit erhalten bzw. ausbauen, so bedeutet dies auch, den Erhalt der Humanressourcen zu stärken.

Dieses „Streben nach einem stabilen Mitarbeiter-Stamm hat handfeste Hintergründe: wenn Wissensträger gehen, ist nicht nur die Rekrutierung und Einarbeitung der Nachfolger mit erheblichen Kosten verbunden. Wo durch den Weggang von Mitarbeitern Projekte unterbrochen werden, eingespielte Beziehungen zu Kollegen und Kunden verloren gehen und lange aufgebautes Erfahrungswissen verschwindet, sind die Unternehmen mit erheblichen Folgeproblemen konfrontiert." (HIRSCHFELD 2006:4) Dennoch zeigen aktuelle Studien, dass „die betrieblichen Maßnahmen der Mitarbeiterbindung in den Kinderschuhen" (SCHIEDT 2000:53f) stecken und viele Unternehmen nur wenige Zugänge finden, fachlich gut ausgebildete Mitarbeiter an das Unternehmen zu binden.

Nach Ansicht der BBDO Consulting (vgl. 2004:7ff) kann es Unternehmen nur dann gelingen, Mitarbeiter langfristig an das Unternehmen zu binden und High Potentials zu rekrutieren, wenn diese eine starke Arbeitgebermarke schaffen. BEKINS prägt in diesem Zusammenhang den Begriff des Employer Brandings mit der Begründung: „Weil das Humankapital für die Schaffung des Shareholder Values immer wichtiger wird, muss das Top-Management in Analogie zu Konsumgütermarken ‚Employer Brands' entwickeln, die die besten Talente anziehen." (Der Standard vom 03.02.2001)

Employer Branding

KIRCHGEORG (2005:3) definiert den Begriff „Employer Branding" als „das in den Köpfen der potenziellen, aktuellen und ehemaligen Mitarbeiter fest verankerte, unverwechselbare Vorstellungsbild von einem Unternehmen als Arbeitgeber. Employer Branding ist die strategische und operative Führung der Arbeitgebermarke."

Um die besten Talente auch anziehen bzw. bestehende Mitarbeiter erfolgreich an das Unternehmen binden zu können, gilt es zunächst herauszufinden, welche Werte und Ziele von High Potentials und Mitarbeitern als besonders wichtig empfunden werden. In einer Studie am Lehrstuhl für Marketingmanagement an der Leipziger Graduate School of Management (vgl. KIRCHGEORG 2005:8) wurden insgesamt 1.830 junge High Potentials nach ihren Werten in Bezug auf Leben und Beruf erhoben. Die Analyse der Werteprofile ergab, dass im Besonderen Ehrlichkeit, die Erreichung persönlicher Ziele, die Pflege zwischenmenschlicher Beziehungen, das Streben nach hoher Bildung und das Streben nach Wissen sowie Weltoffenheit die größte Bedeutung haben. Demgegenüber rangieren auf den hinteren Plätzen der persönlichen Werteskala der persönliche Verzicht zugunsten der Gemeinschaft, ein sparsames Leben, Traditionsbewusstsein, Statussymbole und ein religiöses Leben.

Frage: "Wie wichtig sind Dir die folgenden Ziele und Werte?"	ø	σ
Ehrlichkeit	1,6	0,7
Persönliche Ziele erreichen	1,7	0,7
Zwischenmenschliche Beziehungen	1,7	0,7
Hohe Bildung	1,7	0,7
Weltoffenheit	1,9	0,8
Streben nach Wissen	1,9	0,8
Verantwortung übernehmen	2,1	0,8
Persönliche Unabhängigkeit	2,1	0,8
Finanzielle Sicherheit	2,1	0,8
Erfolg im Beruf	2,2	0,8
Loyalität	2,2	0,8
Intensives Familienleben	2,3	1,0
Ruhe und Entspannung	2,5	0,9
Kreativität	2,5	0,9
Neue Wege gehen	2,6	1,0
Kulturelles Interesse	2,6	0,7
Konflikte schlichten	2,7	0,8
Hoher Lebensstandard	2,7	0,8
Soziales Engagement	2,7	0,8
Umweltbewusst leben	2,8	0,9
Gesellschaftliche Anerkennung	2,8	0,9
Ein genussreiches Leben führen	3,0	1,0
Viel Freizeit	3,1	0,8
Gutes Aussehen	3,2	0,9
Persönlicher Verzicht für Gemeinschaft	3,4	0,9
Sparsam leben	3,5	1,1
Traditionsbewusstsein	3,6	1,1
Statussymbole	4,0	1,1
Ein religiöses Leben führen	4,1	1,0

ø = Mittelwert   σ = Standardabweichung

Abb. 89: Ziele- und Werteprofil von High Potentials
Quelle: KIRCHGEORG *(2005:8)*

Von besonderem Interesse der Studie war die Frage nach den kognitiv und affektiv geprägten Anforderungskriterien, die High Potentials an den künftigen Arbeitgeber richten. Dabei zeigte sich deutlich, dass Arbeitgeber dann als attraktiv eingestuft werden, wenn sie ein gutes (1,6) und ehrliches (1,7) Arbeitsklima, herausfordernde Aufgaben (1,7), Mitarbeiterförderung (1,8) und gute Aufstiegsmöglichkeiten (1,8) bieten sowie sich durch Zukunftsfähigkeit ihres Geschäftsmodells (1,8) auszeichnen. Im Mittelfeld rangieren der Aspekt Kompensation bzw. Gehalt (2,4) – als relativ unwichtig gelten gute Analystenbewertungen (3,6), die Orientierung am Shareholder Value (3,8), der elitäre Charakter eines Unternehmens (3,8), sein Börsenerfolg (3,8) und die Entlohnung mit Aktienoptionen (4,0).

Frage: "Wie wichtig sind Dir die folgenden Kriterien bei der Wahl Deines zukünftigen Arbeitgebers?"	ø	äußerst wichtig		gar nicht wichtig	↗
		1 2	3	4 5	
Gutes Arbeitsklima	1,6				0,6
Ehrliches Arbeitsklima	1,7				0,7
Herausfordernde Aufgaben	1,7				0,7
Mitarbeiter werden gefördert	1,8				0,7
Gute Aufstiegsmöglichkeiten	1,8				0,8
Zukunftsfähigkeit des Unternehmens	1,8				0,7
Gerechtes Arbeitsklima	1,9				0,7
Vielfältige Weiterbildungsmöglichkeiten	1,9				0,8
Balance zwischen Berufs- und Privatleben	2,0				0,9
Unternehmen ist vertrauenswürdig	2,0				0,7
U.-Kultur passt zu meinem Werteverständnis	2,1				0,9
Unternehmen ist sympathisch	2,2				0,8
Internationalität	2,3				1,1
Arbeitsplatzsicherheit	2,3				0,9
Unternehmen ist innovativ	2,3				0,9
Offene Unternehmenskultur	2,4				0,9
Viele Freiheiten	2,4				0,9
Attraktiver Standort des Unternehmens	2,4				0,9
Kompensation/Gehalt	2,4				0,8
Unternehmen ist flexibel	2,4				0,8
Unternehmen ist erfolgreich	2,4				0,8
Gute Referenzen akt. und ehem. Mitarbeiter	2,4				0,9
Attraktive Branche	2,4				1,0
Anspruchsvolle Unternehmenskultur	2,5				0,9
Guter Ruf des Unternehmens	2,5				0,8
Ausrichtung auf langfristige Gewinnerzielung	2,5				0,9
Unternehmen ist modern	2,6				0,8
Attraktivität der Produkte/DL	2,6				0,9
Unternehmen übernimmt gesell. Verantwortung	2,6				1,0
Unternehmen ist kreativ	2,6				0,9
Gute Beurteilung der Produkte/DL	2,7				0,8
Markterfolg des Unternehmens	2,7				0,8
Hohe Sozialleistungen	2,9				0,9
Sabbatical/Teilzeitarbeit möglich	2,9				1,2
Flache Hierarchien	2,9				0,9
Unternehmen praktiziert aktiv Umweltschutz	3,0				1,0

ø = Mittelwert   ↗ = Standardabweichung

Frage: „Wie wichtig sind Dir die folgenden Kriterien bei der Wahl Deines zukünftigen Arbeitgebers?"	ø	äußerst wichtig 1 2 3	gar nicht wichtig 4 5	⊀
Kinderbetreuung durch das Unternehmen	3,2		●	1,2
Positive Medienberichterstattung	3,3		●	0,9
Viele Urlaubstage	3,3		●	0,9
Persönlichkeit des Inhabers /CEO	3,4		●	1,0
Zusatzleistungen (Firmenwagen, Laptop etc.)	3,4		●	1,0
Gute Analystenbewertung	3,6		●	0,9
U.-Kultur orientiert sich am Shareholder Value	3,8		●	0,9
Unternehmen ist elitär	3,8		●	1,0
Börsenerfolg des Unternehmens	3,8		●	0,9
Aktienoptionen	4,0		●	0,8

ø = Mittelwert   ⊀ = Standardabweichung

Abb. 90: Kriterien attraktiver Arbeitgeber
Quelle: KIRCHGEORG *(2005:9)*

Vergleicht man die Erkenntnisse der KIENBAUM-Studie mit den Ergebnissen der Studie nach KIRCHGEORG, so zeigt sich eine deutliche Übereinstimmung der Ergebnisse. Für eine optimale Ausgestaltung des Employer Brandings lassen sich daraus folgende Maßnahmen ableiten:

Vorgehensweise Employer Branding

Um im eigenen Betrieb eine attraktive Arbeitgebermarke aufzubauen, empfiehlt KLEB (vgl. 2005:14f) die Einhaltung der folgenden Vorgehensweise:

1. *Aufbau einer Projektsteuergruppe „Employer Branding"*
    Bei der Zusammensetzung ist es wichtig, darauf zu achten, dass alle Funktionsgruppen und Managementebenen in diesen Prozess involviert werden. Um auch externe Sichtweisen in das Projekt einfließen zu lassen, können auch Lieferanten, Kunden, Kooperationspartner und sonstige Interessensgruppen des Unternehmens am Projekt beteiligt werden.
2. *Festlegung des Projektdesigns*
    In der ersten Projektsitzung muss geklärt werden, welche Ziele mit dem Employer Branding verfolgt werden sollen und unter welchen (finanziellen, organisatorischen etc.) Rahmenbedingungen bzw. Fristen das Projekt durchgeführt werden kann.

3. *Analyse der Unternehmensidentität (Selbstbild)*
   In dieser Projektphase geht es darum, ein Stärken- und Schwächenprofil des Unternehmens anzulegen und dabei die Meinungen von Mitarbeitern, Kunden, Medien etc. einzuholen. Zentrale Frage in dieser Projektphase: Wer bin ich als Arbeitgeber? Was zeichnet mich als Arbeitgeber besonders aus?
4. *Imageanalyse*
   Im nächsten Schritt wird dieses Selbstbild mit dem entsprechenden Fremdbild ergänzt, d. h.: Wie sehen ausgewählte Zielgruppen (Bewerber, Kunden, Lieferanten, Mitbewerber, etc.) das Unternehmen. In der Imageanalyse wird ebenso wie im dritten Schritt ein Stärken- und Schwächenprofil des Unternehmens erarbeitet und dem Selbstbild gegenübergestellt.
5. *Gestaltungsdiskussion*
   Auftretende Diskrepanzen zwischen Selbst- und Fremdbild werden im nächsten Schritt analysiert und auf mögliche Handlungsfolgen diskutiert. So können z. B. Arbeitszeiten wenig attraktiv, oder Weiterbildungsmöglichkeiten unzureichend sein – in diesen ersten Analysen liegen die ersten Möglichkeiten zur Gestaltung eines Employer Brandings.
6. *Überprüfung der Personalkommunikation*
   Im sechsten Schritt geht es insbesondere darum, die interne Personalkommunikation kritisch zu hinterfragen und auch in diesem Feld nach Handlungsoptionen zu suchen.
7. *Bestimmung der Zielgruppe*
   Berücksichtigt werden muss im Prozess des Employer Brandings noch die Personalbedarfsplanung, die über die zukünftige Zielgruppe als potenzielle Ansprechpartner Auskunft gibt. Dabei hilft auch die Berücksichtigung des möglichen Mitbewerbs, d. h. Unternehmen, die um ähnliche Zielgruppen werben.
8. *Entwicklung des Personalkommunikationskonzeptes*
   Phase 8 stellt das zentrale Element des Prozesses dar, die Entwicklung der Kernbotschaften: Wer bzw. was ist das Unternehmen? Wer bzw. was will das Unternehmen sein? Wo will das Unternehmen hin? Wen braucht es dazu und was macht das Unternehmen einzigartig?
9. *Maßnahmenplanung*
   Nachdem ausführlich geklärt ist, was erzielt werden möchte, können Maßnahmen erarbeitet werden, wie diese Ziele erreicht werden können.

10. *Umsetzung*
Im letzten Schritt des Projekts „Employer Branding" geht es darum, die Marketinginstrumente und Kanäle auszuwählen, um die entsprechenden Kernzielgruppen zu erreichen und im Anschluss daran die Maßnahmenn umzusetzen, wie z. B. Recruiting-Anzeigen, Recruiting-Events, Internetauftritt, Karrierebroschüren, Kontaktpflege zu Schulen, Ansprache von Umschulungs- und Ausbildungsträgern etc. (vgl. Kapitel 12.1)

Retention Management

Wenn es um das Thema „attraktiver Arbeitgeber" geht, stehen oft Ansätze des Retention Managements (vgl. MOSER/SAXER 2002) in der Diskussion. Beim Retention Management geht es darum, die Loyalität der Beschäftigten eines Unternehmens zu sichern und Anreize zu schaffen, damit sich diese im Unternehmen langfristig engagieren (vgl. HIELSCHER 2002:96, BASCHEK 2001:21).

Nach Ansicht der DGFP (2005) sind folgende vier Handlungsfelder des Retention Managements zentral für die betriebliche Praxis:

- individuell gestaltete Personalentwicklung
- motivierende Aufgabengestaltung
- geeignete Führungsinstrumente und -personen
- leistungsgerechte Anreizsysteme

Für SCHIEDT (vgl. 2000:56) sind fünf Faktoren für die Mitarbeiterbindung ausschlaggebend: die Führung, das Betriebsklima, das jeweilige Jobprofil, das Unternehmensleitbild und das Entlohnungssystem.

MOSER und SAXER (2002) wiederum unterscheiden nach intrinsischen und extrinsischen Anreizfaktoren (siehe Abbildung). Äußere Anreize können materielle – meistens finanzielle – Komponenten oder immaterielle – meistens soziale – Komponenten enthalten.

Extrinsische Motivation					Intrinsische Motivation
Materielle Anreize		Immaterielle Anreize			
Direkte finanzielle Anreize	Indirekte finanzielle Anreize	Soziale Anreize	Organisatorische Anreize i. w. S.	Organisatorische Anreize i. e. S.	Anreize der Arbeit an sich
Grundlohn	Fringe Benefits	Führungsstil Feedback	Größe	Arbeitszeit	Inhalt
Variable Anteile		Gruppenmitgliedschaft/ Kollegen	Standort Struktur	Personaleinsatz	Fähigkeitseinsatz/Entwicklungspotenzial
Sozialleistungen		Information und Kommunikation	Kultur Image	Personalentwicklung (Aus-/Weiterbildung/ Laufbahn)	Tätigkeitsspielraum
		Beziehungen			Abwechslung/ Vielseitigkeit

Abb. 91: Anreize im Retention Management
Quelle: MOSER/SAXER *(2002:47)*

Welche sind nun die „kritischen Felder der Mitarbeiterbindung" (TEUBER 2006:5f)?

Rekrutierung
Retention Management beginnt „schon vor dem Eintritt eines Mitarbeiters ins Unternehmen. Neben der Rekrutierung von Personen, die zur Unternehmenskultur und Kollegen passen, spielt auch das Setzen realistischer Erwartungen der Bewerber an den neuen Arbeitgeber eine wichtige Rolle." (HIRSCHFELD 2006:19) Gutes Betriebsklima und ehrliche Unternehmenskommunikation stellen für High Potentials die wichtigsten Anforderungen an den Arbeitgeber dar. Bereits in den Stellenausschreibungen und den folgenden Kontakten mit den Bewerbern (schriftlich, telefonisch und persönlich) werden die Grundlagen für das Vertrauen des Bewerbers in das Unternehmen gelegt. Aus diesem Grunde sollte in der Rekrutierungsphase darauf geachtet werden, ein möglichst realistisches Abbild des tatsächlichen Aufgabenprofils inklusive Einbindung der zukünftigen Bezugspersonen des Kandidaten zu gestalten und damit die Basis und ein „Gefühl für die soziale Passgenauigkeit" (ebd.) von Bewerber und zukünftigem Arbeitgeber zu legen.

Einarbeitung
Die Gestaltung der Einarbeitungsphase ist aus vielerlei Gründen besonders wichtig: einerseits für die Befähigung des Mitarbeiters unter optimaler Nutzung seines Potenzials, andererseits für die Einbindung in das Unternehmensgefüge und der Festlegung späterer Mentoren- und/oder Coachingverhältnisse. Gerade in den aus demografischer Sicht zu empfehlenden altersgemischten Gruppenarbeiten und Teams hat der neue Mitarbeiter die Möglichkeit, vom Erfahrungswissen des Unterweisenden (organisatorische Abläufe, persönliche Netzwerke, Tipps und Tricks im Arbeitsalltag etc.) zu profitieren. „The first few weeks of employment are the most critical time to lay the groundwork for long-term employee commitment and promote feelings of affiliation." (RUSSEL 2001:17)

Aufgabe und Tätigkeitsspielraum
Wie Kapitel 6.2 gezeigt hat, tragen Art und Gestaltung von Arbeitsaufgaben in hohem Maß zur Motivation und Bindung des Mitarbeiters an das Unternehmen bei. Im Mittelpunkt dabei steht die Gestaltung herausfordernder, aber noch zu bewältigender Tätigkeiten zur Erzeugung des „Flow" (vgl. CSIKSZENTMIHALYI 1999). Auch die Ausstattung mit entsprechenden Ressourcen und Kompetenzen, der ausreichenden Definition des eigenen Gestaltungsraumes tragen zur Mitarbeiterzufriedenheit bei, ebenso wie die Einbindung des Mitarbeiters in Problemlösungsprozesse und Entwicklungsschritte des Unternehmens. Die wichtigste Rahmenbedingung der Aufgabengestaltung liegt in der permanenten Feedbackschleife und Begleitung durch Vorgesetzte, Mentoren- oder Gruppenfeedback als Ausdruck einer flachen Hierarchie und der Möglichkeit autonomer Entscheidungsfindung und Einflussnahme. Besonders das Gefühl des Miteingebundenseins, der Mitbestimmungsmöglichkeit steht in den Erwartungshaltungen junger aber auch älterer High Potentials an oberster Stelle (vgl. KIRCHGEORG 2005:9)

Personalentwicklung
Wie eben beschrieben, sind Feedback und Betreuung aber auch Eigenverantwortlichkeit des Mitarbeiters zentrale Faktoren eines erfolgreichen Retention Managements. Um im Denken und Handeln auch langfristig im Flow zu bleiben, empfiehlt sich mit zunehmender Spezialisierung des Mitarbeiters eine Erhöhung der Anforderung im Kontext eines individuellen Personalentwicklungsweges. Ausführliche Entwicklungs-

gespräche, Zeit für Feedback, vor allem aber auch Möglichkeiten, „an sich selbst" zu arbeiten, in Form von sorgfältig vorbereiteten und nachbereiteten Weiterbildungen (on the job, off the job und near the job), unterstützen den individuellen Lern- und Entwicklungsprozess des Mitarbeiters. Selbstverständlich muss zu gegebener Zeit das erworbene Wissen auch zur Anwendung kommen, was sich wiederum auf die oben angeführte Aufgabengestaltung auswirkt. Konzepte wie Job Enrichment, Job Enlargement bzw. der Job Rotation werden hier relevant.

Daneben bieten sich auch weitere vertiefende Karrieremodelle an, die vor allem für High-Potentials attraktiv sein können (vgl. PROBST 2000:59):

Abb. 92: Karrieremodelle im Retention Management
Quelle: PROBST (2000:59)

Das dreifunktionale Nachwuchsförderungsmodell von WOLLSCHINGG-STROBEL berücksichtigt vielfältige Karrieremöglichkeiten und bietet weitere Anregungen, da es Nachwuchsförderung „als integriertes Gesamtsystem" begreift. „Im Zuge von Hierarchieabbau und Verantwortungsdelegation orientiert sie sich nicht an vertikalen Strukturen, sondern stets auch an horizontalen Funktionsfeldern dieses Systems (Flächenkarriere und Hierarchieaufstieg). Neben der Förderung einzelner Mitarbeiter rücken deshalb immer mehr auch das Formen und die Begleitung von zeitlich befristeten Teams und Projekten in den Mittelpunkt der Fördermaßnahmen." (WOLLSCHING-STROBEL 1999:57)

12 Rekrutierungsstrategien und Mitarbeiterbindung

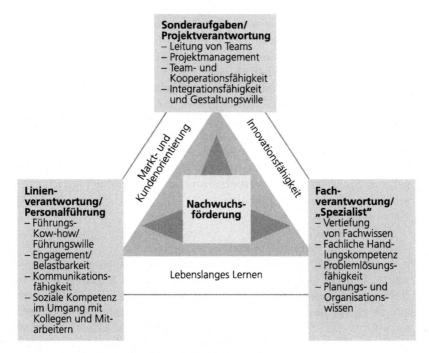

Abb. 93: Dreifunktionales Nachwuchsförderungsmodell
Quelle: WOLLSCHING-STROBEL *(1999:135)*

Führungsstil

Im Unternehmensleitbild fest verankerte und in den Führungslinien umgesetzte verbindliche Standards für die Führung und Zusammenarbeit mit Mitarbeitern rangieren in der Erwartungshaltung von High Potentials weit oben. Elemente wie „respektvoller Umgang, konstruktives Feedback, Teilhabe der Mitarbeiter am Unternehmensgeschehen und eine transparente Kommunikation" (HIRSCHFELD 2006:21) zählen zu den Begleitmaßnahmen erfolgreichen Retention Managements. Es zeigt sich immer wieder, dass fehlendes Führungs-, Konflikt- und Informationsmanagement von Führungskräften zu Demotivation und letzten Endes zu Abwanderung der besten Mitarbeiter führt (vgl. SCHIEDT 2000:56).

In den USA wird Führung nicht nur in Instrumenten der Unternehmensführung verankert, sondern wird vor allem direkt an Personen (Mentoren, Supervisoren, Coachs) gebunden. HIRSCHFELD (2006:21) beschreibt in diesem Zusammenhang die Methode des Führungs-Leistungsbarometers, mit dem die Leistungen des Führungsverhaltens zur Bewertung kommen. „Ein Führungs-Leistungsbarometer [...] soll umfassende Erkenntnisse über die Motivationslage einzelner Abteilungen geben und neben weiteren Leistungskennzahlen wie Produktions- und Vertriebszahlen in die Berechnung der flexiblen Gehaltsbestandteile der Führungskräfte einfließen."(ebd.) Zu den dabei erhobenen Leistungswerten gehören unter anderem die Fluktuationsrate, die Zahl der Versetzungswünsche, aber auch Ergebnisse von Mitarbeiterbefragungen. (vgl. GESCHWILL 2001:3)

Anreizsysteme (materieller Reiz)
Zahlreichen Studienergebnissen zufolge (vgl. KIRCHGEORG 2005; KIENBAUM 2005; KÖCHLING 2004) wird den monetären Anreizsystemen im Rahmen des Retention Managements eine wichtige, wenn auch nicht ausschlaggebende Funktion beigemessen: „Wer für Geld bleibt, der geht auch für Geld." (TEUBER 2005:1) Vielmehr spiegelt monetäre Entlohnung die Wertschätzung des Mitarbeiters wider. Zu den wichtigsten Aspekten der monetären Anreizsysteme zählen neben der Höhe der Entlohnung auch die gerechte Verteilung im Verhältnis zu anderen Mitarbeitern (vgl. HIRSCHFELD 2006:21) Wichtige Faktoren sind daher „eine nachvollziehbare Strukturierung und Bewertung der Funktion [und ein] klar definierter Kriterienkatalog für die Vergabe leistungsbezogener variabler Gehaltsbestandteile." (DGFP 2005:63) Gute Sozialleistungen und Nebenleistungen wie z. B. Beiträge zur betrieblichen Altersvorsorge, attraktive Lebensarbeitsmodelle oder Aktienoptionen für Mitarbeiter die zum Teil an eine bestimmte Betriebszugehörigkeit der Mitarbeiter geknüpft sind, sind weitere Kriterien für die nachhaltige Bindung von Mitarbeitern an das Unternehmen (vgl. TELTSCHICK 1999).

Arbeitszeitgestaltung und Work Life Balance
Für High Potentials und Young Professionals ist ein angemessenes Verhältnis von Arbeit und Freizeit besonders wichtig. Als Grundvoraussetzung ist dementsprechend die „Flexibilisierung in diesem Bereich eine sehr gute Strategie, die den Mitarbeitern Freiräume gewährt und dem Unternehmen Leistung auf hohem Niveau sichert" (TEUBER 2005:6). Die

verschiedenen Gestaltungsmöglichkeiten der Arbeitszeit wie Teilzeitarbeit, Lebensarbeitszeitkonto, Sabbaticals etc. wurden bereits ausführlich in Kapitel 9.3 dargestellt. Die Balancierung von Arbeit und Freizeit ist also ein wichtiges Instrument der Mitarbeiterbindung: „Freizeit muss als Freizeit konzipiert werden, die Zeit zum Nichtstun und Loslassen zur Verfügung stellt und in der individuelle Interessen und Präferenzen ihren Platz finden." (EICHHORN 2002:3) Eine familienfreundliche Ausgestaltung des Arbeitsprozesses (vgl. Kapitel 6.2) sowie Angebote im Freizeit- und Sportbereich und in der Gesundheitsvorsorge runden die betrieblichen Strategien des Retention Managements ab.

13 Unternehmens- und Führungskultur

In den vorangegangenen Kapiteln wurden ausführlich dargestellt, welche betrieblichen Handlungsfelder Ihnen im Umgang mit dem demografischen Wandel und seinen Folgewirkungen offen stehen. Dabei zeigt sich deutlich, dass für die Anwendung der vorgestellten Konzepte und Instrumente und für die langfristige Implementierung die Faktoren Unternehmenskultur, Führung und Organisation fixe Bestandteile eines strategischen Vorgehens sein müssen. Wie RUMP und SCHMIDT (2006:26) bestätigen, „bedarf es eines ganzheitlich-integrativen Unternehmenskonzeptes", um die Herausforderungen des demografischen Wandels zu bewältigen.

So beschreibt z. B. HEINZ RITTENSCHOBER, Initiator des LIFE-Projektes in der Voestalpine AG: „LIFE ist kein Projekt, sondern ein Programm – ein Programm für eine zukunftsorientierte Personalpolitik, mit der die Voest Alpine den demografischen Veränderungen in der Arbeitswelt offensiv begegnen will." (RITTENSCHOBER, zit. in MORSCHHÄUSER 2005:140) Damit wird das demografische Handlungskonzept fest in die Unternehmensstrategie verankert und in Form von neuen Führungsleitsätzen in die Unternehmenskultur integriert. Wie HOLLIGER (vgl. 2005) feststellte, können Instrumente zur Bewältigung des demografischen Wandels nur dann nachhaltige Wirkung zeigen, wenn eine entsprechende, generationensensible Unternehmenskultur vorgelebt und initiiert ist. Das bedeutet, „dass mit Umsetzung von Strategien zur Bewältigung altersstruktureller Probleme in Betrieben gleichzeitig ein Kultur-Change-Prozess, weg von Altersrassismus und Jugendwahn, hin zu einer altersbalancierten und generationespezifischen Jugendkultur stattfinden muss." (HOLLIGER 2005:49)

KÖCHLING spricht in diesem Zusammenhang vom Wandel zur „Wertschätzungskultur" und wirft die Frage auf, ob in den Unternehmen eine „Kultur der gegenseitigen Wertschätzung zwischen den Jungen und den Alten" (KÖCHLING 2004:185) herrsche. Auch MORSCHHÄUSER (2005: 145) stellt fest, dass „zentrale Voraussetzung und Rahmenbedingungen für eine Neuorientierung der Personalpolitik, die nicht mehr vorrangig jüngere Arbeitskräfte ins Blickfeld nimmt, sondern auf eine Förderung der Arbeits- und Beschäftigungsfähigkeit zielt, [...] eine Unternehmenskultur [ist], die mit ihren Verhaltensnormen, Werten und Traditionen generell auf Anerkennung, Wertschätzung und Förderung des einzelnen Mitarbeiters setzt – gleich ob jung oder alt, deutsch oder ausländisch, männlich oder weiblich."

Langfristig zu implementierende Strategien zur Bewältigung des demografischen Wandels scheinen so an eine Diversity-Kultur gebunden zu sein, die vor allem geprägt ist durch

- „einen hohen Stellenwert von Kommunikation und Reflexion,
- die offene An- und Aussprache unterschiedlicher Interessen und Unstimmigkeiten,
- kollegiale und unterstützende Haltung unter den Beschäftigten,
- glaubwürdiges und partizipativ ausgerichtetes Führungsverhalten,
- Bereitschaft zu und Suche nach flexiblen und individuellen Lösungsmöglichkeiten sowie
- eine grundsätzliche Offenheit von Personalverantwortlichen gegenüber Veränderungsvorschlägen der Mitarbeiter" (MORSCHHÄUSER 2005: 147).

Das Konzept des Generation Resource Managements trägt diesen Faktoren Rechnung. In der Durchführung spiegelt sich dies auf mehreren Ebenen wider:

1. *Normative Ebene:* Damit die Idee des Generation Resource Managements als ganzheitliches Unternehmenskonzept von allen beteiligten Akteuren auch gelebt wird, muss sie zu einer unternehmensweiten Vision werden, die sich in den formulierten Unternehmenszielen, der vollzogenen Unternehmenspolitik und der gelebten Unternehmenskultur niederschlägt. Eine Einbeziehung auf der Werteebene des Unternehmen, also z. B. Generationengerechtigkeit, Chancengleichheit und Gleichstellung ins Unternehmensleitbild zu integrieren, ist insbesondere wichtig, da diese die Grundlage betrieblicher Entscheidungen und unternehmerischen Handelns bildet.

2. *Strategische Ebene:* Die Konkretisierung und Umsetzung der definierten Normen und Vorgaben vollzieht sich zumeist über die Linien und deren Führungskulturen. Dies zeigt deutlich, dass ein Programm zur Bewältigung des demografischen Wandels nicht nur von oben herab getragen werden muss, sondern insbesondere im direkten Linienkon-

13 Unternehmens- und Führungskultur

takt mit Vorgesetzten gespürt und erlebt werden muss. Betriebliche Steuerungselemente wie Organisation, Personalentwicklung, Karrieremodelle, Anreizsysteme, Vergütungssysteme und Controlling (vgl. RUMP/SCHMIDT 2006:3) haben dabei ebenso eine zentrale Rolle wie das Führungsverhalten und die Rolle der Vorgesetzten.

3. *Operative Ebene:* Die normative und strategische Ebene dienen der Ausgestaltung des Rahmens, in dem sich operatives Handeln dann vollzieht. So kommen auf der operativen Ebene jene Instrumente, Ansätze und Konzepte zur Anwendung, die ein Lenken, Kontrollieren und schrittweises Verändern vor Ort auch ermöglichen. Nach RUMP und SCHMIDT (vgl. 2006) zählen z. B. Arbeitsinhalte, Arbeitsprozesse bzw. deren Gestaltung und Bedingungen zu den operativen Handlungsfeldern. Weiters wird auf der operativen Ebene insbesondere auf das Verhalten der Mitarbeiter sowie deren Wahrnehmungs-, Denk- und Handlungsmuster fokussiert.

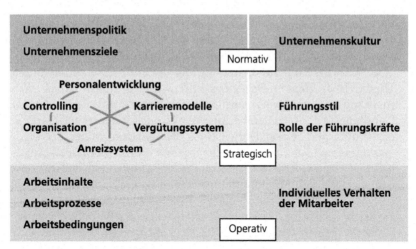

Abb. 94: *Handlungsebenen des Generation Resource Managements (In Anlehnung an RUMP/SCHMIDT 2006:4)*

Am Beispiel der Voestalpine AG möchte ich Ihnen verdeutlichen, wie wichtig es ist, die diversen Maßnahmen zur Bewältigung altersstruktureller Probleme kulturell zu unterstützen:

Praxisbeispiel

Im österreichischen Stahlunternehmen Voestalpine AG wurde mit dem Jahr 2001 das LIFE-Programm, „unser Weg zum 3 Generationen Unternehmen" (BAUER 2006:1) konzeptionell gestartet und mit 2004 in die praktische Umsetzung übergeführt. Angesichts des prognostizierten Wettbewerbs um junge Fachkräfte, sowie einer zunehmenden Alterung der Belegschaftsstruktur in einem Großteil der Organisationseinheiten, begleitet durch politische Vorgaben der EU (Lissabon Strategie) wurde vom Unternehmen im Einklang mit dem Vorstand die explizite unternehmenspolitische Zielsetzung getroffen, ein „Drei-Generationen-Unternehmen zu gestalten" (MORSCHHÄUSER 2005:140). Dieses Drei-Generationen-Unternehmen soll sowohl für jüngere, für mittlere als auch für ältere Arbeitnehmer attraktiv sein, so dass erstere sich bei ihrem Berufsbeginn für die Voest Alpine entscheiden und letztere länger im Unternehmen bleiben.

Kernelement in der betrieblichen Umsetzung ist nach BAUER (2006:2) die „Management Attention", also die Patronanz der eingeführten Instrumente und durchgeführten Maßnahmen durch den Vorstand. Nach Beauftragung zur Durchführung des LIFE Programms durch Vorstandsbeschluss im Dezember 2001, wurden in einer halbjährigen Analysephase acht Expertengruppen gebildet, die sich den wichtigen Handlungsfeldern des demografischen Wandels widmeten: Unternehmenskultur und Personalentwicklung, Personalcontrolling, Personalmarketing und Recruiting, Arbeitsprozesse und Ergonomie, Gesundheit und Fitness, Arbeitszeit und Entgeltgestaltung und Integrationsmanagement (vgl. Abbildung).

Zugleich wurden alle Geschäftsführer der einzelnen Betriebe der Voestalpine AG gemäß den betroffenen Zielvereinbarungen beauftragt, eine spezifische Humanressourcen-Strategie für ihren jeweiligen Standort auszuarbeiten. In den Expertengruppen wurden unter den thematischen Schwerpunkten Konzepte und Vorgehensweisen entwickelt, die auch mit zunehmendem Alter und damit langfristig im Unternehmen erlebt bzw. gelebt und unterstützend wahrgenommen werden können. Mit diesen Konzepten soll nicht ausschließlich auf die Bedürfnisse älterer Beschäftigter eingegangen werden, sondern die Verträglichkeit der Arbeitsprozesse mit den Bedürfnissen aller Generationen in Einklang gebracht werden. In den Expertengruppen waren jeweils Vertreter des Personalmanagements, des Betriebsrates und zentraler Unternehmensfunktionen sowie thematisch zuständige Fachkräfte wie z. B. Arbeitsmediziner, Arbeitsrechtsexperten, Rekrutierungsspezialisten, Weiterbildungsverantwortliche etc. aus unterschiedlichen Werken zusammen.

Um auch die Orientierung an den Unternehmenszielen zu bewerkstelligen, wurde jeder Expertengruppe ein sog. Mentor bei Seite gestellt, diese wiederum bildeten als „LIFE-Kerngruppe" (vgl. MORSCHHÄUSER 2005:141) die Projektsteuerungsgruppe.

Seit Projektstart sind von den bisherigen Expertengruppen folgende Arbeitsergebnisse praktisch umgesetzt worden:

Abb. 95: Voestalpine AG LIFE-Programm
Quelle: Voestalpine AG/health work consulting, zit. nach MORSCHHÄUSER (2005:142)

- *Arbeitszeit:* flexible Arbeitszeitmodelle im Schichtberieb mit den Zielen der Schaffung von mehr Spielraum, besserer Vereinbarkeit von Familie und Beruf, Erhöhung der Attraktivität des Schichtbetriebs.

Nach Durchführung einer Mitarbeiterbefragung wurde in einem Linzer Werk ein Pilotprojekt mit reduzierter Normalarbeitszeit durchgeführt und durch Wahlfreiheit der individuelle Arbeitszeit (38,5/36,0/34,4 Stunden) erfolgreich gestaltet. Zudem konnten kürzere Arbeitsblöcke, längere Freizeitphasen und weniger Nachtschichten die Mitarbeiterzufriedenheit in diesem Werk entscheidend erhöhen: „Natürlich war diese flexible Regelung mit einem höheren Aufwand an Organisation verbunden. Es wurde jedoch ein Modus gefunden, der allen diese Wahlfreiheit zugesteht und dabei sogar noch neue Arbeitsplätze für junge Mitarbeiter geschaffen hat." (BUDOVINSKY, zit. nach BAUER 2006:12)

- *Arbeitsplatzgestaltung:* lebensphasengerechte Gestaltung der Arbeitplätze und Arbeitsplatzbedingungen einhergehend mit einer Verringerung physischer, psychischer, sozialer und kognitiver Belastungen.

In einem dreistufigen Prozess wurden die Belastungen des Arbeitsplatzes von den Mitarbeitern selbst, in Begleitung von Experten bewertet und nach erfolgversprechenden Verbesserungsvorschlägen gesucht. Nach der Feststellung der höchsten Wirksamkeit wurden entsprechende Maßnahmen veranlasst und mit Evaluierung durchgeführt. Neben einer Umstrukturierung des Arbeitsplatzes wurden zudem auch ergonomische Aspekte der Arbeitsplatzgestaltung, Tageslichtkuppeln sowie Elemente des Feng Shui in der Umsetzung berücksichtigt.

- *Chancengleichheit:* bedeutet im LIFE-Programm die Einhaltung von Altersgrenzen bzw. die gezielte Bevorzugung eines Geschlechts bei der Besetzung neuer Positionen und Arbeitsstellen. Unter dem Motto „Girlpower bei der Voestalpine AG" (BAUER 2006:15) wurden seit 2003 bereits 39 Frauen in die typisch männlichen technischen

Berufe eingeführt und im Unternehmen integriert. Der Kontakt zu Schulen, Universitäten und Fachschulen war hier ebenso unterstützend in der Rekrutierung, wie die Teilnahme der Voest Alpine an Messen und Ausstellungen.

„In der Voestalpine AG ist niemand zu alt für eine berufliche Herausforderung!" (BAUER 2006:16). Seit 2000 wurden insgesamt mehr als 2600 neue Mitarbeiter eingestellt, davon war fast jeder sechste älter als 40 Jahre.

- *Sicherheit und Gesundheit:* Gesundheit am Arbeitsplatz ist besonders im Sektor der industriellen Fertigung ein wichtiges Thema. In der Voest Alpine wird dies insbesondere durch spezielle Ernährungsangebote, Beratung bei Übergewicht, spezielles Bewegungstraining in einem kostenlosen Fitness-Center aber auch durch Angebote an psychosozialer Beratung (Nichtraucherseminare, Lebens- und Sozialberatung und Suchtberatung) spezifiziert. Nach BAUER (vgl. 2006) sind in die Beratungsangebote auch alle Familienmitglieder der Beschäftigten eingebunden, nur dadurch kann eine ganzheitliche Lösungsmöglichkeit verborgener Problemstellungen gewährleistet werden (z. B. Work Life Balance).

Einen weiteren Service für sicheres und gesundes Arbeiten am Arbeitsplatz bietet die Voestalpine AG in Form eines Stressmonitoring, bei dem Mitarbeiter vor Ort von Psychologen auf Stressbelastungen getestet und im Umgang damit gefördert werden. Besonders berücksichtigt werden auch Gesundheitsaspekte des Schichtbetriebs, hier werden im „Schichttraining" (BAUER 2006:18) Empfehlungen für Schichtarbeiter in Sachen Ernährung, Kurzpausen, Schlaf, Tag- und Nachtrhythmus und Bewegung vermittelt.

In speziellen Sicherheitstrainings (z. B. Fahrsicherheitstrainings, Sicherheitsaudits) wird der hohe Sicherheitsstandard wiederholt gefördert und das Bewusstsein für Sicherheitsdenken verstärkt.

- *Kultur, Führung und Entwicklung:* Im Mittelpunkt dieses Themenschwerpunkts steht das lebensphasenbezogene Führen, in dem bestehende Führungsinstrumente auf die speziellen Bedürfnisse besonderes älterer Mitarbeiter adaptiert und konzentriert zum Einsatz kommen. So werden z. B. in lebensphasenorientierten Mitarbeitergesprächen neue Karrieremöglichkeiten überdacht und wird an entsprechenden Weiterbildungsangeboten gearbeitet. Verpflichtend für die Linienvorgesetzten finden Seminare mit den Themen „Lebensphasenbezogenes Führen für Führungskräfte" sowie „Lebensphasenbezogene Arbeitsgestaltung für MitarbeiterInnen" statt.

Einen besonderen Stellenwert in Zeiten des demografischen Wandels genießt das „Angebot an alle MitarbeiterInnen, mindestens 2 % der Jahresarbeitszeit zur persönlichen und/oder fachlichen Weiterentwicklung zu investieren" (BAUER 2006:20), bei dem, nach Vereinbarung im jährlichen Mitarbeitergespräch Weiterbildungsangebote aus dem Programm „Formel 33" (ebd.) in Anspruch genommen werden können. Formel 33 umfasst Entwicklungsvereinbarungen für drei Generationen auf den drei Säulen der Weiterbildung: on the job (Anlernen, Einarbeiten, KVP), near the job (Traineeprogramme, Job Rotation) und off the job (Seminare, Fachtagungen, Lehrgänge, Seminare), die jeweils generationengerecht methodisch aufgearbeitet sind und vermittelt werden.

Um das erfolgskritische Wissen älterer Mitarbeiter zu transferieren, aber auch den generellen Wissensaustausch bei Stellenwechsel zu vollziehen, wurde im Rahmen einer Wissensstafette ein Konzept zum intergenerativen Wissenstransfer geschaffen und in die betriebliche Ablaufstruktur eingeführt.

- *Neue Mitarbeiter finden und binden:* Wie bereits oben beschrieben, werden im Rahmen von Personalmarketingmaßnahmen wie dem Girls' Day oder der Aufhebung von Altergrenzen in der Rekrutierung jene Zielgruppen angesprochen, welche den drohenden Fachkräftemangel verhindern sollen. In diesem Zusammenhang wurde von der Voestalpine AG auch ein Einsteigernetzwerk gegründet und es wurden Kooperationen mit heimischen, aber auch osteuropäischen Partneruniversitäten begründet.

Was sind die bisherigen Erfolgsfaktoren des LIFE-Programms?

Der wichtigste Erfolgsfaktor ist die uneingeschränkte Aufmerksamkeit des Managements. „Permanente Auseinandersetzung des Top-Managements mit der LIFE Umsetzung ist ein zentraler Erfolgsfaktor." (BAUER 2006:23) Neben einem kontinuierlichen Monitoring der Umsetzungsergebnisse (quantitativ) finden auch laufende Evaluierungen der Maßnahmen (qualitativ) statt. Des Weiteren wurden besondere Indikatoren zur Messung des Nutzens von LIFE in Form von Gesundheitsquoten, Mitarbeiterzufriedenheitsindices etc. installiert und in den ersten Jahren der LIFE-Laufzeit bereits positiv evaluiert: So konnte z. B. die Zahl der Unfälle deutlich reduziert werden, die Gesundheitsquote sowie Mitarbeiterzufriedenheit konnten einen steten Anstieg verzeichnen.

Einen weiteren wichtigen Erfolgsfaktor sieht BAUER (2006:21) in der laufenden Vermittlung des Nutzens des LIFE-Programms für Unternehmer und Mitarbeiter sowie eine kontinuierliche Kommunikation über Fortschritte und Ergebnisse des Programms. Für die Berichterstattung wurden so viele Medienkanäle wie möglich genutzt, neben mehreren Veranstaltungen z. B. das Mitarbeitermagazin, die Wandzeitung, die Intranetseite zu LIFE und ein Bildschirmschoner.

Die Finanzierung und Budgetierung von LIFE

Alle zur Verfügung gestellten Instrumente und Konzepte werden nicht gesondert budgetiert, sondern von den jeweiligen Kostenstellen kalkuliert und finanziert, so dass das LIFE-Programm auch in finanzieller Hinsicht in den betrieblichen Ablauf integriert ist (vgl. BAUER 2006).

14 Zur praktischen Umsetzung des Generation Resource Managements

Die vorangegangenen Kapitel haben gezeigt, wie vielfältig sich die betrieblichen Handlungsfelder im demografischen Wandel zeigen. Dass es keine pauschale Lösungsstrategie in der Bewältigung demografischer Konsequenzen (vgl. Kapitel 3) geben kann, scheint ebenso klar zu sein wie die demografischen Fakten selbst. Nun stellt sich die durchaus gerechtfertigte Frage, inwieweit die in diesem Buch bisher dargestellten Lösungsstrategien auch praktisch zu verwerten sind. In diesem abschließenden Kapitel möchte ich Sie, liebe Leserin und lieber Leser, mit meinen bisherigen Erfahrungen der praktischen Umsetzung des Generation Resource Managements konfrontieren und Ihnen einen Einblick in mögliche Umsetzungsstrategien, betriebliche Ablaufszenarien, Kosten- und Zeitstrukturen des Generation Resource Management Programms geben.

14.1 Warum ein ganzheitliches Generationenmanagement?

Wann immer ein neues Produkt auf den Markt kommt, stellt sich die Frage: „Wer braucht es?" Neugier, Skepsis, aber auch das Wissen um den Überfluss an neuen Managementinstrumenten rechtfertigen die Frage auch in Bezug auf das Generation Resource Management. Bei der Präsentation des Modells kommt es immer wieder vor, dass die Zuhörer die demografischen Daten (vgl. Kapitel 2.2) in Frage stellen und damit den Bedarf nach veränderten HR-Konzepten verleugnen. In diesem Zusammenhang führt HOLLIGER (vgl. 2005) die Analogie des Tsunami vor, bei dem die Verdrängung der Gefahr und Ignoranz der Bedrohung letztlich zu Handlungsunfähigkeit und Machtlosigkeit geführt haben.

Unternehmen, welche die Dynamik der demografischen Entwicklung unterschätzen, werden nicht nur an Handlungsfähigkeit einbüßen, sondern vor allem im ständig härter werdenden Wettbewerb verlieren. So bedrohlich die statistischen Zahlen, Daten und Fakten (vgl. Kapitel 2.2.1 bis 2.2.3) wirken, so gering ist die Bereitschaft vieler Unternehmer, sich auf den demografischen Wandel vorzubereiten.

Die bisherige Praxis an alter(n)sgerechten HR-Konzepten zeigt, dass vor allem Unternehmen ab einer Mitarbeiterzahl von 250 dem Thema durchaus offen gegenüber stehen, ja vielleicht schon die eine oder andere Handlung dazu gesetzt haben. In der Regel finden sich jedoch nur Teilaspekte (z. B. Integration einer Rückenschule in der betrieblichen Weiterbildung oder ergonomische Arbeitsplatzgestaltung) umgesetzt, jedoch kein ganzheitliches, auch in der Unternehmensstrategie verankertes Generationenmanagement.

Warum wohl nicht? Oft werden Kostengründe oder Zeitmangel genannt, der Fokus liege auf „wichtigeren Themen". Auch die Einschätzung, es werde „schon nicht so schlimm kommen", gilt als Argument für das Ausbleiben einer konsequenten Umsetzung. Hinter vorgehaltener Hand hört man sehr oft auch den Vorwurf, Vorstände und Manager planten Betriebsergebnis und Unternehmenserfolg ohnehin nur auf die kurz- bis mittelfristige Dauer ihrer Dienstverträge. Weitsicht und langfristige Strategien müssten dem eigennützigen Denken weichen.

Immerhin ist der Umgang mit der demografischen Herausforderung in diesen Unternehmen zum Thema geworden, man hat bzw. wird sich damit auseinandersetzen. Ganz anders zeigt sich die Durchdringung des Themas bei Klein- und Mittelbetrieben – hier ist vielerorts die Problematik noch gar nicht bewusst, andere wiederum haben zuwenig Zeit und Ressourcen, um sich dem Thema zu widmen. Schade, denn eines lässt sich bereits jetzt vorhersagen: Die großen Unternehmen werden in der Bewältigung des demografischen Wandels den Klein- und Mittelbetrieben gegenüber in jedem Fall einen Vorteil haben, man denke hier z. B. an Rekrutierung von neuen Fachkräften in ausgetrockneten Märkten, oder an die Umsetzung von Qualifizierungs- und Weiterbildungsmaßnahmen.

Das Fazit lässt sich mit folgendem Satz ziehen: Der Handlungsbedarf im demografischen Wandel steckt, was die Umsetzung betrifft, noch in den Kinderschuhen. In einigen Branchen (z. B. primärer und sekundärer Sektor) wird noch genug an Überzeugungsarbeit zu leisten sein, damit entsprechende Konzepte und HR-Modelle in bestehende Managementsysteme integriert werden. Denn eines haben die bisherigen demografischen Analysen (Kapitel 5) in den Unternehmen auch gezeigt: Wer sich bisher eingehend mit effektiven HR-Konzepten auseinandergesetzt hat, nicht nur darüber spricht, sondern diese auch im alltäglichen Betrieb lebt, wird in der Herausforderung demografischer Veränderungen nur geringfügige Anpassungen vornehmen müssen.

Unternehmen, die jedoch bisher dem Human Resource Management sowohl konzeptionell als auch praktischer Natur nur wenig Aufmerksamkeit geschenkt haben, werden ihre Fehler mit Eintritt der demografischen Veränderung zur Potenz gesteigert vorgeführt bekommen.

14.2 Grundlegendes zur praktischen Umsetzung

Wenn ich in meiner bisherigen Beratertätigkeit etwas gelernt habe, dann, dass betriebliche Veränderung ausschließlich über betriebliches Handeln erfolgt, betriebliches Handeln jedoch organisiert, strukturiert, begleitet und permanent reflektiert werden muss. Dies zeigt sich auch bei der Umsetzung des Generation Resource Managements. In den von mir bisher begleiteten Workshops und Lehrgängen kommt sehr oft der Vorschlag, Generation Resource Management als Projekt zu definieren und den Regeln eines standardisierten Projektmanagements zu unterwerfen.

Programm anstelle von Projekt

Aus praktischer Sicht, vor allem für die Organisation und Strukturierung der Umsetzung könnte man diesem Vorschlag zustimmen, dennoch weigern sich die meisten praxiserprobten Personalisten, in der Durchführung des GRM von einem Projekt zu sprechen. Die Begründung liegt darin, dass ein Projekt einen Projektbeginn und ein Projektende hat, damit zu gegebener Zeit ausläuft und dann seinen Zweck erfüllt hat.

Generation Resource Management verdient jedoch die Beschreibung als Programm, d. h. als ein permanent stattfindendes, sich neu entwickelndes und an aktuelle Veränderungen anpassendes Management- und Organisationssystem, welches die Stärken und Schwächen der Generationen balanciert und daraus Innovation und Wettbewerbsfähigkeit für den langfristigen Unternehmenserfolg gewinnt. Generation Resource Management wird damit zu einem Ergebnis gelebter Unternehmenskultur, andererseits erzeugt es auch Unternehmenskultur, nämlich durch die permanente Bewusstmachung und Anpassung an innere und äußere, soziale, demografische und wirtschaftliche Veränderungen.

Wer also Generation Resource Management im eigenen Unternehmen einführen möchte, muss am Beginn nicht nur die individuelle Implementierung planen, sondern vor allem überdenken, ob und wie eine kontinuierliche Pflege und Begleitung des Programms sicherzustellen ist.

Für Generationen anstelle für Ältere

In vielen Presseaussendungen und Veröffentlichung von Unternehmen, die mit entsprechenden HR-Maßnahmen auf die demografischen Veränderungen reagieren, finden sich Titel mit Zielgruppenzuschreibungen wie z. B.: 45plus, Golden Fifty, Best Agers oder ähnliche. Damit werden die in den Maßnahmen enthaltenen Instrumente, Techniken und Vorhaben einer speziellen Belegschaftsgruppe, nämlich den Älteren (ob nun 40+, 45+ oder 50+) zugeordnet. Aus der praktischen Erfahrung hat sich jedoch, ähnlich wie im Seniorenmarketing (vgl. MEYER-HENTSCHEL 2000), gezeigt, dass die entsprechenden (formulierten) Programme bei den betroffenen Mitarbeitern zunehmend auf Widerstand stoßen und meistens als Projekt beendet und ad acta gelegt werden.

Generation Resource Management versteht sich, wie der Name deutlich sagen soll, als Programm für alle (Generationen): unterstützend für ältere Mitarbeiter, vorbeugend für jüngere Mitarbeiter und verbindend zwischen den Generationen.

Management Attention

Viele innerbetriebliche Projekte verlaufen zwar im Auftrag der Unternehmensleitung, die Projektkontrolle liegt jedoch meistens bei der verantwortlichen Projektleitung.

Generation Resource Management als nachhaltiges HR-Programm braucht nicht nur die Befürwortung, sondern vor allem die Initiierung und Kontrolle durch die Unternehmensführung. Erst dadurch kann das langfristige Bestehen und die permanente Weiterentwicklung des Programms garantiert werden. Wie die bisherigen Best-Practice-Beispiele (vgl. LIFE-Programm der Voest Alpine, Kapitel 13) gezeigt haben, stellt Management Attention eine der strategisch wichtigsten Erfolgsgarantien für ein erfolgreiches Generationen Resource Management dar.

Mit den soeben angeführten Erfolgsgarantien:

1. Programm anstelle von Projekt,
2. Für Generationen anstelle für Ältere,
3. Management Attention,

ist eine konzeptionelle Grundvoraussetzung für die Implementierung des Generation Resource Managements geschaffen. In den folgenden Kapiteln möchte ich Ihnen die stufenweise Einführung und Umsetzung des GRM- Programms in seinen Grundzügen darstellen.

14.3 Das GRM-Programm

Die praktische Umsetzung des Generation Resource Managements teile ich in vier Phasen auf:

1. Konzeptionierung
2. Implementierung
3. Durchführung
4. Controlling

Um das Generation Resource Management als nachhaltiges HR-Programm starten zu können, bedarf es einer gründlichen Vorbereitung im Vorfeld. In der praktischen Durchführung erhält die erste der vier Programmphasen die Bezeichnung (1) *Konzeptionierung*. In diesem Zeitabschnitt muss klar sein, wer was wie und mit wem unter Zuhilfenahme welcher Mittel und Ressourcen tätigen wird. Erfahrungsgemäß passieren genau in dieser Phase die meisten Fehler, weshalb es sinnvoll ist, für den Ablauf der Konzeptionierungsphase einen entsprechenden Zeit- und Ressourcenplan aufzustellen und regelmäßig zu kontrollieren.

Je nach Betriebsgröße kann von einer unterschiedlichen Dauer der Konzeptionierungsphase ausgegangen werden, in der Regel ist ein halbes Jahr (bei Klein- und Mittelbetrieben) bzw. ein ganzes Jahr (bei Großbetrieben) für die gründliche Vorbereitung einzuplanen.

Nach der grundlegenden Konzeptionierung des GRM-Programms fällt der Startschuss: Dann ist auch geklärt, welche Teilprogramme in welchen

Organisationseinheiten gestartet werden bzw. wer für die Umsetzung und Aufrechterhaltung des Programms und die interne (vielleicht auch externe) Berichterstattung verantwortlich ist. Bei der (2) *Implementierung* selbst ist nochmals die Management Attention in Erinnerung zu rufen. Wie ich bereits in Kapitel 14.2 betont habe, ist diese eine Grundvoraussetzung für das Funktionieren des Generation Resource Managements.

Nun beginnt das GRM-Programm Teil der Unternehmenskultur zu werden, die individuelle Umsetzung, Entwicklung und Vertiefung der Programmziele steht im Mittelpunkt der (3) *Durchführung*.

Ähnlich wie im Projektmanagement braucht es auch im Generation Resource Management eine Qualitätssicherung, die in Form eines (4) *Programm-Controllings* die Stärken und Schwächen des Programms identifiziert, die nötigen Anpassungen vornimmt und den lebendigen Charakter des GRM-Programms permanent am Laufen hält.

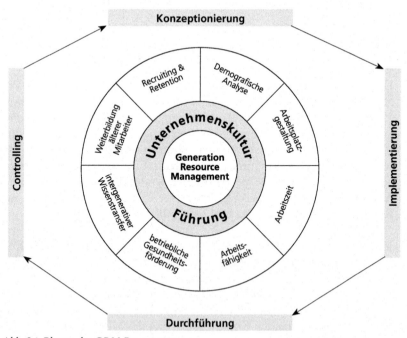

Abb. 96: Phasen des GRM-Programms

14.3.1 Phase 1: Die Konzeptionierung

Für die Konzeptionierung des GRM-Programms stellt sich zu Beginn die Frage, nach welchem Managementansatz gearbeitet werden soll: top down, also unter Trägerschaft der Unternehmensleitung, oder bottom up, was eine Konzeption des Generation Resource Management als „Mini-Programm" in ausgewählten Organisationseinheiten wie z. B. der Personalentwicklung oder im Vertrieb, ohne entsprechende Einflussnahme seitens der Unternehmensführung bedeutet.

Da Generation Resource Management als nachhaltiges HR-Programm definiert und konzeptioniert ist, soll im Folgenden die Top-down-Umsetzung ausführlicher beschrieben werden. Zur Bottom-up-Umsetzung wird noch am Ende des Kapitels ein praktischer Impuls geliefert (siehe Kapitel 14.5).

Das folgende Praxisbeispiel soll zeigen, welche Personen bzw. Funktionen aus einem Unternehmen mit welchen Rollenzuschreibungen an der Konzeptionierung des Generation Resource Management Programms teilnehmen sollen, damit ein erfolgreicher Programmstart gesichert ist:

1. *Vorstand/Geschäftsführung*
   Im Sinne der Management Attention ist der Vorstand bzw. die Geschäftsführung als Auftraggeber und kontrollierender Begleiter des Programms einer der wichtigsten Impulsgeber im gesamten Programmverlauf.

2. *Programm-Kernteam*
   In der Praxis hat sich die Bestellung eines Kernteams, welches in regelmäßigen Jour-fixe-Terminen (alle zwei Wochen) die Programmentwicklung betreibt, als absolut notwendig erwiesen. Neben der Konzeptionierung ist es die Hauptaufgabe des Kernteams, interne sowie externe Ressourcen für den Entwicklungsprozess zur Verfügung zu stellen. In der Regel besteht ein Kernteam aus einem oder mehreren Mitarbeitern der PE- und/oder OE-Abteilung, einem (meist personalverantwortlichen) Mitglied der Geschäftsleitung und möglichen externen Beratern oder Trainern.

3. *Programm-Aufsicht*
Kontrolliert wird das Kernteam in seinen Entwicklungen von einer Programm-Aufsicht, welche in einem Zeitabstand von ca. drei Monaten das Voranschreiten der Implementierungsvorbereitungen überprüft und durch konkrete Handlungsanweisungen zur Qualitätssicherung des Programms beiträgt. In der Regel finden sich in der Aufsicht Belegschaftsvertreter, Eigentümervertreter, aber auch Abteilungs- und Bereichsleiter der betroffenen Unternehmensbereiche sowie externe Berater und Fachexperten.

4. *Arbeitsgruppen*
Die Arbeitsgruppen werden themenspezifisch (z. B. AG „Gesundheit", AG „Weiterbildung & Qualifizierung") zugeordnet und mit speziellen Arbeitsaufträgen ausgestattet.

Für die Zusammensetzung der Arbeitsgruppen ist es besonders wichtig, eine alters-, geschlechts- und hierarchiebezogene Heterogenität zu forcieren, um wirklich allen Polaritäten die Möglichkeit der (Mit)-Gestaltung zu geben. In der Regel finden sich in den Arbeitsgruppen Mitarbeiter der vom Thema betroffenen Unternehmensbereiche, aber auch Mitarbeiter der vor- oder nachgelagerten Arbeitsbereiche. Möglich sind auch Beiträge von Kunden und Lieferanten, die durch ihre Perspektive den Arbeitsprozess bereichern.

Um eine ausgeglichene Gesprächsverteilung und damit Effizienz in die Aufgabenerfüllung zu bekommen, bedarf es in den meisten Fällen eines externen Moderators, der die Arbeitsgruppe bei der Erreichung des Arbeitsziels methodisch unterstützt. Bei Themen wie z. B. Gesundheit ist es auch sinnvoll, einen externen Fachexperten in die Arbeitsgruppe zu integrieren, damit Theorie und Praxis verknüpft werden können. In jedem Fall steckt in den Arbeitsgruppen Knowhow, das für die Programmeinführung aber auch langfristige Programmnutzung seitens der Mitarbeiter notwendig ist.

5. *Fokusgruppen*
Zur Unterstützung der Arbeitsgruppen, aber auch besonders in der Phase der Analyse demografischer Fragestellungen, können sog. Fokusgruppen zum Einsatz kommen. Diese Fokusgruppen bestehen – wissenschaftlich formuliert – aus einem theoretischen Sample betrof-

fener Personen und Funktionen, welche man im Rahmen qualitativer Forschung befragen möchte.

So lässt sich z. B. eine Fokusgruppe zum Thema altersgerechte Arbeitsplatzgestaltung wie folgt einrichten: man wählt fünf bis acht Mitarbeiterkollegen (z. B. einer Fertigungsstraße) entsprechenden Alters aus und lässt diese als Gruppe, entweder intern oder extern moderiert, zur altersgerechten Arbeitsplatzgestaltung ihrer Fertigungsstraße Meinungen austauschen. Aufgrund der bestehenden Gruppendynamik ist dieser Meinungsaustausch weit mehr als ein Frage-Antwort-Spiel, die Gruppenteilnehmer geben auch den Emotionen freien Lauf und damit hat der Moderator mehr Möglichkeiten, Störfaktoren der Arbeitsplatzgestaltung zu finden.

Wann die Fokusgruppen zum Einsatz kommen, wer an ihnen teilnimmt und vor allem zu welchen Fragestellungen, bestimmt wiederum das Programm-Kernteam in Absprache mit den jeweiligen Arbeitsgruppen.

Bei einem internationalen Konzerns mit 15.000 Mitarbeitern weltweit hat sich die Konzeptionierungsphase des Generation Resource Managements beispielsweise wie folgt dargestellt.

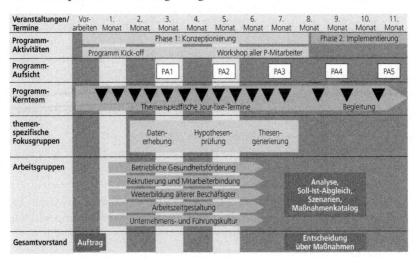

Abb. 97: Konzeptionierungsphase des GRM-Programms

Zusammenfassend lässt sich die erste Phase des GRM-Programms chronologisch festhalten:

0. bis 1. Monat
1. *Auftrag durch den Vorstand/die Unternehmensführung*
2. Programmziel (Inhalt, Ausmaß und Zeitbezug)
3. Übernahme oder Delegation der Programmverantwortlichkeit
4. Entsendung eines Programm-Kernteams
5. Bestellung einer Programm-Aufsicht
6. Vorgabe der unternehmensspezifischen Themenfelder (entweder pauschal: „Handlungsfelder im demografischen Wandel", oder gezielt: „Gesundheit, Weiterbildung, Unternehmens- und Führungskultur" o. ä.)
7. Ausstellung der notwendigen Vollmachten und Budgets
8. *Jour fixe des Programm-Kernteams*
9. Planung und Organisation des Kick-offs
10. Information aller Entscheidungsträger
11. Eventcharakter
12. Inoffizielle Auswahl der Arbeitsgruppen
13. *Programm-Kick-off (konzipiert durch das Kernteam)*
14. Offizieller Startschuss, intern kommuniziert (Mitarbeiterzeitung, Bildschirmschoner, Intranet etc.)
15. Sensibilisierung und Einstimmung auf das Projekt
16. Impulsreferat durch externen Experten (Demografieforscher, Best-Practice-Beispiel etc.)
17. Herunterbrechen der Information auf alle Unternehmensebenen
18. Offizielle Ernennung der Arbeitsgruppen
19. Vergabe der Arbeitsthemen und Vorgabe des Programmplans

1. bis 3. Monat
20. *Start der themenspezifischen Arbeitsgruppen*
21. Themenspezifische Analyse des Unternehmens (siehe Checklisten Kapitel 4)
22. Feststellen des Forschungsbedarfs
23. Forschungsbedarfsdeckung entweder über externes Fachwissen (Experten) oder interne Forschung mit Hilfe der Arbeitsgruppen (Delegation des Forschungsauftrages)
24. Soll-Ist Abgleich und Szenarien

25. *Begleitende themenspezifische Jour fixe des Kernteams*
26. Unterstützung der Arbeitsgruppen mit den nötigen Ressourcen (Experten, Materialbedarf, Kommunikation mit den Fokusgruppen etc.)
27. Ansprechpartner der Programm-Aufsicht
28. *Erstmalige Kontrolle durch die Programm-Aufsicht*
29. Programm auf dem richtigen Weg?
30. Qualitätssicherung und -kontrolle
31. Schnittstelle und Information zum Vorstand/Unternehmensführung

4. bis 6. Monat
32. Synergetisches Zusammenspiel von Kernteam, Arbeitsgruppen, Fokusgruppen und Aufsicht
33. *Workshop aller Programm-Mitarbeiter*
34. Zwischenmotivation in der Mitte des Plans
35. Feedbackschleifen und Qualitätssicherung
36. Erheben des allfälligen Ressourcenbedarfs
37. Klärung der Rollen und Programmkonzeptionierung

7. bis 9. Monat
38. *Endphase der Arbeitsgruppen, Fokusgruppen*
39. *Sammlung des Maßnahmenkatalogs*
11. *Präsentation der Ergebnisse* durch das Programm-Kernteam vor dem Vorstand/der Unternehmensführung
12. *Entscheidung über zu setzende Maßnahmen* (durch den Vorstand/Unternehmensführung)

Mit diesen Erkenntnissen hat die Konzeptionierungsphase ihr Ziel erreicht: nämlich die Vorbereitung auf den Programmstart durch Strukturierung und Organisation der Programmakteure, sowie die Analyse des Unternehmens hinsichtlich der vorgegebenen Themenschwerpunkte mit einer entscheidungsgrundlegenden Überleitung in notwendige betriebliche Maßnahmen. Die nächste Phase kann beginnen.

14.3.2 Phase 2: Implementierung

Die Implementierung beschreibt den tatsächlichen Start des Generation Resource Managements (im Beispiel also alle Tätigkeiten ab dem 9. Monat) in seinen Details. Hier werden die ersten erarbeiteten Maßnahmenvorschläge konkret umgesetzt, in der Regel werden die ersten Erkenntnisse der Konzeptionierungsphase sehr schnell praktisch genutzt, weshalb sie auch oft als sog. „quick wins", also schnell zu erzielende Programm-Gewinne bezeichnet werden. Solche Quick Wins sind z. B. die Aufnahme von altersspezifischen Seminarthemen in das Schulungsprogramm des Unternehmens oder auch die Wahl einer größeren, leichter lesbaren Schrift auf Arbeitsanleitungen.

Die Implementierungsphase lebt vor allem von zwei besonders wichtigen Aktivitäten:

1. Kommunikation der ersten sichtbaren Erfolge
2. Permanentes Controlling der Arbeitsschritte

Meistens bekommen durchzuführende Programme zu Beginn starken Gegenwind von Skeptikern und Systemgegnern. Da ist besonders wichtig, durch eine entsprechende Erfolgsberichterstattung diesen den Wind aus den Segeln zu nehmen. Damit soll aber nicht gesagt sein, dass bloßes Reden das Tun ersetzt, ganz im Gegenteil, es kann nur dann an einem Programm weiter gearbeitet werden, wenn auch die nötige Unterstützung von so vielen Mitarbeitern wie möglich vorhanden ist, und diese bekommt man auch durch internes Marketing. Das permanente Controlling in der ersten Durchführung kontrolliert nicht nur die Umsetzung der entschiedenen Maßnahmen, sondern auch deren Effekt.

Damit möchte ich Ihnen deutlich machen, dass es wenig sinnvoll ist, Erarbeitetes umzusetzen, ohne darauf Rücksicht zu nehmen, wie die ersten Schritte mit dem neuen GRM-Programm langfristig wirken. Es müsste also gemessen werden, welchen Beitrag die eben initiierten Maßnahmen zur Wettbewerbsfähigkeit und zum Unternehmenserfolg leisten. Dazu benötigte man Mess- und Kennzahlen, anhand derer das Generation Resource Management bewertet werden könnte. Da jedoch viele Handlungsfelder des Generation Resource Managements strategisch erst sehr langfristig wirken (man kann von mindestens zehn bis fünfzehn Jahren ausgehen), ist eine genaue Festlegung von Messkriterien zu diesem Zeitpunkt noch nicht sinnvoll. Dies allein wäre Thema für ein neues Buch, welches sich mit der Messbarkeit und betriebswirtschaftlichen Bewertung von Humankapital auseinandersetzt. Das würde jedoch den

Rahmen dieses Buches sprengen, deshalb verweise ich an dieser Stelle auf die Publikation von SCHOLZ/STEIN/BECHTEL, Human Capital Management. Wege aus der Unverbindlichkeit (2. Aufl. 2005).

14.3.3 Phase 3: Durchführung

In der Durchführungsphase, die etwa eineinhalb Jahren nach dem Programmauftrag eingeleitet wird, steht die Pflege und der langfristige Erhalt der bereits in Umsetzung befindlichen Maßnahmen und Konzepte im Mittelpunkt. Zeitlich genau festlegen lässt sich die Durchführungsphase deshalb nicht, weil sie bereits auf den kulturellen Aspekt bezogen ist und sich nicht bloß auf die Umsetzung eines einzelnen Instruments beschränkt. Das bedeutet, dass das Generation Resource Management vom Ansatz her erst dann wirkt, wenn seine Philosophie, Denkansätze und Wirkprinzipien von der Unternehmenskultur übernommen und gelebt werden.

Aus der Kenntnis aller bisher gestarteten GRM-Programme kann eines mit Sicherheit gesagt werden: Es gibt zum heutigen Zeitpunkt nur wenige Unternehmen, die sich bereits in einer ähnlichen Phase befinden wie die hier beschriebene Durchführungsphase. Kein Wunder, begannen die wirklichen Pionierunternehmen erst vor vier bis fünf Jahren damit, sich praktisch mit den Herausforderungen des demografischen Wandels zu befassen. Deshalb befinden sich die meisten erst im Wechsel von der Konzeptionierung hin zur Implementierung und können noch Weniges an Erfahrung berichten.

Eines der Hauptprobleme der Programmverantwortlichen in dieser Phase der Durchführung besteht darin, dafür zu sorgen, dass das Programm und sein Zweck nicht in Vergessenheit geraten. Einer meiner Auftraggeber berichtete mir, „dass die meiste Arbeit erst jetzt los geht". Ähnlich wie im Marketing starten die ersten Relaunches, es kommt zu Konzeptvariationen, die bisherigen Logos und Unterlagen werden erneuert – und ein nicht wenig wesentlicher Aspekt: die Programmverantwortlichen oder Mitglieder des Kernteams haben intern gewechselt oder möglicherweise das Unternehmen verlassen.

All das zählt zu den größten Herausforderungen in der Durchführung und sollte bereits vor dem ersten Start des Generation Resource Managements sorgfältig bedacht sein.

14.3.4 Phase 4: Controlling

Hat die Programm-Aufsicht während der Konzeptionierungsphase und zu Beginn der Implementierung eine geregelte Tätigkeit (vgl. Kapitel 1.3.1) mit vorgegebenen Inhalten zu erfüllen, beginnt sie sich mit Verlauf der Durchführung aus ihrer Institutionalisierung zu lösen und eine distanzierte und doch konzentrierte Aufgabe anzunehmen. War bisher genaue Kontrolle und Berichterstattung an den Auftraggeber des Programms ein Teil der Aufsichtspflicht, beginnt die Aufsicht nun, einen strukturierten Qualitätssicherungsprozess zu initiieren, der ähnlich einer ISO-Zertifizierung über die Programmverantwortlichen die Entwicklung des GRM-Programms evaluiert. Für die Praxis bedeutet dies, dass bereits während der Durchführung (Phase 3) in jedem speziellen Handlungsfeld Parameter zur Qualitätssicherung ausfindig gemacht werden, welche in der Controllingphase in ein standardisiertes Messinstrument (z. B. Checklisten) einfließen.

Da bisher noch kein einziges Programm in diese Phase vorgedrungen ist, fehlen hier noch gänzlich Erfahrungen und Praxisberichte. Ich bin aber überzeugt und guter Dinge, spätestens in den nächsten drei Jahren aufschlussreiche Fallbeispiele präsentieren zu können.

14.4 Die Kosten

Eine der am häufigsten gestellten Fragen betrifft die Kostenstruktur des Programms. Wie die vielfältigen Handlungsfelder aus Kapitel 3.5 und die zahlreichen Fallbeispiele für Umsetzungspraxis gezeigt haben, hängt eine genaue Kostenschätzung von mehreren Faktoren ab:

Zustand und Reifegrad des Unternehmens
Wie bereits oben erwähnt, werden Unternehmen mit einem aufmerksamen und qualitativ hochwertigen Human Resource Management nur wenig Aufwand benötigen, um das Unternehmen demografiefit zu machen.

Wurde jedoch in den letzten Jahren – wie meist üblich – gerade in den Bereichen Weiterbildung, Arbeitsplatzergonomie und -sicherheit sowie Rekrutierung gespart, dann zeichnen sich höhere Kosten der Umsetzung eines Generation Resource Management Programms ab.

Größe des Unternehmens
Betriebsgröße, Führungsspannen und Organisationsstruktur (Matrix oder Linie) beeinflussen eine Kostenschätzung in jedem Fall. Bei Konzernstrukturen hat sich in der bisherigen Praxis die Einführung des Generation Resource Managements in einem repräsentativen Konzernunternehmen in externer Begleitung bewährt, ein allfälliger Transfer auf die verwandten Konzernunternehmen lässt sich auch über interne Projektstrukturen bewerkstelligen.

Qualität des GRM-Programms: make or buy
Den entscheidenden Faktor zur Kostenkalkulation gibt die Entscheidung „make or buy". Das in Kapitel 14.3.1 dargestellte Ablaufbeispiel wurde von externen Beratern aufgesetzt und in Kooperation mit einem intern ausgewählten Programm-Kernteam durchgeführt, es beschreibt also die Variante „buy".

Wesentlich weniger kostenintensiv zeigt sich die zweite Variante in Form der bereits oben erwähnten Bottom-up-Vorgehensweise, weshalb sie bisher auch zu den häufigsten Beratungsaufträgen zählt.

14.5 Generation Resource Management als Quick Win

Ein sehr beliebter Weg in der Auseinandersetzung mit dem Generation Resource Management besteht darin, anstelle der Planung und Einführung des gesamten Programms einzelne Teilbereiche des Unternehmens einer gezielten demografischen Analyse (vgl. Kapitel 5) zu unterziehen, und daraus ableitend sofort Quick Wins zu erzielen. Diese Vorgehensweise zeigt sich aus mehrerlei Gründen als besonders attraktiv:

1. Auch ohne Management Attention können Personal- und Organisationsentwicklung in gezielten Einzelprojekten die Wirkungen des demografischen Wandels mildern

2. Die Kosten sind abschätzbar und betragen pro Teilprojekt im Regelfall zwischen 2.500 und 5.000 Euro
3. Ergebnisse sind sofort zu erzielen und geben daher auch Zustimmung für weitere Teilprojekte
4. Bottom-up-Prozesse sind in der Regel einfacher zu handhaben als Top-down-Prozesse
5. Sie sind überschaubar, abschätzbar und leicht zu planen

Wie kann nun ein Quick Win über ein GRM-Teilprojekt erzielt werden? Zu einem bestimmten Themenschwerpunkt (z. B. Gesundheit, Arbeitszeit oder Arbeitsplatzgestaltung) wird eine sog. Zukunftswerkstätte veranstaltet. Im Rahmen der Zukunftswerkstätte durchläuft ein im Vorfeld auszuwählendes heterogenes Projektteam, bestehend aus maximal zwölf Personen (Mitarbeitern, Bereichsverantwortlichen, internen und externen Experten, aber auch Belegschaftsvertretern) einen speziellen Moderationsprozess, der wie folgt ablaufen kann:

Zukunftswerkstätte

Beschwerde- und Kritikphase (Dauer: ein halber bis ganzer Tag)
Unter externer Moderation werden zum ausgewählten Thema alle möglichen Kritikpunkte, Anmerkungen, Beschwerden und negative Wahrnehmungen bzw. Beobachtungen verbalisiert, strukturiert und in Form eines Negativ-Brainstormings erarbeitet. In dieser Phase ist es besonders wichtig, das Augenmerk bewusst nur auf kritische Aspekte und Fehler im Rahmen des Schwerpunktthemas zu richten.

Einerseits zeigen sich während der kritischen Reflexion bereits verdrängte oder vergessene Problemfelder, andererseits wird diese Phase von den Teilnehmern sehr oft als reinigend und klärend beschrieben.

Lösungs- und Wunschphase (Dauer: ein halber bis ganzer Tag)
Ähnlich wie in Phase 1, nur in die entgegengesetzte Richtung moderiert, legt das Projektteam den Fokus auf kreative Lösungsvorschläge und Traum- und Wunschszenarien. Das Team erarbeitet im typischen Brainstormingstil (alles darf sein!) mögliche Lösungsansätze, ungeachtet möglicher Barrieren – der Phantasie sollen keine Grenzen gesetzt werden. Auch hier spielt die Vorgehensweise des Moderators eine entscheidende Rolle, weil ein Rückfall in Negativdenken, aber auch ein Verzetteln und Bewerten der erbrachten Lösungsansätze vermieden werden müssen.

Umsetzungsphase (ein halber Tag)
Die Umsetzungsphase versucht mit den in Phase 2 erarbeiteten Lösungsszenarien, die in Phase 1 aufgezeigten Beschwerde- und Kritikpunkte zu lösen und in ein detailliertes Handlungskonzept überzuführen. Auch hier wird externe Begleitung durch einen Moderator benötigt, um am Ende der Zukunftswerkstätte klare und präzise Anweisungen für die Bewältigung des demografischen Wandels zu erhalten.

Eine ähnliche Anwendung zum Schwerpunkt Gesundheit findet sich in Kapitel 8.2 in Form einer präzisen Anleitung zur Durchführung eines Gesundheitszirkels.

14.6 Fazit

Die Umsetzung und Einführung des Generation Resource Managements zeigt sich ebenso vielfältig und individuell, wie es die Unternehmen selbst sind. Die „einzig wahre und erfolgversprechende" Strategie zur Bewältigung des demografischen Wandels gibt es eben nicht. Daher ist es besonders notwendig, auf die Individualität des zu beratenden Unternehmens nicht nur thematisch (Themenschwerpunkte und Handlungsfelder, vgl. Kapitel 3.5), sondern auch methodisch (top down oder bottom up, vgl. Kapitel 14.4 und 14.5) einzugehen. Mit den im ersten Teil des Buchs beschriebenen Konzepten haben Sie eine Vielzahl an Anregungen, Ideen und Instrumenten zur Einführung des Generation Resource Managements in Ihrem Unternehmen erhalten.

Im abschließenden Praxisteil habe ich Ihnen Möglichkeiten und erste Schritte für die praktische Umsetzung dargestellt und Ihnen damit auch Wege zur ganzheitlichen und nachhaltigen Sicherung des Unternehmenserfolgs beschrieben. In diesem Sinne möchte ich mich für Ihre Neugier, vor allem aber auch für Ihre Ausdauer bedanken, mit der Sie das Buch von Anfang bis zum Ende oder abschnittsweise gelesen haben.

Wenn Ihnen die eine oder andere Idee des Generation Resource Managements eingeleuchtet hat, Sie eine oder mehrerer Anregungen begeistert in die Tat umgesetzt haben und mir Ihre Erfahrungen schildern möchten, oder schlichtweg einfach noch Ergänzungsfragen zu den vertiefenden Kapiteln haben, freue ich mich über Ihre Zuschrift und Ihr Feedback.

Anhang

Links und weitere Hinweise

Unter den folgenden Bezugsadressen finden Sie weitere wichtige Informationen zur Bewältigung altersstruktureller und demografischer Problemstellungen sowie ergänzende und weiterführende Best-Practice-Darstellungen.

www.demotrans.de
Unter dieser Webadresse findet sich der Webauftritt des Verbundvorhabens „Öffentlichkeits- und Marketingstrategie demografischer Wandel" als geförderte Einrichtung des Bundesministeriums für Bildung und Forschung (Deutschland). Neben der ausführlichen Darstellung von Forschungs- und Umsetzungsbeispielen werden auch Methoden, Instrumente und Konzepte in Form von Foliensätzen, pdf-Dokumenten und Anleitungsbroschüren zur praktischen Umsetzung angeführt.

www.arbeitundalter.at
Die Wissensdatenbank der Industriellenvereinigung Österreich sowie der Arbeiterkammer Wien bringt zahlreiche aktuelle, anschaulich beschriebene praktische Umsetzungsbeispiele für lebensaltersgerechte Organisation von Arbeitsprozessen aus verschiedenen europäischen Ländern. Besonders Themen wie betriebliche Gesundheitsförderung und Arbeitsfähigkeit werden auf dieser Webseite berücksichtigt.

www.netab.de
Das Netzwerk für alternsgerechte Arbeit bietet Darstellungen geförderter Projekte zum Erhalt und zur Förderung von Beschäftigung und Beschäftigungsfähigkeit. Die Förderung für dieses Netzwerk wurde im Rahmen der EU Gemeinschaftsinitiative EQUAL übernommen.

www.proage-online.de
Das Projekt „Proage – die demografischen Herausforderungen meistern" veröffentlicht Informationen zu den Themen Alterung, Alterung der Erwerbsbevölkerung, betriebliche, gesetzliche und tarifliche Strategien zur Förderung der Beschäftigung insbesondere älterer Beschäftigter.

www.vdivde-it.de
Das Technologiezentrum Informationstechnik veröffentlicht unter ihrer Webseite Checklisten zur Teambildung im Innovationsprozess sowie Leitfäden zur Selbstanalyse von innovativen Unternehmen im demografischen Wandel.

www.corporateconsult.net
Die Personalentwicklungsberatung Corporate Consult ist auf das Thema „Demografischer Wandel und Auswirkungen auf Human Resource Management" spezialisiert und hat das ganzheitlich-integrative Beratungsmodell des Generation Resource Managements (GRM) entwickelt.

www.inqa.de
Die Webseite der Initiative Neue Qualität der Arbeit (INQA) will das Interesse von betrieblichen Akteuren an den Themen Gesundheitsförderung im Unternehmen sowie Altersgerechte Arbeitsgestaltung steigern und zeigt Verfahren, Beispiele und Instrumente guter Praxis.

Literatur

ADENAUER, S.: Die Potenziale älterer Mitarbeiter im Betrieb erkennen und nutzen, in: Angewandte Arbeitswissenschaft, Nr. 172, 2002a, S. 19-34
ADENAUER, S.: Die Älteren und ihre Stärken – Unternehmen handeln, in: Angewandte Arbeitswissenschaft, Nr. 174, 2002b, S. 36-52
ADENAUER, S.: Personalpolitik mit "demografischer Brille", in: Angewandte Arbeitswissenschaft, Nr. 184, 2005, S. 22-39
AK Kärnten (Hrsg.): Weiter mit Bildung, in: Schriftenreihe Arbeit & Bildung, Dokumentation der AK-Enquete für Kärntens Zukunft vom 21. November 2003 im Congress Center Villach, Villach, 2003
ANTONI, C.: Gruppenarbeit in Unternehmen - Konzepte, Erfahrungen, Perspektiven, Weinheim, 1994
Arbeitnehmerkammer Bremen (Hrsg.): Betriebe im demografischen Wandel. Beispiele guter Praxis im Land Bremen, Bremen, 2005
ARMUTAT, S. et al.: Wissensmanagement erfolgreich einführen, Düsseldorf, 2002
ARNOLD, R.: Betriebliche Weiterbildung, Selbstorganisation, Unternehmenskultur, Schlüsselqualifikationen, Baltmannsweiler, 19952
AVIOLIO, B.J./WALDMAN, D.A./MCDANIEL, M.A.: Age and work performance in nonmanagerial jobs. The effects of experience and occupational types, in: Academy of Management Journal 33, 1990, S. 407ff
AXHAUSEN, S./CHRIST, M./RÖHRIG, R./ZEMLIN, P. (Hrsg.): Ältere Arbeitnehmer - eine Herausforderung für die berufliche Weiterbildung. Abschlußbericht zum Modellversuch „Qualifizierung älterer Arbeitnehmer und Arbeitnehmerinnen in den neuen Bundesländern aus Metall- und Elektroberufen", Bielefeld 2002

BALDIN, K.: Employability. Das Potenzial älterer Mitarbeiter, Online im WWW unter URL http://www.ccc-ag.de [Stand 12.02.2006]
BARKHOLDT, C./FRERICHS, F./NAEGELE, G.: Altersübergreifende Qualifizierung – eine Strategie zur betrieblichen Integration älterer Arbeitnehmer, in: Mitteilungen aus der Arbeitsmarkt- und Berufsforschung, Nr. 3, 28. Jg., 1995
BARKHOLDT, C.: Umgestaltung der Altersteilzeit von einem Ausgliederungs- zu einem Eingliederungsinstrument, Online im WWW unter URL http://bmfsfj.de/RedaktionBMFSFJ/Abteilung3/Pdf-Anlagen/barkholdt-umgestaltung-altersteilzeit,property=pdf.pdf [Stand 3.01.2006]
BASCHEK, E.: Motivation zahlt sich aus, in: Handelszeitung, Jg. 140, Nr. 8, 2001, S. 19-21
BAUER, K.: Voest Alpine - LIFE Programm, in: Tagungsband "Altersgerechte Karrieren. Der demografische Wandel in der Arbeitswelt", Wien, 12. und 13. Juni 2006
BBDO Consulting (Hrsg.): Point of View 6. Employer Branding – Positionierung als attraktiver Arbeitgeber, München, 2004
BECKER, M.: Vom Objektbezug zur Subjektorientierung in der betrieblichen Weiterbildung, in: Betriebswirtschaftliche Diskussionsbeiträge, 1997, Nr. 97/16
BEHRENS, J.: Der Prozess der Invalidisierung – das demografische Ende eines historischen Bündnisses, in: Behrend, C. (Hrsg.): Frühinvalidität – ein Ventil des Arbeitsmarktes? Berufs- und Erwerbsunfähigkeitsrenten in der sozialpolitischen Diskussion, Berlin, 1994, S. 105-135
BEHRENS, J.: Betriebliche Strategien und demografische Folgen. Die komprimierte Berufsphase, in: Arbeit, Heft 3, Jg. 13, 2004, S. 248-263
BENEDIX, U./HAMMER, G./KNUTH, J.: Beschäftigung und Qualifizierung älterer Arbeitnehmer und Arbeitnehmerinnen vor dem Hintergrund des demografischen Wandels, in: EQUIB Regionales Monitoring-System Qualifikationsentwicklung (RMQ) Monitoring Bericht 1/2002, Bremen, 2002
Bereichsleitung für Sozial- und Gesundheitsplanung sowie Finanzmanagement der Stadt Wien (Hrsg.): Factsheet: Altern in Gesundheit für Mitarbeiter/innen: Beiträge von Spitälern und Pflegeeinrichtungen, Nr. 11, Wien, 2005
BERNER, W.: Praxis Handbuch Unternehmensführung, Freiburg, 2000
BERTHEL, J./BECKER, F.: Strategisch-orientierte Personalentwicklung, in: BWL WISU, 11. Jg. 1986, Nr. 1, S. 544 – 549

Beruf und Familie GmbH - eine Initiative der Gemeinnützigen Hertie-Stiftung: Maßnahmen und Anregungen für familienfreundliche Unternehmensgestaltung, Online im WWW unter URL http//:www.beruf-und-familie.de [Stand 23.05.2006]
BiB – Bundesinstitut für Bevölkerungsforschung: Bevölkerung. Fakten – Trends – Ursachen – Erklärungen – Erwartungen. Die wichtigsten Fragen, Sonderheft, München, 2004
BIBB – Bundesinstitut für Berufsbildung (Hrsg.): Berufliche Weiterbildung in Unternehmen. Ergebnisse der Vorerhebung, Berlin, 1994
BIRG, H.: Die demografische Zeitwende. Der Bevölkerungsrückgang in Deutschland und Europa, München, 20022
BLUM, A.: Aging Workforce Maßnahmen als betriebliche Bausteine einer alters- und alternsgerechten Personalpolitik. Eine qualitative Befragung zu Handlungsstrategien in der Praxis zur Bewältigung des demografischen Wandels, Passau, Univ., Dipl.-Arb., 2005
BOSCH, G./WAGNER, A.: Erwerbs- und Arbeitszeitwünsche in Europa und Herausforderungen für die Beschäftigungs- und Arbeitszeitpolitik, in: IAT – Institut für Arbeit und Technik (Hrsg.): Jahrbuch 2000/2001, Wuppertal, 2001, S. 277-300
BOSCH, G./KALINA, TH./LEHNDORFF, ST./WAGNER, A./WEINKOPF, C.: Zur Zukunft der Erwerbsarbeit: eine Positionsbestimmung auf der Basis einer Analyse kontroverser Debatten. Arbeitspapier, Nr. 43, Düsseldorf, 2001
BÖHMERT, A./LÖBER, S./WESSEL, R.: Befragungen zu Prävention und alter(n)sgerechter Gesundheitspolitik, Online im WWW unter URL http://www.zukunftsradar2030.de/images/pdf/terminachlese/Gesundheitspolitik.pdf [Stand: 3.01.2006]
BÖRSCH, A./DÜZGÜN, I./WEISS, M.: Altern und Produktivität: Zum Stand der Forschung, Mannheim, 2005
BRAMMER, G./SEITZ, C./RUMP, J.: Jung und Alt im Unternehmen. Generationenübergreifender Wissens- und Erfahrungsaustausch, in: Schemme, D.: Qualifizierung, Personal- und Organisationsentwicklung mit älteren Mitarbeiterinnen und Mitarbeitern. Probleme und Lösungsansätze, Bielefeld, 2001, S. 28-47
BREISIG, T./KRONE, F.: Job Rotation bei der Führungskräfteentwicklung. Ergebnisse einer Unternehmensbefragung, in: Personal - Zeitschrift für Human Resource Management, 51. Jg. 1999, Nr. 8, S. 410 – 424
BRINKMANN, D.: Moderne Lernformen und Lerntechniken in der Erwachsenenbildung. Formen des selbstgesteuerten Lernens, Bielefeld, 2000
BRUSSIG, M.: Die Nachfrageseite des Arbeitsmarktes. Betriebe und die Beschäftigung Älterer im Lichte des IAB Betriebspanels 2002, in: Altersübergangs-Report, 02/2005
BUBOLZ-LUTZ, E.: Selbstgesteuertes Lernen in der Bildungsarbeit mit Älteren, in: Entzian, H./Giercke, K./Klie, Th./Schmidt, R. (Hrsg.): Soziale Gerontologie. Forschung und Praxisentwicklung im Pflegewesen und in der Altenarbeit, Frankfurt, 2000, S. 269-284
BUCK, H.: Qualifikations- und lernförderliche Gruppenarbeit in der Montage, in: Bullinger, H.J./Enderlein, H. (Hrsg.): Betriebliche Folgen veränderter Altersstrukturen in der Montage, Chemnitz-Zwickau, 1996
BUCK, H.: Alternsgerechte und gesundheitsförderliche Arbeitsgestaltung – ausgewählte Handlungsempfehlungen, in: Morschhäuser, M. (Hrsg.): Gesund bis zur Rente. Konzepte gesundheitsfördernder und alternsgerechter Arbeits- und Personalpolitik, Stuttgart, 2002, S. 73-85
BUCK, H./KISTLER, E./MENDIUS, H.: Demografischer Wandel in der Arbeitswelt. Chancen für eine innovative Arbeitsgestaltung, Stuttgart, 2002
BUCK, H.: Lernende Unternehmen zur Bewältigung der Alterung der Belegschaft, Stuttgart, 2004
BUCK, H.: Age Management. Betriebliche Handlungsstrategien, in: Sozialpartnerschaft Österreich (Hrsg.): Arbeit und Alter. Erfahrungen und Beispiele aus Europa, Tagungsband, 2005, S. 88-102
BULLINGER, H. (Hrsg.): Zukunft der Arbeit in einer alternden Gesellschaft, Stuttgart, 2001
BULLINGER, H./BUCK, H./SCHMIDT, S.: Die Arbeitswelt von morgen. Alternde Belegschaften und Wissensintensivierung, in: DSWR, 04/2003, S. 98-100
BULLINGER, H.: Produktives Altern. Lösungen für die betriebliche Personalpolitik, Bonn, 2002
Bundesamt für Statistik (Hrsg.): Statistik Schweiz, Online im WWW unter http://www.bfs.admin.ch/bfs/portal/de/index/themen/bevoelkerung/zukuenftge_bevoelkerungsentwicklung0/blank/analysen__berichte/scenarios_suisse/tab.html [Stand 22.02.2006]
Bundesanstalt für Arbeitsschutz und Arbeitsmedizin (BAuA) (Hrsg.): Alt und Jung – gemeinsam

in die Arbeitswelt von morgen! Alter, Altern und Beschäftigung – Ein Ratgeber für die betriebliche Praxis, Dortmund, 2004a
Bundesanstalt für Arbeitsschutz und Arbeitsmedizin (BAuA) (Hrsg.): Mit Erfahrung die Zukunft meistern! Altern und Ältere in der Arbeitswelt, Dortmund, 2004b
Bundesministerium für Bildung und Forschung (BMBF) (Hrsg.): Demografischer Wandel – (k)ein Problem?. Werkzeuge für betriebliche Personalarbeit, Bonn/Berlin, 2005
Bundesministerium für Bildung, Wissenschaft und Kultur (Hrsg.): Hintergrund zum Österreichischen Länderbericht. Memorandum über lebenslanges Lernen der Europäischen Kommission (20. Juni 2001), Wien, 2001
Bundesministerium für Familie, Senioren, Frauen und Jugend (Hrsg.): Erwarrtungen an einen familienfreundlichen Betrieb. Erste Auswertungen einer repräsentativen Befragung von Arbeitnehmerinnen und Arbeitnehmern mit Kindern oder Pflegeaufgaben, Berlin, 2004
Bundesministerium für Wirtschaft und Arbeit, Nationale Koordinierungsstelle EQUAL (Hrsg.): Newsletter EQUAL Projekt, 12. März 2005, Bonn, 2005
Bundesvereinigung der Deutschen Arbeitgeberverbände (BDA) (Hrsg.): Ältere Mitarbeiter im Betrieb. Ein Leitfaden für Unternehmer, Berlin, 2002
BUNGARD, W.: Qualitätszirkel. Ein soziotechnisches Instrument auf dem Prüfstand. Mannheimer Schriften zur Arbeits- und Organisationspsychologie. Band 1, Mannheim, 1991

CSIKSZENTMIHALYI, M.: Flow. Das Geheimnis des Glücks, Stuttgart, 19997

DAHLBECK, E./CIRKLE, M.: Arbeitsmarktlage Älterer und Beschäftigungspotentiale für Ältere. Endbericht des Teilprojektes "Lebensqualität im Alter – ein Arbeitsfeld für ältere Arbeitslose?" im Rahmen der EQUAL Entwicklungspartnerschaft, Wuppertal, 2004
DASCHMANN, J.: Erfolgsfaktoren mittelständischer Unternehmen, Stuttgart, 1993
DEHNBOSTEL, P./ERBE, H./NOVAK, H. (Hrsg.): Berufliche Bildung im lernenden Unternehmen. Zum Zusammenhang von betrieblicher Reorganisation, neuen Lernkonzepten und Persönlichkeitsentwicklung, Berlin, 1998
DEHNBOSTEL, P.: Perspektiven für das Lernen in der Arbeit, in: AG QUEM (Hrsg.): Kompetenzentwicklung 2001. Tätigsein – Lernen – Innovation, Münster, 2001, S. 53-93
DEHNBOSTEL, P.: Verbünde und Netzwerke als Organisations- und Lernformen für die Ausbildung in modernen Berufen – zur Entwicklung der Lernortfrage in der beruflichen Bildung, in: Pahl, J./Schütte, F./Vermehr, B. (Hrsg.): Verbundausbildung. Lernorganisation im Bereich der Hochtechnologie, Bielefeld, 2003, S. 175-190
DEHNBOSTEL, P./GILLEN, J.: Kompetenzentwicklung in vernetzen Lernstrukturen. Konzepte arbeitnehmerorientierter Weiterbildung, Bielefeld, 2005
DEHNBOSTEL, P./PÄTZOLD, G. (Hrsg.): Innovationen und Tendenzen der betrieblichen Berufsbildung. Zeitschrift für Berufs- und Wirtschaftspädagogik, Beiheft 18, 2004
DERRIKS, F.: Das Konzept der Lern- und Arbeitsinseln im Rahmen aktueller Organisationsentwicklungen, in: Dehnbostel, P./Erbe, H./Novak, H. (Hrsg.): Berufliche Bildung im lernenden Unternehmen – zum Zusammenhang von betrieblicher Reorganisation, neuen Lernkonzepten und Persönlichkeitsentwicklung, Berlin 1988, S. 143-154
DE SHAZER, ST.: Das Spiel mit Unterschieden, Heidelberg, 19983
DEUTSCHMANN, A./KRENN, U./SCHNEIDER, J.: Keep on holding. Personalentwicklungsansätze für Unternehmen am "älter werdenden" Arbeitsmarkt, Graz, 2004
DICKMANN, N.: Grundlagen der demografischen Entwicklung, in: Institut der deutschen Wirtschaft Köln (Hrsg.): Perspektive 2050. Ökonomik des demografischen Wandels, Köln, 2004, S. 11-33
DIETTRICH, A./GILLEN, J.: Lernprozesse im Betrieb zwischen Subjektivierung und Kollektivierung. Dilemmasituation oder Potenzial?, Online im WWW unter URL http://www.bwpat.de/ausgabe9/diettrich_gillen_bwpat9.pdf [Stand 30.12.2005]
DGFP e.V. (Hrsg.): Personalentwicklung für ältere Mitarbeiter. Grundlagen – Handlungshilfen – Praxisbeispiele, Bielefeld, 2004
DGFP e.V. (Hrsg.): Retentionmanagement. Die richtigen Mitarbeiter binden, Bielefeld, 2005
DMS Consulting (Hrsg.): Personalentwicklung Lebenszyklus Orientiert. Vernetzungstag, unveröffentlichtes Seminarskript, 12. Dezember 2003

DORNBRACHT, M./BRANDWEIN, U./DORNBRACHT, A.:Langjährige, erfahrene Mitarbeiter als Berater - ein Experiment: Praxisbericht von der Firma Aloys F. Dornbracht GmbH. Ein Praxisbericht aus der Demografie-Initiative des VDMA, Online im WWW unter URL http://www.gesis.org/SocioGuide/Spezialthemen/aag/Publikationen/Volltexte/Forschungsprojektmaterialien.htm [Stand 3.01.2006]

DÖRING, K.: Die Praxis der Weiterbildung, Weinheim, 1998

DREWNIAK, U.: Managing Age Diversity, in: Schwuchow, K./Gutmann, J. (Hrsg.): Jahrbuch Personalentwicklung und Weiterbildung 2004, Neuwied, 2003

DZA – Deutsches Zentrum für Altersfragen: Intelligenz, Online im WWW unter URL http://www.dza.de/download/06_Intelligenz.pdf [Stand 2.05.2006]

EICHHORN, CH.: Auch Erholung will gelernt sein. Kompetent ausruhen, in: Alpha – Der Kadermarkt der Schweiz, 16. Jg., Nr. 32, 2002, S. 1-3

ELSCHEN, R.: Betriebswirtschaftslehre und Verhaltenswissenschaften. Probleme einer Erkenntnisübernahme am Beispiel des Risikoverhaltens bei Gruppenentscheidungen, Frankfurt/Main, 1982

EMBERGER, W.: Starten Sie das Projekt "Attraktiver Arbeitgeber", in: Personal Manager, Nr. 1, 2003, S. 30-32

ENGELBRECH, G./JUNGKUNST, M.: Allein erziehende Frauen trotz zunehmender Bedeutung für den Arbeitsmarkt von den Betrieben vernachlässigt?, in: Engelbrech, Gerhard (Hrsg.): Arbeitsmarktchancen für Frauen. Beiträge zur Arbeitsmarkt- und Berufsforschung 258, Nürnberg, 2002, S. 283-298

Europäische Gemeinschaften (Hrsg.): Die Herausforderung annehmen. Die Lissabon-Strategie für Wachstum und Beschäftigung. Bericht der Hochrangigen Sachverstänigengruppe unter Vorsitz von Wim Kok, November 2004, 2004

FAULSTICH, P./BAYER, H./KROHN, M. (Hrsg.): Zukunftskonzepte der Weiterbildung. Projekte und Innovationen, Weinheim, 1998

FELBERT, D.: Wissensmanagement in der unternehmerischen Praxis, in: Pawlowsky, P. (Hrsg.): Wissensmanagement, Erfahrungen und Perspektiven, Wiesbaden, 1998, S. 119-141

FEMPPEL, K.: Das Personalwesen in der deutschen Wirtschaft. Eine empirische Untersuchung, München/Mering, 20000

FLIEDNER, M.: Personalentwicklungsmaßnahmen für älter werdende Arbeitnehmer. Eine kritische Betrachtung aus humanwissenschaftlicher Perspektive, Oldenburg, Univ., Dipl.-Arb., 2003

FLÜTER-HOFFMANN, CH.: Wissensmanagement für KMU, unveröffentlichter Foliensatz für den Umsetzungsworkshop der Demographie Initiative, Dortmund, 20. November 2002

FORTEZA, J./PRIETO, J.: Aging and work behavior, in: Triandis, D./Hough, L. (Hrsg.): Handbook of Industrial and Organizational Psychology, 1989, Nr. 4, S. 447-483

FREILING, J.: Entwicklungslinien und Perspektive des Strategischen Kompetenz-Managements, in: Hammann, P./Freiling, J.: Die Ressourcen- und Kompetenzperspektive des Strategischen Managements, Wiesbaden, 2000, S. 3-36

FRERICHS, F. (Hrsg.): Ältere Arbeitnehmer im Demografischen Wandel – Qualifizierungsmodelle und Eingliederungsstrategien, Münster, 1996

FRERICHS, F./KRÄMER, K./ZIMMERMANN, E.: QUATRO Projekt TransAlt. Selbstbeurteilung altersstruktureller Problemstellungen im Betrieb, Dortmund, 2001

FRERICHS, F./GLODDEK, P./KRÄMER, K.: Lebensarbeitszeitgestaltung in der Altenpflege. Ein Beratungsprojekt zum Transfer alternsgerechter Personalentwicklung, Online im WWW unter URL http://www.demotrans.de/documents/lebensazgestaltung.pdf [Stand 26. Mai 2006]

FREUDE, G./ULLSPERGER, P./DEHOFF, W.: Zur Einschätzung von Vitalität, Leistungsfähigkeit und Arbeitsbewältigung älterer Arbeitnehmer, Dortmund/Berlin, 2000

FREVEL, A./ GEISSLER-GRUBER, B.: Alternsgerechtes Arbeiten. Alternsgerechte Arbeitskarrieren, in: Tagungsbericht: Alternsgerechtes Arbeiten, Wien, 2005

FREVEL, B. (Hrsg.): Herausforderung demografischer Wandel, Wiesbaden, 2004

FRITSCH, ST.: Aktivierung des Potentials älterer Mitarbeiter, in: Personal-Zeitschrift für Human Resource Management, 1996, Heft 3, S. 130-132

GEISSLER, H.: Organisationspädagogik. Umrisse einer neuen Herausforderung, München, 2000
GEISSLER-GRUBER, B.: Projektablauf Altersgerechte Arbeitskarrieren, Online im WWW unter URL http://www.wko.at/unternehmerservice/energie_umwelt/vortr%C3%A4ge/7.2_Gei% C3%9Fler-Gruber_Qualifizierung-Arbeitskarriere.pdf [Stand 23.05.2006]
GEISSLER-GRUBER, B./GEISSLER, H./FREVEL, A.: Beratungshandbuch für Alternsgerechte Arbeitskarrieren, München, 2005
GESCHWILL, R.: War for Talents. Zauberwort Mitarbeiterbindung, in: Human Resources, Nr. 2, 2001, S. 3-7
GKB Bergbau GmbH.: 1. Gesundheitsbericht zum Gesundheitsförderungsprojekt „Pro Fit" 1999-2001, Bärnbach, 2001:9ff
GOEDICKE, A./BROSE, H./ DIEWALD, M.: Die Herausforderungen des demografischen Wandels für die betriebliche Beschäftigungspolitik, Online im WWW unter URL http:// www.uni-bielefeld.de/soz/we/we3/Diewald/goedicke_brose_diewald.pdf [Stand 12.02.2006]
GÖRGES, M.: Gesellschaftliche Alterung als Herausforderung für betriebliche Arbeitsmärkte. Eine Expertenstudie in ausgewählten betrieben in der Region Rhein/Ruhr, Dissertation, Universität zu Münster, 2004
GULNERITS, K: BMW lernt aus Fehlern uns setzt auf gemischte Teams, in: Wirtschaftsblatt, 1. Oktober 2005, S. 40
GRAF, A.: Lebenszyklusorientierte Personalentwicklung, München, 2002
GRUNDIG, B./POHL, C.: Auswirkungen des demografischen Wandels auf den Arbeitsmarkt in Sachsen – Analyse und Gegenstrategien, in: ifo Dresden berichtet, 3/2004, S. 5-17

HACKER, W.: Expertenkönnen. Erkennen und Vermitteln, Göttingen, 1992
HARTMANN, K.: Investition in Innovation, Flexibilität und Effizienz, in: Kayser, F./Uepping, H. (Hrsg.): Kompetenz der Erfahrung. Personalmanagement im Zeichen des demografischen Wandels, Neuwied, 1997, S. 114-123
HEINZ, W./DRESSEL, W./BLASCHKE, D./ENGELBRECH, G. (Hrsg.): Was prägt Berufsbiographien?. Lebenslaufdynamik und Institutionenpolitik, Nürnberg, 1998
HERBST, D.: Erfolgsfaktor Wissensmanagement, Berlin, 2000
HERNOLD, P.: Analyse von Fehlzeiten in der arbeitsweltbezogenen Gesundheitsberichterstattung, Bonn, 2005
HESS, H.: Employability – von der strategischen PE zum dynamischen Dienstleister?, Online im WWW unter URL http:// www.flextrain.de/pdf/p_employability2003.pdf [Stand 12.02.2006]
HEYL, V./OSWALD, F./ZIMPRICH, D./WETZLER, R./WAHL, H.: Bedürfnisstrukturen älterer Menschen. Eine konzeptionelle und empirische Annäherung, Heidelberg, 1997
HIELSCHER, V.: Personalpolitik im Experten-Engpaß, Berlin, 2002
HIRSCHFELD, K.: Retention und Fluktuation: Mitarbeiterbindung – Mitarbeiterverlust, Berlin, 2006
HOFF, A./WEIDINGER, M.: Auf dem Weg zum flexiblen Arbeitszeitsystem, in: Franke, D./Boden, M. (Hrsg.): Personaljahrbuch 2003. Ein Wegweiser vom Arbeitsrecht bis zur Personalentwicklung, Neuwied 2003, S. 151-161

HOLLIGER, P.: Seniorität contra Jugendwahn. Quo vadis HR?, in: Magazin Training, Nr. 7, November 2005, S. 48-50
HOOSHMANDI-ROBIA, B.: Age Management. Modelle zur Förderung der Arbeitsfähigkeit älterer MitarbeiterInnen, Graz, 2004
HÖPFLINGER, F.: Sollen und können ältere Menschen länger arbeiten?, in: Tagungsband: Jahresversammlung 2003 des Verbandes Schweizerischer Arbeitsämter (VSAA) vom 21./22. August 2003 in Baden, 2003, S. 1-7
HORX, M.: Die neue Alterskultur, in: Alternde Gesellschaft, 54. Jahrgang, Nr. 48, 22. November 2004, S. 7
HORX, M. et al.: 100 Top Trends, München, 2001

IFAA Institut für angewandte Arbeitswissenschaften (Hrsg.): Demografische Analyse und Strategieentwicklung in Unternehmen, Köln, 2005
ILMARINEN, J.: Ageing Workers in the European Union. Status and promotion of work ability, employability and employment, Helsinki, 1999

ILMARINEN, J.: 40plus – Gesundheit und Erfahrung als betriebliches Potenzial. Nationale Tagung für betriebliche Gesundheitsförderung, 16. März 2005, Bern
ILMARINEN, J./TEMPEL, J.: Arbeitsfähigkeit 2010. Was können wir tun, damit Sie gesund bleiben?, Hamburg, 2002
Industriellenvereinigung/Österreichische Bundesarbeiterkammer/Wirtschaftskammern Österreich/Österreichischer Gewerkschaftsbund (Hrsg.): Alternsgerechte Arbeitswelt. Referate und Diskussionsbeiträge des ExpertInnenhearings der Sozialpartner (27. und 28. Mai 2004), 2004
INIFES Stadtbergen (Hrsg.): Erwerbsarbeit und Erwerbsbevölkerung im Wandel: Anpassungsprobleme einer alternden Gesellschaft?, Frankfurt/New York, 1998
INIFES/SÖSTRA (Hrsg.): Befragungen von Unternehmen in den Arbeitsamtsbezirken Berlin Mitte, Schweinfurt und Suhl 2000/2001. Basis: 88 Betriebe, Berlin, 2001
Institut für Unternehmensführung (Hrsg.): Strategische Unternehmensführung. Instrumente der Unternehmensführung, Einheit 2, Online im WWW unter URL http://www2.wu-wien.ac.at:1125/ifu/modules/updownload/store_folder/grundkurs_I-instrumente_der_unternehmensfuehrung/unterlagen/einheit2_ws05.pdf [Stand 31.1.2006]

JESERICH, W.: Personal-Förderkonzepte. Diagnose – und was kommt danach, München und Wien, 1996
JÖRGER, G.: Job Rotation – oft propagiert, selten praktiziert, in: VOP – Verwaltung, Organisation, Personal, 9. Jg. 1987, Nr. 6, S. 262 – 267
JOUSSEN, R.: Mitarbeiterbefragung, Bonn, 2005
JÜRGENS, U.: Arbeitsorganisation in japanischen Betrieben, in: WZB-Mitteilungen 64, Juni 1994, S. 29-31

KARAZMAN, R. et al.: Betriebliche Gesundheitsförderung für älter werdende Arbeitnehmer, Hamburg, 1995
KAUFFELD, S.: Das Kassler-Kompetenz-Raster (KKR) zur Messung der beruflichen Handlungskompetenz in Flexibilität und Kompetenz: schaffen flexible Unternehmen kompetente und flexible Mitarbeiter?,Münster; New York; München; Berlin, 2000
KAISER, ST./MÜLLER-SEITZ, G./RINGLSTETTER, M.: Der Beitrag eines flexibilitätsorientierten Humanressourcen-Managements in Unternehmenskrisen: Eine kritische Betrachtung, in: Zeitschrift für Personalforschung, Jg. 19, Heft 3, 2005, S. 252-272
KIESER, A./NICOLAI, A.: Trotz eklatanter Erfolglosigkeit: die Erfolgsfaktorenforschung weiter auf Erfolgskurs, in: Die Betriebswirtschaftslehre, Heft 62, S. 579-596
KIPNIS, D.: The Powerholders, Chicago, 1976
KIRCHGEORG, M.: Employer Branding 2005. Zusammenfassung der wichtigsten Ergebnisse, Leipzig, 2005
KIRCHGEORG, M.: Enable: Lockmittel, Online im WWW unter URL http://www.ftd.de/km/ma/25770.html?mode=print [Stand: 27.10.2005]
KISTLER, E.: Entwicklung und Perspektiven des Angebotsüberhangs am Arbeitsmarkt, in: Rothkirch, Ch. (Hrsg.): Altern und Arbeit. Herausforderungen für Wirtschaft und Gesellschaft, Berlin, 2000, S. 102-126
KISTLER, E./HUBER, A.: Die Beschäftigung älterer Arbeitnehmer und die demografische Herausforderung. Ergebnisse eines Projekts für das Bundesministerium für Bildung und Forschung, in: Huber, A./Kistler, E./Papies, U. (Hrsg.): Arbeitslosigkeit Älterer und Arbeitsmarktpolitik im Angesicht des demografischen Wandels. Ergebnisse aus der Bundesrepublik Deutschland und dem Land Berlin, Stuttgart 2002, S. 14-29
KISTLER, E./MENDIUS, H. (Hrsg.): Demografischer Strukturbruch und Arbeitsmarktentwicklung. Probleme, Fragen, erste Antworten – SAMF Jahrestagung 2001, Stuttgart, 2002
KLASSEN-KLUGER, L.: Qualifizierungskonzept für ältere Arbeitnehmerinnen und Arbeitnehmer, Gelsenkirchen, 1998
KLEINHENZ, G.: Bevölkerung und Wachstum. Die Bevölkerungsentwicklung in Deutschland als Herausforderung für Wirtschafts- und Sozialpolitik, in: Jahrbücher, Nr. 224, Februar 2004, S. 74ff
KLINKHAMMER, H.: Demographie als Chance – Zeit für einen Perspektivenwechsel, in: Tagungsband: INQA Know How Kongress, Stuttgart, 29. November 2005, S. 2-25

KNAUTH, P./HOMBERGER, S. (Hrsg.): Flexible Arbeitszeit und Schichtarbeit, München, 1994
KNUTH, M.: Älter werden im Betrieb. Herausforderungen für die Arbeitsmarkt- und Beschäftigungspolitik, Online im WWW unter http://www.iatge.de/aktuell/veroeff/am/knuth99d.pdf [Stand: 3.01.2005]
KÖCHLING, A./ASTOR, M./FRÖHNER, K./HARTMANN, E./HITZBLECH, T./JASPER, G./REINDL, J. (Hrsg.): Innovation und Leistung mit älter werdenden Belegschaften, München und Mering, 2000
KÖCHLING, A.: Projekt Zukunft. Leitfaden zur Selbstanalyse altersstruktureller Probleme in Unternehmen, Dortmund, 2002
KÖCHLING, A.: Projekt Zukunft. Leitfaden zur Selbstanalyse altersstruktureller Probleme in Unternehmen, Dortmund, 20042
KÖCK, M.: Berufspädagogische Grundlagen beruflicher Aus- und Weiterbildung, Online im WWW unter URL http://eo-dell-2850a.ku-eichstaett.de/instances/KU/www/Fakultaeten/PPF/fachgebiete/Arbeitswissenschaft/didaktikarblehr/Lehre/berufskunde/HF_sections/content/103415209635569/103415209668966/103415209669019/Betriebliche%20Ausbildung%20Vorlesung.pdf [Stand 23.05.2006]
KOLLAND, F.: Bildungschancen für ältere Menschen. Ansprüche an ein gelungenes Leben, Wien, 2005
KOLLER, B./GRUBER, H.: Ältere Arbeitnehmer im Betrieb und als Stellenbewerber aus der Sicht der Personalverantwortlichen, in: Mitteilungen aus der Arbeitsmarkt- und Berufsforschung, 2001, Jg. 34, Heft 4, S. 479-505
KOLLER, B./PLATH, H.: Qualifikation und Qualifizierung älterer Arbeitnehmer, in: Mitteilungen aus der Arbeitsmarkt- und Berufsforschung 33. Jahrgang, 2000, S. 112-125
KRÄMER, K.: Lebensarbeitszeitgestaltung in der Altenpflege – Handlungsleitfaden für eine alternsgerechte Personalentwicklung. Informationen und Erfahrungen aus einem Beratungsprojekt, Stuttgart, 2002
KRES, M.: Die Kraft des Alterns. Wie dank Employability (Arbeitsmarktfähigkeit) Unternehmen am Markt bestehen können, in: Schweizer Arbeitgeber, Nr. 6, 20. März 2003, S. 2-5
KRIENER, B./NEUDORFER, E./KÜNZEL, D./AICHINGER, A.: Gesund durchs Arbeitsleben. Empfehlungen für eine zukunfts- und alternsorientierte betriebliche Gesundheitsförderung in Klein- und Mittelbetrieben, Wien, 2004
KRUSE, A.: Bildung und Bildungsmotivation im Erwachsenenalter, in Weinert, F./Mandl, H. (Hrsg.): Psychologie der Erwachsenenbildung. Themenbereich D, Enzyklopädie der Psychologie - Pädagogische Enzyklopädie, Band IV, Göttingen, 1997, S. 115-178
KUHN, K.: Alternsgerechte Arbeitsgestaltung und Personalpolitik, Dortmund, 2004
KÜBLER, H.: Personal- und Organisationspolitik – ein vernachlässigtes Gestaltungsfeld der Verwaltungsführung, in: VOP – Verwaltung, Organisation, Personal, 4. Jg. 1982, Nr. 6, S. 302-305

LANGHOFF, TH.: Betriebliche Gestaltungsfelder im Hinblick auf eine alternde Belegschaft, in: Tagungsband Sicherheitsrechtliches Kolloquium, Institut ASER, 6. Dezember 2005, S. 26
LANGHOFF, TH./ISRAEL, D.: Von der altersgerechten zur altersübergreifenden Qualifizierung, in: Bullinger, Hj. et al. (Hrsg.): Alter und Erwerbsarbeit der Zukunft, Berlin, 1993, S. 89-91
LANS BOVENBERG, A.: Die Vereinbarkeit von Beruf und Familie: Lösungen für die gesamte Lebenszeit, in: Ifo Schnelldienst, Jg. 57, Heft 21, November 2004, S. 17-29
LAVE, J.: The Practice of Learning, in Lave, J./Chaiklin, S. (Hrsg.): Understanding Practice Perspectives in Activity and Context, New York, 1993, S. 3-32
LEHR, U.: Psychologie des Alterns, Heidelberg, 19917
LEVINSON, D.: Das Leben des Mannes. Werdenskrisen, Wendepunkte, Entwicklungschancen, Köln, 1979
LICHTENSTEINER, R.: Qualifikation von älteren Mitarbeitenden. Überlegungen und Erfahrungen aus der Praxis, Online im WWW unter URL http://www.dmsconsulting.ch/pdf/H05-news-008QualifikationAeltere2.pdf [Stand: 15.12.2005]
LIPPERT, I./ASTOR, M./WESSELS, J.: Demografischer Wandel und Wissenstransfer im Innovationsprozess, Online im WWW unter URL: http://www.vdivde-it.de/Images/publikationen/dokumente/broschuere_vdi_pdf1.pdf [Stand: 30.12.2005]

LUK Hamburg (Hrsg.).: Wettbewerbsfaktor Gesundheit. Chancen im demografischen Wandel, Dokumentation der Fachtagung, 2. Juni 2004, Hamburg

MAINTZ, G.: Der ältere Arbeitnehmer im Spannungsfeld von Leistungsanforderung und Erwartung, in: Busch, R. (Hrsg.): Altersmanagement im betrieb. Ältere Arbeitnehmer zwischen Frühverrentung und Verlängerung der Lebensarbeitszeit, München/Mering, 2004

MARTIN, A. (Hrsg.): Personal als Ressource, München, 2003

MARTIN, A.: Personal, Stuttgart, 2001

MAYER, T.: Die demografische Krise: eine integrative Theorie der Bevölkerungsentwicklung, Frankfurt/New York, 1999

MAYR, U./KLIEGL, R.: Kognitive Leistung und Lernpotential im höheren Erwachsenenalter, Berlin, 1997

MC EVOY, G.M./CASCIO, W.F.: Cumulative Evidence of the relationship between employee age and job performance, in: Journal of Applied Psychology 74, 1989, S. 11ff

MCKINSEY & Company (Hrsg.): "War for Talents" ist nicht vorbei: Bedarf an Topstudenten steigt – professionelles Personalmarketing entscheidend, Pressemitteilung vom 18. November 2004, Online im WWW unter URL http://www.mckinsey.de/_downloads/Presse/pm_041118_personalmarketing.pdf [Stand 18.11.2004]

MEIER, H.: Personalentwicklung. Konzepte, Leitfaden und Checklisten für Klein- und Mittelbetriebe, Wiesbaden, 1991

MEISSNER-PÖTHIG, D./MICHALAK, U.: Vitalitätsdiagnostik, München, 1997

MENDIUS, H./SCHÜTT, P./WEIMER, ST.: Münchener Unternehmen und die demographische Falle. In: Landeshauptstadt München. Referat für Arbeit und Wirtschaft (Hrsg.): Münchener Unternehmen und die demographische Falle - Dokumentation des Workshops vom 10. November 2003. Veröffentlichungen des Referates für Arbeit und Wirtschaft, April, Heft Nr. 166. (2004)

MERTENS, A.: Auswertung der Unternehmensbefragung NRW 2005, in: G.I.B. Gesellschaft für innovative Beschäftigungsförderung mbH.: Trend Report 2005, Botropp, 2005, S. 3-40

MERTENS, D.: Der unscharfe Arbeitsmarkt: Eine Zwischenbilanz der Flexibilitätsforschung. In: MittAB 6, 1973, S. 314-325

MERTENS, D.: Schlüsselqualifikationen: Thesen zur Schulung für eine moderne Gesellschaft. In: MittAB 7, 1974, S. 36-42

MERTENS, D.: Schlüsselqualifikationen und Berufsbildung – Versuch einer Erwiderung. In: BWP 4, 1975, S. 24-25

MERTENS, D.: Schlüsselqualifikationen, in: Siebert, H. Begründungen gegenwärtiger Erwachsenenbildung, Braunschweig, 1977, S. 1977

MERTENS, D.: Das Konzept der Schlüsselqualifikationen als Flexibilitätsinstrument: Ursprung und Entwicklung einer Idee sowie neuerliche Reflexion, in: Nuissl, Ekkehard/Siebert, Horst/Weinberg, Johannes (Hrsg.): Literatur- und Forschungsreport Weiterbildung 22, 1988, S. 33-46

MEYER-HENTSCHEL Management Consulting (Hrsg.): Handbuch Seniorenmarketing, Frankfurt, 2000

Ministerium für Arbeit und Soziales, Qualifikation und Technologie NRW (Hrsg.): Landesinitiative "Moderne Arbeitszeiten". Arbeitszeiten und Betriebszeiten flexibel gestalten, Düsseldorf, 2000

MÖRCHEN, A./BUBOLS-LUTZ, E.: Wege zum selbstorganisierten Lernen in Gruppen, in: Bergold, R./Knoll, J./Mörchen, A. (Hrsg.): Wege zum selbstorganisierten Lernen in Gruppen, München, 1999, S. 29-51

MORSCHHÄUSER, M.: Altersgerechte Arbeit: Gestaltungsaufgabe für die Zukunft oder Kampf gegen die Windmühlen?, in: Behrens, J./Morschhäuser, M./Viebrok, H./Zimmermann, E.: Länger erwerbstätig – aber wie?, Opladen 1999, S. 19-70

MORSCHHÄUSER, M.: Betriebliche Gesundheitsförderung angesichts des demografischen Wandels, in: Morschhäuser, M. (Hrsg.): Gesund bis zur Rente. Konzepte gesundheits- und altersgerechter Arbeits- und Personalpolitik, Stuttgart 2002, S. 10-21

MORSCHHÄUSER, M.: Integration von Arbeit und Lernen. Strategien zur Förderung von Beschäftigungsfähigkeit, in: WISO, 1/2003, S. 53-70

MORSCHHÄUSER, M.: Unterstützung der Gesundheit und Leistungsfähigkeit bei alternden Belegschaften, in: Tagungsbericht: Nationale Tagung für betriebliche Gesundheitsförderung „40 plus – Gesundheit und Erfahrung als betriebliches Potenzial" am 16. März 2005 in Bern, S. 1-12

MORSCHHÄUSER, M. et al.: Erfolgreich mit älteren Arbeitnehmern. Strategien und Beispiele für die betriebliche Praxis, Gütersloh, 2005

MOSER, R./SAXER, A.: Retention-Management für High-Potentials. Konzeptionelle Grundlagen – Empirische Ergebnisse – Gestaltungsempfehlungen, Diplomarbeit, Universität Bern, 2002

MÜHLBRANDT, TH./SCHULTETUS, W.: Auswirkungen des demografischen Wandels – Strategien mit betrieblichen demografischen Analysen, in: Angewandte Arbeitswissenschaft, Nr. 179, 2004, S. 1-16

NAEGELE, G./FRERICHS, F.: Anhebung der Altersgrenzen und Herausforderung an die Arbeitsmarktpolitik, in: Barkholdt, C.: (Hrsg.): Prekärer Übergang in den Ruhestand. Handlungsbedarf aus arbeitsmarktpolitischer, rentenrechtlicher und betrieblicher Perspektive, Opladen, 2001

NAEGELE, G.: Aktive Maßnahmen zur Förderung der Beschäftigung älter werdender Arbeitnehmer, in: Tagungsbericht: European Commission, Proposal for Guidelines for Member States Employment Policies 2000 am 12. und 13. August 1999, Turku/Finnland, S. 158-160

NAEGELE, G.: Demografischer Wandel und Erwerbsarbeit im Alter, in: Fuchs, G./Renz, Ch. (Hrsg.): Altern und Erwerbsarbeit. Workshopdokumentation, Stuttgart, 2001, S. 5-21

NAEGELE, G.: Arbeit und Alter(n) – Plädoyer für eine demografiesensible Arbeits- und Beschäftigungspolitik, in: Thesenpapier zur Klausurtagung des SPD Parteivorstandes, 10. Januar 2005 in Weimar, Dortmund, S. 1-7

NÖBAUER, B.: Abschied vom Jugendkult?, Linz, 2002

NOLTE, H.: Organisation, München/Wien, 1999

NORDHAUS, H.: Die Zukunft heißt Bildung, in: KAW-Infodienst: Informationen aus der konzentrierten Aktion Weiterbildung, November 2005, S. 1-16

o.V.: Ältere Beschäftigte in Betrieben. Eine Unternehmensbefragung in der Region Nürnberg, in: Gemeinschaftsinitiative Equal Newsletter Nr. 12, 2005, S. 1-12

o.V.: Alternde Belegschaften. Herausforderung für die betriebliche Personalpolitik der Zukunft, Online im WWW unter URL http://www.fh-muenster.de/fb9/person/hentze/haupt/ihv_alternde_belegschaft.pdf [Stand: 30.12.2005]

o.V.: Altersmanagement in KMUs. Konzepte, Instrumente und best practice-Beispiele, Online im WWW unter URL http:// www.ip-institut.de/downloads/SAM_Sekundaeranalyse.pdf [Stand 12.02.2006]

o.V.: Betriebliche Gesundheitsförderung am Airport Salzburg, Online im WWW unter URL http://www.netzwerk-bgf.at/projekt.php?id_artikel=225 [Stand: 15.12.2005]

o.V.: Betriebliche Weiterbildung älterer Beschäftigter, in: Referenz-Betriebs-System (RBS), Information Nr. 28, 11. Jg., Mai 2005

o.V.: Der Generationen Begriff, Online im WWW unter URL http://www.zukunftsradar2030.de/die_themen/miteinander/hgpartnerschaft/druck_hgpartner1.html [Stand: 30.12.2005]

o.V.: Die 10 wichtigsten Ergebnisse, Online im WWW unter URL http://www.berlin-institut.org/10ergebnisse.pdf [Stand 3.01.2006]

o.V.: Die demografische Herausforderung. In: Deutsche Bank Research (Hrsg.):Demografie Spezial, Frankfurt, 2002

o.V.: Die demografische Herausforderung. In: Deutsche Bank Research (Hrsg.):Demografie Spezial Nr. 294, Frankfurt, 2004

o.V.: Employability. Chancen für Kompetenzbewußte, Online im WWW unter URL http:// www.ragbildung.de/uploads/media/2005-12_PB_Employability.pdf [Stand 12.02.2006]

o.V.: Glossar zu den wichtigsten Begriffen des Demografischen Wandels, Online im WWW unter URL http://www.zukunftsradar2030.de/images/pdf/Glossar.pdf [Stand: 30.12.2005] o.V.: Personalentwicklung. Lebenszyklus orientiert, in: unveröffentlichte Seminarbroschüre: DMS Consulting (Hrsg.): Personalentwicklung. Lebenszyklus orientiert, Zürich, 2003

PACK, J. et al.: Zukunftsreport Demografischer Wandel. Innovationsfähigkeit in einer alternden Gesellschaft, Bonn, 2000

PFAU, J-M.: Im Unternehmen generationengerecht handeln! Eine nachhaltige Handlungsstrategie der Möglichkeiten und Verantwortung in Unternehmen, in: Zeitschrift für Unternehmens- und Wirtschaftsethik 6/1, 2005, S. 88-101

PISTOJA, A.: Neue Solidarität als Kollegialitätsprinzip. Beschäftigungswirksame Arbeitszeitmodelle, Online im WWW unter URL http://www.der-arbeitsmarkt.ch/upload/archiv/Neue%20 Solidaritaet%20als%20Kolle.pdf [Stand 12.01.2006]

PROBST, C.: Laufbahnplanung – Laufbahnmodelle. Theoretische Grundlagen – Empirische Ergebnisse. Unveröffentlichte Lizentiatsarbeit am Institut für Organisation und Personal der Universität Bern, Bern, 2000

PROBST, G./RAUB, S./ROMHARDT, K.: Wissen managen. Wie Unternehmen ihre wertvollste Ressource optimal nutzen, Frankfurt am Main, 1998

Projektverbund Öffentlichkeits- und Marketingstrategie demografischer Wandel (Hrsg.): Handlungsanleitungen für eine alternsgerechte Arbeits- und Personalpolitik. Ergebnisse aus dem Transferprojekt, Stuttgart, 2002

RADATZ, S.: Beratung ohne Ratschlag. Systemisches Coaching für Führungskräfte und Beraterinnen, Wien, 2002

RAG Bildung (Hrsg.): Employability, Online im WWW unter URL http://www.ragbildung.de/ uploads/media/2005-12_PB_Employability.pdf [Stand 23.05.2006]

REGNET, E.: Karriereentwicklung 40+. Weitere Perspektiven oder Endstation, Weinheim/Basel, 2004

REINBERG, A./HUMMEL, M.: Bildungspolitik: Steuert Deutschland langfristig auf einen Fachkräftemangel hin?, Nürnberg, 2003

RENKL, A.: Träges Wissen. Wenn Erlerntes nicht genutzt wird, in: Psychologische Rundschau, 1999, S. 78-92

RIMSER, M./POLT, W.: Aufstellungen mit dem Systembrett. Interventionen für Coaching, Beratung und Therapie, Wiesbaden, 2006

ROSENBROCK, R.: Kriterien und Interventionsfelder für eine gesundheitsförderliche Arbeitssituation, in: Busch, R. (Hrsg.): Altersmanagement im betrieb. Ältere Arbeitnehmer – zwischen Frühverrentung und Verlängerung der Lebensarbeitszeit, München und Mering, 2004, S. 55-72

RÜRUP, B./SESSELMEIER, W.: Schrumpfende und alternde ausdrucksvolle Bevölkerung. Arbeitsmarktpolitische Perspektiven und Optionen, in: Klose, Hans- Ulrich (Hrsg.): Altern der Gesellschaft. Antworten auf den demographischen Wandel, Köln 1993, S. 27-50

RUMP, J./SCHMIDT, S.: Lernen durch Wandel – Wandel durch Lernen, Ludwigshafen, 2004

RUMP, J./SCHMIDT, S.: Fördern und Fordern von Beschäftigungsfähigkeit. Das Konzept des Employability-Management, Online im WWW unter URL http://www.selbst-gmbh.de/ Anhaenge/11%20-%20Das%20Konzept%20Employability%20Management.pdf [Stand 24.02.2006]

RUMP, J.: Arbeitsmarktfitneß – künftige Anforderungen an Arbeitnehmer/innen, in: Tagungsband: ZIRP, Mainz 2005, S. 2-28

RUMP, J.: Der demografische Wandel: Konsequenzen und Herausforderungen für die Arbeitswelt, in: Angewandte Arbeitswissenschaft, Nr. 181, 2004, S. 49-652

RUSSEL, K.: Retaining High-Performance Employees during Organizational Change, in: Human Resources, New Zealand, April 2001, S. 17f

SCHAPER, N.: Arbeitsbezogene Lernumgebungen auch für Ältere?, Online im WWW unter URL http://groups.uni-paderborn.de/psychologie/scha-vortrag-lernumgebungen.pdf [Stand 2.05.2006]

SCHIEDT, A.: Mitarbeiterbindung steckt in den Kinderschuhen, in: Personalentwicklung – Personalwirtschaft, Nr. 12, 2000, S. 53-57

SCHMIDT, V.: Diversity Dimension Alter. Der demografische Wandel als Erfolgsfaktor für das Personalmanagement, Düsseldorf, 2004

SCHMIEL, M.: Berufspädagogik Teil 3. Berufliche Weiterbildung, Trier, 1977

SCHNEEBERGER, A.: Strukturwandel – Bildung – Employability. Befunde und Thesen, in: ibw-Bildung & Wirtschaft, Nr. 34, Wien, 2005

SCHNEIDER, D.: Betriebswirtschaftslehre. Band 3. Theorie der Unternehmung, München/Wien, 1997

SCHOLZ, CH.: Personalmanagement. Informationsorientierte und verhaltensorientierte Grundlagen, München, 20005

SCHRÖER, A./SOCHERT, R.: Gesundheitszirkel im Betrieb. Modell und praktische Durchführung, Wiesbaden, 1997

SCHUBERT, P./ENAUX, C.: Mitarbeiterbindung bringt Gewinn, in: FAZ Online Ausgabe vom 23. November 2003

SCHUMACHER, J./STIEHR, K. (Hrsg.): Der Übergang in den Ruhestand in den 90er Jahren und danach, Frankfurt, 1996

SEIBT, R.: Arbeitsfähigkeit, Online im WWW unter URL http://arbeitsfaehigkeit.net/pdf_files/downloads/Seibt180205.pdf [Stand 23.05.2006]

SEITZ, C.: Generationenbeziehungen in der Arbeitswelt. Zur Gestaltung intergenerativer Lern- und Arbeitsstrukturen in Organisationen, Giessen, Univ., Diss., 2004

SENGE, P.: Die fünfte Disziplin, Stuttgart, 1990

SEVERING, E.: Es fehlen Weiterbildungsangebote für ältere Arbeitnehmer aus der Industrie, in: Berufsbildung in Wissenschaft und Praxis, 1993, Heft 4, S. 18-22

SING, D.: Der demografische Wandel und das zukünftige (insbesondere weibliche) Arbeitskräfteangebot. Eine Analyse verschiedener (Erwerbs-) Bevölkerungsprognosen unter besonderer Berücksichtigung von Gender Aspekten, in: Goldmann, M./Mütherich, B./Stackelbeck, M./Tech, D. (Hrsg.): Projektdokumentation: Gender Mainstreaming und Demografischer Wandel, Dortmund, 2003

SINN, H.: Das demografische Defizit – die Fakten, die Folgen, die Ursachen und die Politikimplikationen, in: ifo Schnelldienst, Nr. 56, März 2003, S. 20ff

SOCHERT, R.: Gesundheitszirkel. Evaluation eines integrierten Konzepts betrieblicher Gesundheitsförderung, Online im WWW unter URL http://www.bkk.de/ps/tools/download.php?file=/bkk/psfile/downloaddatei/40/gesundheit41483a5f08cc2.pdf&name=gesundheitszirkel_sochert.pdf&id=336&nodeid=336 [Stand 23.05.2006]

Statistik Austria (Hrsg.): Statistische Nachrichten. November 2005, Wien, 2005

Statistisches Bundesamt (Hrsg.): Bevölkerung Deutschlands bis 2050 – Presseexemplar, Wiesbaden, Juni 2003

STOCK, G./KOLZ, H.: Zukunftsszenarien der Personalpolitik, in: PERSONALmagazin, 10/2005, S. 50-53

STRAUSS, J.: Älterwerden in der Arbeit und die Zukunft von Belegschaften. Bausteine zu einem gewerkschaftspolitischen Konzept "Demografischer Wandel und Arbeitswelt", Dortmund, 2003

SZEBEL-HABIG, A.: Mitarbeiterbindung: Auslaufmodell Loyalität?, Weinheim und Basel, 2004

TEIGER, C.: Differential ageing in and through work. An old problem in a recent context, in: Le travail humain, 52 (1), 1989, S. 21-76

TELTSCHIK, N.: Mehr Gewinn durch Mitarbeiterbeteiligung. Zeitgemäßes Entgeltmanagement als Erfolgsfaktor der Unternehmensführung, Frankfurt/Main, 1999

TEUBER, ST.: Mitarbeiterbindung und Involvement. Aktives Management der Arbeitszufriedenheit, Leinfelden, 2005

TUOMI, K./ILMARINEN, J. et al: Work, Lifestyle, Health and Workability among ageing Municipal Workers in 1981-1992, in: Scand J Work Environ Health 23 (Suppl. 1), 1997, S. 58-65

TUOMI, K./ILMARINEN, J.: Arbeitsbewältigungsindex – Work Ability Index, Bremerhaven, 2001

U.S. Census Bureau (Hrsg.) IDB Data – IDB Aggregation, Online im WWW unter http://www.census.gov/cgi-bin/ipc/agggen.html [Stand 3.06.2006]

VAN DER LOO, H./VAN REIJEN, W.: Modernisierung. Projekt und Paradox, München, 1992
VETTER, CH./BADURA, B./SCHELLSCHMIDT, H. (Hrsg.): Fehlzeiten-Report 2002. Zahlen, Daten, Analysen aus allen Branchen der Wirtschaft, Dortmund, 2003
Volkswagen Coaching GmbH. (Hrsg.): Wissensstafette. Transferring skills – sharing knowledge, Wolfsburg, 2005

WACHTLER, G./FRANZKE, H/BALCKE, J.: Die Innovationsfähigkeit von Betrieben angesichts alternder Belegschaften. Expertise im Auftrag der Friedrich Ebert Stiftung, Bonn, 19972
Wagner, A./Gensior, S.: Zukunft der Arbeit, in: Expertisen für ein Berliner Memorandum zur Modernisierung der beruflichen Bildung, Berlin, 1999, S. 51-82.
WALKER, A.: Maßnahmen zur Bekämpfung von Altersbarrieren in der Erwerbstätigkeit. Zusammenfassung des Forschungsprojektes, Luxemburg, 1997
WALKER, A.: Produktiver Umgang mit alternden Belegschaften. Beispiele für erfolgreiche Lösungsansätze, Luxemburg, 2000
WALLACE, P.: Altersbeben: wie wir die demografische Erschütterung der Wirtschaft und Gesellschaft meistern werden, Frankfurt/New York, 1999
WARR, P.: Age, work and mental health, in: Schaie, K.W./Schooler, C. (Hrsg.): Impact of work on older adults. Societal Impact on Aging Series, New York: 1998
WEINMANN, N.: Altersgerechtes Lernen in der beruflichen Weiterbildung – konzeptionelle Überlegungen, Umsetzungsstrategien und –probleme, Erlangen-Nürnberg, Univ., Dipl.-Arb., 2003
WENKE, J.: Berufliche Weiterbildung für ältere Arbeitnehmer. Ein Leitfaden für Bildungsträger. Dokumentation zum Modellversuch „Entwicklung und Erprobung von Qualifizierungskonzepten für ältere Arbeitnehmer aus der Industrie, Bielefeld, 1996
WHO (Hrsg.): Die Ottawa Charta zum Thema Gesundheit, Ottawa, 1986
WINDISCH, P.: Prognosen für Österreich, in: Österreichischer Sparkassenverband (Hrsg.): Prognosen für Österreich Teil 1. Wohnbevölkerung und Beschäftigung. Entwicklungstrends bis 2031 bzw. 2075, Wien, 2005
WINKEL, O.: Job Rotation bei Rohde & Schwarz. Konzept zur Einführung, unveröffentlichtes Firmendokument, München, 2001
WOLFF, H./SPIESS, G./MOHR, H.: Arbeit – Alter – Innovation, Basel, 2001
WOLLSCHING-STROBEL, P.: Managementnachwuchs erfolgreich machen. Personalentwicklung für High Potentials, Wiesbaden, 1999
WUNDERER, R./DICK, P.: Personalmanagement – Quo vadis?. Analysen und Prognosen zu Entwicklungstrends bis 2010, Neuwied/Kriftel, 20023

ZACH, F.: Gesetzliche und tarifliche Bestimmungen über ältere Arbeitnehmerinnen und Arbeitnehmer - Schutz oder Hindernis?, in: Akademie der Diözese Rottenburg-Stuttgart (Hrsg.): Strategien und Modelle zur Verbesserung der Beschäftigungssituation ältere Erwerbspersonen, Stuttgart, 2002, S. 101-116
ZAHN, E./FOSCHIANI, S./TILEBEIN, M.: Wissen und Strategiekompetenz, in: Hammann, P./Freiling, J.: Die Ressourcen- und Kompetenzperspektive des Strategischen Managements, Wiesbaden, 2000, S. 47-64
Zentralverband Elektrotechnik- und Elektronikindustrie (ZVEI) e.V. (Hrsg.): Demografie-Initiative mit Unternehmen der Elektrotechnik- und Elektronikindustrie, Frankfurt, 2002
ZIMMERMANN, E./FRERICHS, F./NAEGELE, G.: Neue Arbeitszeitmodelle für ältere ArbeitnehmerInnen, in: Zeitschrift für Sozialreform, Heft 5, 45. Jg., 1999, S. 383-394
ZIRP - Zukunftsinitiative Rheinland-Pfalz (Hrsg.): Alt und jung – Produktiv und innovativ im Team, Saarbrücken, 2003
ZIRP - Zukunftsinitiative Rheinland-Pfalz (Hrsg.): Leitthesen: Demografischer Wandel. Herausforderung für die Kommunen in Rheinland-Pfalz, Saarbrücken, 2004
Zukunftsinstitut (Hrsg.): Mega-Trends. Die Dokumentation. www.zukunftsinstitut.de, Kelkheim, 2002 (2 CD ROM)
ZWH Zentralstelle für die Weiterbildung im Handwerk e.V. (Hrsg.): awise – ageing workforce in small enterprises. Good Practise Studie. Deutschland, Düsseldorf, 2005

Sachverzeichnis

Alter 134
   biologisches................... 134
   Definition 134
   funktionales 134
   organisationales 134
   psychologisches................ 134
   subjektives 134
Altersbezogene Veränderungen........... 78f
Altersgemischte Teamarbeit 195
Altersgerechte Gestaltung des Arbeitsplatzes 78
Altersschereneffekt.................... 26
Altersstruktur......................... 42
   alterszentriert 73
   balanciert 70
   jugendzentriert 68
   mittelalterszentriert............. 71
Altersstrukturanalyse.................. 65f
   Beispiele 65f
   der Belegschaft 58
   der Funktionsgruppen........... 60
   des Betriebs................... 55f
   Durchführung................. 57
   Formulare.................... 66f
   kommentierte 68
   Szenarien..................... 61
Altersstrukturelle Probleme 41
Altersteilzeit......................... 146
Alterung.............................. 13
   Deutschland 13
   Österreich.................... 17
   Schweiz...................... 21
Anreizsysteme 240
Arbeitsbewältigungsindex 104f
   Fragebogen................... 109f
Arbeitsfähigkeit 34, 77, 95, 109f
   Definition 95
   Haus der 77

   Messung der 103
   und Alter..................... 97
Arbeitsgestaltung..................... 133
   alternsgerechte 133
   altersgerechte 133
   lernförderliche................. 160
Arbeitskarrieren....................... 91
   altersgerechte 91
Arbeitsmarktreserven................. 218
Arbeitsmittel 119
Arbeitsorganisation 43, 119
Arbeitsplatz.......................... 85
   altersneutral 86
   Schonarbeitsplatz 85
   Typen 85f, 91
   vollwertig 86
   vollwertige Nischen............. 87
   zur Nutzung altersbedingten
   Potenzials 88
   zur Wiedereingliederung 87
Arbeitsplatzanalyse 75
Arbeitsplatzgestaltung 33, 43
Arbeitsplatzprogramme 123
Arbeitszeitgestaltung 82, 134, 240
   Formen 143
Arbeitszeitkonten.................... 148
Arbeitszeitzirkel..................... 151
Attraktiver Arbeitgeber 233
Auftragslernen 175

Belastungen 75
   physische..................... 75
   psychische.................... 76
Bevölkerung.......................... 13
Bevölkerungszahl..................... 10
   Deutschland 12
   Österreich.................... 18

Schweiz ... 20
Checklisten ... 41
Coaching ... 172, 196
Communities of Practise ... 177

Demografische Analyse ... 32, 51
   der Region ... 53
Demografischer Wandel ... 25
Demografisches Dilemma ... 27
Dequalifizierung ... 154
   Deutschland ... 12
Didaktik, altersgerechte ... 187

Employability ... 181
Employer Branding ... 230
Equal Projekt ... 92f
Erfahrung ... 88
Erfahrungstransfer ... 204f
Erfahrungswissen ... 88, 185f
   Vermittlung von ... 186
Erfolgskritisches Wissen ... 191
Erwerbsbevölkerung ... 14
   Deutschland ... 14
   Österreich ... 18
   Schweiz ... 22
Erwerbszeit ... 27
Externe Analysen ... 52

Fachkräftemangel ... 28, 208
Familienfreundliche
   Unternehmensgestaltung ... 222
   Maßnahmen ... 223f
Frauenerwerbsquote ... 220
Führungskräftemangel ... 28, 208
Führungskultur ... 37, 49, 243

Generation
   Resource Management .. 31, 244f, 253f
   Controlling ... 266
   Durchführung ... 265f
   Grundlegendes ... 255

Implementierung ... 263f
Konzeptionierung ... 259f
Kosten ... 266
Programm ... 257f
Quick Wins ... 267
Gesundheit ... 120
Gesundheitsförderung ... 34, 44
   betriebliche ... 117f
   Gründe für ... 120
   in Großbetrieben ... 124f
   in Kleinbetrieben ... 129f
   Instrumente ... 121
Gesundheitsprojekt ... 127
Gesundheitszirkel ... 122
Gruppenarbeit ... 177f

Handlungsfelder ... 30
Haus der Arbeitsfähigkeit ... 77
High Potentials ... 231

Intelligenz ... 100
   fluide ... 100
   kristalline ... 100
Intergenerativer Wissenstransfer ... 35, 46, 191
Instrumente ... 193f
Interne Analysen ... 52

Jahresarbeitszeit ... 147
Job Rotation ... 179f

Karriere ... 138
   horizontale ... 138
   vertikale ... 137
   Work Life Balance ... 137
   Modelle ... 238
Kasseler-Kompetenz-Raster ... 164f
Konsequenzen des demografischen Wandels. 25
   originäre ... 25f
   sekundäre ... 29f
KVP ... 173

Sachverzeichnis

Lebensarbeitszeit 133, 138f
   Definition 135
   Gestaltung................... 133
   Möglichkeiten der Gestaltung 140f
Lebensarbeitszeitgestaltung 45
   Umsetzung 150
Lebenslanges Lernen 155
Lebenszyklus 135
   beruflicher................... 135
   betrieblicher 135
   biosozialer................... 135
   familiärer 135
Lehrlings-Casting................... 211
Leistungsfähigkeit 77
   Einflussfaktoren 102
   physische.................... 118
   psychische................... 119
Leistungspotenzial 199
Leittextmethode.................... 176
Lernbedürfnisse 157
Lernen
   altersgerechtes................ 188
   arbeitsbezogenes 171
   formelles.................... 170
   informelles 170
   on the job 172
   selbstgesteuertes 182f
Lernförderliche Arbeitsgestaltung........ 160
Lernformen 169f
Lerninseln 174
Lernort.......................... 195
Lernstatt......................... 173

Mentoren........................ 201
   Reverse 202
Mentorensystem................... 201
Messung der Arbeitsfähigkeit.......... 103
Mitarbeiterbindung 37, 47, 207f
Maßnahmen................. 209, 228f
Mitarbeitergespräch................ 114
Mitarbeitergewinnung 209

Nachwuchsförderungsmodell.......... 239

Partizipationsmodell................. 159
Patensystem 201
Personalgewinnung 209
   älterer Arbeitnehmer............ 215
   externe 212
   interne...................... 213

Qualifizierung 91
   altersgerechte 93
   arbeitsnahe 160
Qualitätszirkel 173
Quick Wins 267

Rekrutierung 37, 236
   junger Arbeitskräfte 210
Rekrutierungsstrategien 47, 207f
Retention Management 235
Reverse Mentoring................... 201

Sabbaticals....................... 149
Schlüsselkompetenzen 161
Schlüsselqualifikationen.............. 162f
Schonarbeitsplätze 85
Selbstanalyse 64
Selbstgesteuertes Lernen............. 182f
Steuergruppe 125
Szenarien 61f

Tandem 196f
   Nutzen 200
   Prozess 199
Teamarbeit, altersgemischte 195
Teilzeitarbeit 145
Trends der Veränderung................ 6
   demografische.................. 9
   gesellschaftliche................. 7f
   ökonomische................... 6
   technologische.................. 7

Unternehmenskultur 37, 49, 243

Vitalitätsmessplatz 96

Wahlarbeitszeit 146
Weiterbildungsbeteiligung 156
  Älterer 157
Weiterbildung, Älterer 36, 45, 153

Weiterbildungsabstinenz 29
Weiterbildungsmaßnahmen 158
Wissen 191
Wissensstafette 203
Wissenstransfer 181, 191, 204f
Work Ability Index 103
Work Life Balance 77, 137, 240

Zukunftswerkstätte 268

Zum Autor

Mag. MARKUS RIMSER, Jg. 1975, ist studierter Betriebswirt und Pädagoge und im Quellberuf Human Resource Manager. Seit mittlerweile zehn Jahren arbeitet er als externer Personalentwickler und Referent für innovative HR-Konzepte in Österreich, Deutschland und der Schweiz. Insbesondere durch seine Beratungs- und Trainertätigkeiten in namhaften Unternehmen wie der Voestalpine, dem Österreichischen Parlament, der Fischer Ski GmbH. und der Raiffeisenbankengruppe wurde Mag. MARKUS RIMSER auch international bekannt und als Vortragender für die Bereiche Personal-, Organisations- und Managementwicklung beliebt.

2006 wurde der Personalist vom größten Erwachsenenbildungsinstitut Österreichs, dem Wirtschaftsförderungsinstitut (WIFI) als bester nationaler Trainer für Erwachsenenbildung gewählt und sein Lehrgangskonzept „Generation Resource Management – Innovative HR-Konzepte im demografischen Wandel" mit dem Trainer Award 2006 ausgezeichnet. Neben seiner Beratungs- und Trainertätigkeit ist MARKUS RIMSER erfolgreicher Autor zahlreicher Artikel und Bücher, u. a. „Fit for job – die erfolgreiche Bewerbung" (1998), „Train the Trainer" (2001), „Train the Coach" (2002), „Body Talk – Grundlagen der Körpersprache" (2005) und „Aufstellungen mit dem Systembrett" (2006).

Kontakt: markus.rimser@corporateconsult.net
www.corporateconsult.net

Printed by Printforce, the Netherlands